编委会名单

特邀编委： 王君超（清华大学）、支庭荣（暨南大学）、石长顺（华中科技大学）
（按姓氏笔画排序）
刘鹏（《新闻记者》杂志社）、苏宏元（华南理工大学）、李喜根（香港城市大学）
张涛甫（复旦大学）、陆绍阳（北京大学）、陈富清（《中国广播电视学刊》杂志社）
罗以澄（武汉大学）、周勇（中国人民大学）、周树华（美国阿拉巴马大学）
胡智锋（北京师范大学）、胡翼青（南京大学）、隋岩（中国传媒大学）
董庆文（美国太平洋大学）

主　　编： 高晓虹
副 主 编： 刘宏、赵淑萍、曾祥敏
编 委 会： 何苏六、王晓红、吴敏苏、崔林、顾洁、叶明睿、徐培喜、陈欣钢、涂凌波、赵希婧、程素琴
编辑部主任： 赵淑萍
本期执行编委： 崔林、顾洁、叶明睿

中国新闻传播研究

CHINA Journalism and Communication Journal

高晓虹 ◎ 主编
刘宏 赵淑萍 曾祥敏 ◎ 副主编

2017（下）

中国传媒大学出版社
·北京·

目录 >>>>CONTENTS

特　稿

新全球化时代政治传播的理论重建和路径重构　　　　　　　史安斌　王沛楠／3

政治传播

反腐败传播的中国模式与基层实践
　　——以河北邱县反腐漫画调查为例　　　　　　　　　　　　姬德强／21
不成熟的"商品化"、不完整的"结构化"
　　——莫斯可"三化"理论框架下日本三个华文微信公众号内容研究　刘康杰／31

视听传播

互联网听觉空间：形成、特征与现状　　　　　　　　　　　　　隋　欣／49
论纪录片再现风险的知识政治　　　　　　　　　　　　　郭小平　彭　媛／62
中国电影生产主体竞争格局的转变
　　——基于2004—2016年电影制片机构的社会网络分析　　江　虹　贺　婷／73
How Does the BBC Portray China?
　　—A Study of BBC Documentaries on China from 2007 to 2016 and
　　　Its Implications　　　　　　　　Kodelia Chatfield　Xiaoling Zhang／86

青年视点

ICANN@十字路口：IANA职能管理权移交纪实　　　　　　　　徐培喜／123
情绪传播视角下的网络群体极化研究　　　　　　　　　付晓光　宋子夜／142

国外经由社交媒介进行健康传播研究的知识图谱
　　——基于 Citespace 的计量分析　　　　　　　　　　　　程　飒/ 152
中国纪录片国际传播的路径探索与理念创新　　　　　　　　李艾珂/ 176
融媒体实验室:新闻传播实践教学的创新与进路　　　　郑志亮　吴　昊/ 186
行政发布中的框架建构:北京大兴"11·18"火灾事故舆情视角演变引发的思考
　　　　　　　　　　　　　　　　　　　　　　　　　　郑丹琪/ 196

盘点与综述

人工智能对中国新闻传播业的重构
　　——2017 年中国媒介盘点　　　　　　　　　　　栾轶玫　刘　宏/ 209
新媒体转型与广播电视发展
　　——新媒体转型发展高峰论坛暨中国广播电视学
　　　与新媒体研究分会 2017 年会议综述　　　　　秦瑜明　周晓萌/ 219

书　评

新媒体"新"在何处
　　——评泰瑞·弗卢(Terry Flew)的《新媒体导论》第四版　　吴明华/ 227

特 稿

新全球化时代政治传播的理论重建和路径重构　　　　史安斌　王沛楠

新全球化时代政治传播的理论重建和路径重构
Provincializing Political Communication: Theoretical Reflection and Practical Re-orientation

◎ 史安斌　王沛楠

Shi Anbin　Wang Peinan

摘要: 20世纪80年代以降,人文社会科学领域掀起了解构"欧美中心主义"的潮流,传播学研究的各个领域也在"去西方化"的语境下探索理论重建的可能性。但时至今日,政治传播仍然是"西方中心论"占据垄断地位的最后一块"飞地"。2016年全球进入"后西方、后秩序、后真相"的时代背景下,政治传播学在理论和实践层面的解释力都面临前所未有的巨大挑战。本文通过梳理政治传播学的理论演进与发展脉络,以"行省化"视域作为切入点探讨"新全球化"时代理论创新的可能性,寻求超越"西方化—去西方化"二元对立的现实路径,并分析中国政治传播学界在全球范围的"行省化"探索中应当扮演的角色和发挥的作用。

关键词: 政治传播,传播理论,去西方化,行省化,新全球化

Abstract: Political communication is regarded as the field with deep-seated Euro-America-centrism. However, in the "post-west", "post-order" and "post-truth" era, the Euro-centric political communication confronts drastic challenges both in theory and in praxis. The present study aims to follow the route of "provincializing Europe" to expedite the "paradigm revolution" for political communication in the age of neo-globalization and to engage Chinese academia in transcending from the age-old binary oppositions such as "center-periphery" and "westernizing-de-westernizing" both in terms of theoretical reflection and practical re-orientation.

Keywords: political communication, communication theory, de-westernizing, provincializing, neo-globalization

虽然对政治传播的关注可以追溯到古希腊的亚里士多德时代,但直到 20 世纪 50 年代,第二次世界大战的宣传战才推动着规范化(normative)的政治传播研究逐步形成,并推动政治传播研究成为传播学的一个重要分支。1973 年,国际传播学会(ICA)成立了政治传播分会,并在次年出版了第一本专刊《政治传播评论》(即目前本领域的重要学术期刊《政治传播》的前身),从而推动了这一领域的建制化发展。

伴随着 20 世纪 80 年代以华盛顿共识为代表的"经济全球化"浪潮和后结构主义、后现代主义、后殖民主义等思潮的影响,曾经占据社会科学研究主导地位的"欧美中心主义"(Euro-America-centrism)开始受到冲击,传播学研究也开始在"去西方化"的语境下探索理论发展的进路。但唯独在政治传播领域,"西方中心论"仍然处于牢不可破的地位。政治传播研究的"西方中心"视野成为影响其进一步发展的重要阻碍。但 2016 年以来国际社会和政治的一系列变化,使得全球政治传播的实践和研究都开始出现变局。

2016 年以来西方国家发生的一系列"黑天鹅"事件,标志着当今世界进入"后西方""后秩序"时代,以"启蒙""现代性"为核心的"欧洲文化想象"(European cultural imaginary)和 1945 年以来建立起来的"美国秩序"(Pax American)正一步步逼近内爆和崩塌的边缘。"逆全球化"(de-globalization)的思潮席卷全球,以特朗普为代表的一批西方政治人物开始采取收缩性的全球战略,放弃了"全球领导者"的角色,这使得世界进入了一个充满高度复杂性和不确定性的历史节点。

面对"逆全球化"思潮的侵袭,世界迫切地需要新的驱动力量推动全球化。在这样的国际背景下,习近平总书记在十九大报告中豪情满怀地宣告中国特色社会主义建设进入了"新时代",引发了全球媒体和舆论的高度关注。特别是他在报告中强调,"中国将继续发挥负责任大国作用,积极参与全球治理体系改革和建设",为处在变局与迷局中的全球发展指明了新的方向。在这种"新全球化"的语境下,中国在国际社会中的影响力和话语权将进一步增大,这将使得中国的政治传播实践和研究进入一个新阶段。本文通过梳理政治传播学的理论演进与发展脉络,以"行省化"视域作为切入点探讨"新全球化"时代理论创新的可能性,寻求超越"西方化—去西方化"二元对立的现实路径,并分析中国政治传播学界在全球范围的"行省化"探索中应当扮演的角色和发挥的作用。

一、政治传播的演进脉络与"西方中心"视角的形成

(一)政治传播研究的学术溯源与演进脉络

从学术溯源的角度来看,政治传播学可以说是传播学的"元学科"(meta-discipline)。政治与传播的关系是传播学研究亘古不变的"母题",最早可以追溯到公元前6世纪的希腊,公共演说被视为早期民主实践的基础和政治传播的首要途径。① 亚里士多德在《修辞学》中提出,演讲者可以在公共演说中通过"人品诉求""情感诉求""理性诉求"的技巧提升劝服的效果。他的这本著作也因此被视作政治传播的滥觞。同样,在柏拉图的《法律篇》中也有对于政治修辞和公共演说的讨论。这些经典都成为西方政治传播理论建构的基础。时至今日,修辞学——更为确切的命名应是"语义学"——不仅依然是政治传播研究的一个重要分支,而且也是传播学领域中历史最悠久的亚学科。

但作为一门学科,政治传播学直到20世纪50年代才真正形成了相对成熟的理论体系和学科范式。值得强调的是,政治传播研究的兴盛与两次世界大战有着密切的关联。在此期间,各参战国展开了大规模的"宣传战""舆论战""心理战",使政治传播的效果成为左右战事走向和力量对比的重要因素之一。霍夫兰、拉斯韦尔、拉扎斯菲尔德等先驱学者对宣传、选举等议题所展开的相关研究不仅为传播学的形成打下了坚实的基础,也奠定了政治传播研究在传播学科地图上的核心地位。② 从"耶鲁学派"有关战时广播和电影的"说服研究"到拉扎斯菲尔德等人进行有关选民投票意向的"伊里调查",再到麦库姆斯等人验证议程设置理论的"教堂山镇研究",传播研究的"主导范式"在很大程度上就是围绕着政治传播来展开的。

尽管传播与政治早就结下了不解之缘,但对于"政治传播"这一概念的定义和研究范畴在学界始终存在争议。查菲曾以简洁的笔触概括政治传播研究的是"传播在政治进程中的角色"③。但类似这样过于宽泛的定义并不利于政治传播研究主体性地位的确立。尼莫与桑德斯指出,政治传播研究关注的焦点是政治机构和公民参与投票的互

---

① OBER, JOSIAH. Power and oratory in democratic Athens: Demosthenes 21, against Meidias [M]. Persuasion:Greek rhetoric in action, 1994:85-108.
② KAID,LYNDA LEE, ed. Handbook of political communication research[M].London: Routledge,2004:3.
③ CHAFFEE, STEVEN H. Political communication: issues and strategies for research[M].New York: Sage Publications, Inc., 1975:15.

动关系以及在这个过程中的政治动员与影响力传播。① 这个概念虽然更为细致地阐述了政治传播所研究的内容,但却隐含了"代议制民主"是政治传播研究的前置性预设这一观点。因为如果不存在"政治机构和公民参与投票的互动",政治传播的研究就无从谈起。由此可见,政治传播研究在其理论框架形成的初始期,就已经处于"西方中心论"的强大影响之下。

熊彼特提出的"选举中心论",对于当前西方政治理论以及政治传播都产生了重要影响。在熊彼特看来,只有自由选举才能被纳入到民主国家的考量中。亨廷顿指出:"自第二次世界大战以后,主流政治学都以普选作为界定是否民主的尺度,民主被看作构建权威并使其负责的一种手段。"② 佩特曼也强调:"时至今日,选举竞争实际上构成了国际社会判断一个政体是否是民主政体的实际准绳,成为当今世界的主流民主标准。"③ 这些论述都在很大程度上影响到了学者对于政治传播研究理论关切的界定。

从这个角度来看,西方政治传播的研究很大程度上就是对选举制度发展史的梳理与分析。"议程设置""既有倾向假说"等大批经典的传播理论都是最早针对美国的选举活动所进行的实证研究,并在其他多党制民主国家进行了重复性检验。这在某种程度上暗示了政治传播研究是具有"准入资格"的。只有效仿西方实行多党制和自由选举且拥有"独立"媒体的国家,才有可能进入政治传播的研究领域,并与国际学术界展开对话。那些选择不同政治制度和运作方式的国家很自然地被打入"另册",游走于政治传播研究的边缘地带。追溯现代西方政治传播研究的起源,不难发现其中存在着根深蒂固的"西方中心"视角。与沃勒斯坦的世界体系理论相呼应,全球范围内的政治传播研究也逐渐形成了一套"中心—半边缘—边缘"的权力架构。

(二)政治传播研究领域的"欧美中心主义"倾向

由于研究对象与政治密切相关,政治传播长久以来都是传播学界"西方中心论"(或曰"欧美中心主义")积淀最深厚的一个领域。西方学者在传播研究中潜移默化地形成一种"随处安放的学理自尊",认为其研究应该具有普遍意义,并试图将无法被纳入这种框架的研究边缘化为"特殊"或"例外"。④ 由此形成了当前政治传播研究的一

---

① NIMMO,DAN D,KEITH R.Handbook of political communication[M].New York: Sage Publications, Inc., 1981:12.
② 亨廷顿.第三波:20世纪后期民主化浪潮[M].刘军宁,译.上海:三联书店,1998:5.
③ 佩特曼.参与和民主理论[M].陈尧,译.上海:上海人民出版社,2006:4-5.
④ GROSFOGUEL,RAMÓN.The epistemic decolonial turn: beyond political-economy paradigms[J].Cultural studies,2007,21(2-3):211-223.

个奇特现象:华裔学者研究中国问题,印度裔学者研究印度问题,欧美国家的"白人学者"研究全球问题。在这样的政治传播研究环境下,处于"半边缘"的国家,只能依附于西方学者的理论发现进行重复验证;而像中国这样被西方视为"例外"的国家,则被完全排斥于政治传播的话语体系之外。

但如果追溯政治传播的学理脉络,我们不难发现,它在本质上是基于欧美国家的本土经验被泛化而成了具有全球意义的理论范式。① 政治传播研究必须以工具理性、个人自由和权利意识作为不言自明的前提条件而展开,②但由于存在不同的政治、经济、社会和文化语境,亚洲、非洲、中东和拉丁美洲学者在探索本土政治传播实践的过程中所遇到的问题与西方学者会有很大的差异,基于欧美国家本土经验的假设能否作为"放之四海而皆准"的前提,这一点是值得认真反思的。③

20世纪80年代末,伴随着冷战的结束、全球化的深入、亚洲经济的崛起和全球媒介研究的发展,西方以外的国家日益认识到需要建构替代性的理论框架来解释"盎格鲁—美利坚"范式之外的本土经验。④ 为此,詹姆斯·卡伦(James Curran)和朴明金(Myung-Jin Park)编辑了《去西方化的媒介研究》(*De-Westernizing Media Studies*,2000)。这本论文集汇聚了来自不同国家的学者围绕如何建构本土性的传播研究展开讨论的研究成果。《传播理论》(*Communication Theory*)杂志也曾组织以"去西方化的传播研究"为主题的专刊。对"欧美中心主义"的解构和颠覆一时间成为传播研究的重要内容,形成了一股"去西方化"的浪潮。作为这股浪潮的延续,汪琪(Georgette Wang)编辑了《去西方化的传播研究》(*De-Westernizing Communication Research*,2013)。这本论文集将"去西方化"的思路由传媒拓展至更为宽泛的传播、沟通和文化研究领域。值得注意的是,传播学界兴起的这股解构"欧美中心主义"的潮流过度聚焦于个人化的身份政治和文化体验,缺乏对政治经济体系等宏观框架的剖析,因而对政治传播研究的影响甚微。上述两本在传播学界具有风向标意义的论文集均没有深入触及政治传播研究的核心议题。这充分表明,"历史终结论"仍然是政治传播研究或明或暗的预设前提。这种思维定式直到西方政坛"黑天鹅"频出的2016年才开始出现松

---

① MIIKE, YOSHITAKA. An Asiacentric reflection on Eurocentric bias in communication theory[J]. Communication monographs,2007,74(2):272-278.
② TU WEI-MING.Global community as lived reality:exploring spiritual resources for social development[J]. Social policy and social progress,1996,1(1):39-51.
③ WAISBORD, SILVIO, MELLADO C. De-westernizing communication studies: a reassessment [J]. Communication theory,2014,24(4):361-372.
④ PARK, MYUNG-JIN,CURRAN J,eds. De-westernizing media studies[M].London:Routledge, 2000:46.

动的迹象。

从当下西方政治传播生态的变局来看,"后真相""另类空间"等新型传播生态的兴盛充分表明,经典政治传播理论构建的理想化的"议程设置""公共领域"等概念框架已不复存在,民众和媒体正逐步偏离传统的规范和准则,越来越多的民众对民主的核心价值丧失信心并开始支持威权统治,民主的根基面临瓦解,西方社会在步入"后真相"时代的同时也正走进克罗奇笔下的"后民主"(post-democracy)时代。① 时代的巨变需要我们及时进行理论的扬弃。正如兰斯·班尼特(Lance Bennett)在2017年国际传播学年会上所言,政治传播领域即将面临一场"范式革命"。网络空间的极化、公共领域的瓦解,以及另类空间的兴盛需要我们重新评估包括"议程设置""公共领域"等在内的经典理论对当代西方政治传播现象的解释力。从这个意义上说,政治传播研究中的"去西方化"尝试才刚刚起步,长期以来主宰政治传播研究的"中心—半边缘—边缘"的权力架构有望被彻底颠覆和重新改写。

二、新全球化时代政治传播研究面临的挑战

(一)"后西方"背景下政治传播的理论和实践困局

经典政治传播理论基于一个共同的假设:在一个以国家为单位的政治共同体内,绝大多数公民处于共同、一致的公共领域。② 这种带有鲜明的现代主义色彩的价值观在政治传播学科初创的过程中发挥了重要作用,也是经典政治传播理论赖以生存的现实基础。但2016年以来,伴随着英国公投决定脱欧、特朗普在美国总统大选中"逆袭"取胜、意大利修宪公投被否决、法德两国大选中"右翼"势力支持率大涨等一系列"黑天鹅"事件的出现,整个西方社会的政治生态和社会共识发生了颠覆性转变,从而使政治传播理论赖以生存的现实基础出现了内爆和崩塌的趋向。

一方面,欧美传统主流媒体失去了全面反映各阶层民众意愿的能力。美国大选期间,几乎所有的传统主流媒体都选择为希拉里背书,主要民调机构都预测她会成功当选。《纽约时报》总编辑迪恩·巴奎特(Dean Baquet)事后反思时指出,主流媒体的记者身居纽约、华盛顿、洛杉矶等大都市,无法深入体察基层的社情民意和舆论动向,这导致媒体与草根阶层和中西部"铁锈带"选民完全脱节——而后者正是支持特朗普的

---

① CROUCH, COLIN. Post-democracy[M]. Cambridge: Polity, 2004:1-15.
② 史安斌,杨云康.后真相时代政治传播的理论重建和路径重构[J].国际新闻界,2017(9):54-70.

主力军,引发了媒体对民意的严重误判。

在民主制度中,大众媒体承担着提供信息、保障民众知情权的重要责任,从而保障民主制度建立在充分知情和信息自由流动的基础之上。而在近几年的重要政治事件中,欧美主流媒体在这方面显得力不从心,刻意迎合部分选民的诉求,跟风炒作社交媒体设置的议题,进而无力弥合社群分歧,更谈不上凝聚构建公共领域的社会共识,致使"知情的民主"演变成了"盲情的媒主"。在这样的媒介环境下,既有的政治传播理论自然无法解释为何主流媒体失去了对大众的影响力,也无法解释主流民调为何会错误地预测政情变化和民意走向。

另一方面,充斥于社交平台的"后真相"加剧了新闻舆论场的极化效应。哈佛大学尼曼新闻实验室杨采·本克勒(Yochai Benkler)等学者组成的研究团队在 2016 年美国大选期间追踪了超过 125 万篇网络新闻报道的传播路径。通过分析这些报道在社交媒体上被转发的情况,研究者发现以布莱巴特新闻网(Breitbart News)为代表的右翼新闻网站在一个相对封闭的信息体系内海量传播"误导性信息"(disinformation),主导了整个大选的议题走向和舆论生态。

对"假新闻"现象进一步的研究显示,受众选择转发这些虚假新闻并不完全是因为缺乏了解信息的渠道,而是将其作为一种社会抗争的工具,以宣泄对社会现状的不满。[①] 牛津词典选择"后真相"作为 2016 年的年度词汇,这反映了在社交媒体主导的政治传播中出现的一个新的趋向——情感的"聚合效应"超越客观事实的传播,成为影响公众认知的主要因素。在主流媒体逐渐"失语"的情况下,受众开始选择各种传递极端政治观点的"另类空间"去获取信息,致使整个社会被情感和偏见切割成碎片化的"部落",从而加剧了公共领域的进一步瓦解,[②]继而动摇了民主政治赖以生存的根基。在此背景下,基于现代主义的经典政治传播理论已不能充分解释带有后现代表征的各类变化和演进,一场从理论和实践层面展开的"范式革命"已如箭在弦上,不得不发。

(二)政治传播研究中的后殖民主义倾向

尽管西方国家的政治传播在理论和实践上面临重重危机,但处在学术图谱半边缘和边缘地带的学者却未能跳出固有的窠臼来寻求"突围"。虽然在 20 世纪末和本世纪

---

① 史安斌,王沛楠.作为社会抗争的假新闻——美国大选假新闻现象的阐释路径与生成机制[J].新闻记者,2017(6):4-12.
② 史安斌,杨云康.后真相时代政治传播的理论重建和路径重构[J].国际新闻界,2017(9):54-70.

初,传播学界掀起了一股"去西方化"的潮流,但对政治传播研究的影响较为有限。具体而言,政治传播研究中后殖民主义的影响仍然十分强大和牢固。

后殖民主义在政治传播研究领域的影响集中表现在学术生产的方式上,即由西方国家的学者生产理论,非西方国家的学者对其进行验证,进而在异质的政治和文化环境中推广这些理论。以经典的议程设置理论为例,该理论在美国问世50年来,各国的研究者在不同政治和社会背景下反复验证其有效性,并进行相应的修正。每当"议程设置理论"(AST)在原产地(主要是美国)出现更新迭代,即号称"AST2.0版"的"议程建构理论"(ABT)和"AST3.0版"的"网络议程设置"理论(NAS),其他地区的研究者便会立即跟进并展开基于本土语境的重复性验证。这就使得来自非西方国家的学者普遍追求"跨境"(translocal)——而非真正意义上的"本土"(local)——研究,力图通过跨越不同的本土语境进行重复性的检验,而不愿基于本土经验和实践进行原创性的理论建构。[①] 这种"跨境"往往会导致李金铨所说的"搬一个貌似放诸四海而皆准的命题或理论,在各国反复谋求经验上的印证"的"内眷化陷阱"[②]。即使是对西方理论的"本土化"或"再语境化",也难以摆脱爱德华·萨伊德(Edward Said)所说的"理论旅行"的殖民主义话语模式。

毋庸置疑,在以西方为中心的政治传播学术生产机制中,非西方国家的政治实践被视作学术语境中的"他者",成为西方学术理论证实或者证伪的对象。处于这张学术版图最边缘地带的非洲就是典型的例子。在经历了20世纪90年代民主化浪潮之后,有关非洲政治传播的研究才开始日渐兴起,而且都是基于自由民主的"规范化"视角来展开的。以此为衡量,非洲在民主政治实践中的不充分和不平衡使得该地区成了政治传播研究的"负面典型",扮演着"失败国家(或体制)"的角色。[③] 非洲本土学者则只能亦步亦趋地跟随西方学界的风向变化,难以对其政治传播现实状况的多元性和复杂性进行全面而深入的开掘。

近期在西方媒体和学界颇具影响的"中国谜题论",也是遵循了这样一种后殖民主义的套路。此论由英国《金融时报》首席经济评论员马丁·沃尔夫首先提出。他认为,中国一直是西方人眼中最大的"谜题",其中最为核心的一点就是经济成就与政治制度

---

① HAFEZ, KAI.The methodology trap—why media and communication studies are not really international[J]. Communications—the European journal of communication research,2013,38(3):323-329.
② 李金铨.传播研究的时空脉络[J].开放时代,2017(3):209-233.
③ WILLEMS, WENDY. Provincializing hegemonic histories of media and communication studies: toward a genealogy of epistemic resistance in Africa[J].Communication theory,2014,24(4):415-434.

之间的巨大落差。①

从实质上说,沃尔夫的"中国谜题论"是19世纪德国哲学家黑格尔的"中国例外论"(中国是一切例外之例外)的延续和衍生。如果说黑格尔强调的是中国与西方在思想和文化上的巨大差异,那么沃尔夫则把这种差异引入了政治制度、治理模式和主流价值观,即"政治文明"的层面。无论是"谜题论"还是"例外论"都是西方学术道统无法解释中国政治实践之后寻找的一种"权宜之计"。这也充分说明,在"后西方、后秩序、后真相"的当下,政治传播研究已经不能再靠带有后殖民主义色彩的"套路"包打天下了。

由此可见,经典政治传播理论的解释力在当前的西方社会备受质疑。而从另一个角度来看,在政治传播领域,来自非西方国家的领军学者——其中大多数都在欧美知名学府受过学术训练——难以摆脱后殖民主义思维定式的羁绊,也始终未能建立起一套行之有效的研究路径。在全球政治体系、权力格局和传播生态发生剧烈震荡的背景下,寻求适应"他国崛起"(rise of the rest)语境的理论重构和实践再造,无疑也是重绘政治传播学术版图的一条行之有效的路径。

三、超越二元对立论:政治传播研究的行省化路径

(一)从"去西方化"到"行省化"的学术转向

20世纪80年代以降,在后现代主义思潮的影响下,传播学界也加入了学术界以"去西方化"为主线的理论反思和路径重构的队伍当中。值得注意的是,研究者在对欧美中心主义和后殖民主义倾向进行反思和批判的同时,其学术路径却走向了另一个极端。他们为了反对西方霸权,建构了某种封闭的"非西方"模式,并且以"非西方"的研究路径占据道德和话语的制高点,形成了"西方"与"非西方"研究路径之间尖锐的二元对立。这种"去西方化"的思路一方面将"西方"高度同质化,抹杀了在西方国家内部存在的政治传播实践与研究路径的多样性;另一方面将"非西方"语境下的传播学研究"他者化",否认了全球政治、社会与媒体生态仍然处于"西方路灯光影"之中的现实状况。如果全然拒斥西方传播研究的话语体系与学术成果,试图在一种"真空"的本土语境下建构"另类空间"或"替代性话语体系",同样会陷入形而上的陷阱中。这一点对政

---

① 沃尔夫.西方眼中最大的"中国谜题"[EB/OL].(2017-06-08)[2017-12-01].http://next.ftchinese.com/story/001072839?page=5.

治传播领域的研究者而言尤为重要。

无论是"西方化"的研究路径,还是"去西方化"的批判性路径,都不能完整诠释处在快速变化中的全球政治和传播格局。因此,在新全球化时代,政治传播研究需要建立一种超越二元对立的思路。后殖民主义理论家狄普希·查克拉巴蒂(Dipesh Chakrabarty)提出的"行省化欧洲"(provincializing Europe)成为解构"欧美中心主义"的重要理论框架之一,虽然这一理论框架最初是在解释历史问题的时候提出的,但对政治传播研究同样具有重要价值。

在查克拉巴蒂看来,"欧罗巴"不仅仅是一个地理和政治区划,更是一种历史观念,代表着学界对于什么是"政治现代性"(political modernity)的观念。在西方学者看来,人类历史是一种线性演进的模式,不同国家和地区之间存在政治文明的差异,因为他们处在这个线性发展过程的不同阶段。但查克拉巴蒂认为,这种带有明显欧洲中心主义的历史观,无法解释中国、印度等非西方国家文明演进的进程。因此他提出"行省化"的理论框架,即"挖掘历史及其符码的某种局限,从而使其无效的部分公之于世"①。引入"行省化"的研究视角,不仅是要将欧洲视作人类社会的一个"行省",而且还要进一步将地理空间意义上的"欧罗巴"分解成为不同的"行省",以探寻在多元历史背景和文化语境下的政治现代化进路。

相较于"去西方化"或者"本土化"的概念,"行省化"提供了更具包容性的审视政治传播研究的视域。"去西方化"或"本土化"在有意无意之间将西方树立为"他者",从而使研究的出发点从一个极端走向另一个极端;而"行省化"则以更为多元化的视角审视不同地区的政治和媒体语境下的传播研究,关注根植于不同政治和文化背景下的本土经验和在地实践,将源自西方的理论视作具体历史语境下的"话语型构"(discursive formation)而非空洞抽象的概念。②在"行省化"的框架下,研究者——无论是来自西方不同国家还是来自非西方的研究者——所提供的理论都是根植于本土视野的产物,理论之间的对话应当是双向且平等的。

(二)媒介体制研究中的"行省化"

查克拉巴蒂提出的"行省化"视域虽然是面向历史研究中存在的"欧美中心主义"

---

① CHAKRABARTY, DIPESH. Provincializing Europe: postcolonial thought and historical difference [M]. Princeton: Princeton University Press, 2009: 96.
② ZHAO YUEZHI. Understanding China's media system in a world historical context [M]//HALLIN, DANIEL C, MANCINI P, eds. Comparing media systems beyond the Western world. Cambridge: Cambridge University Press, 2012: 145.

提出的,但它无疑对传播研究——尤其是深受"西方中心论"影响的政治传播领域——的理论反思和路径重构具有鲜明的指向性。作为政治传播的基础性理论建构,有关媒介体系的"规范化理论"(normative theories)在"行省化"视域的影响下出现了一些积极的变化。

作为新闻学和传播学的理论"原典"之一,《报刊的四种理论》(1956)首次系统化地揭示了媒介与政治体制之间的互动关系,因而也成为政治传播学的"正典"。在西伯特等人看来,政治体制决定了媒介规范的模式,全世界范围内的媒介体制都可以被纳入"集权主义"和"自由主义"的二元对立之中。此书写作时正值冷战高潮,因此书中的模式划分明显受到了冷战思维的影响,也是"欧美中心主义"在传播研究中的集中体现。在20世纪80年代以来的"去西方化"浪潮中,这本"正典"成为学界争相解构的对象。[①] 显然,这种简单化的"两分法"无法体现出全球范围内媒介体制与政治制度之间的多样互动。

科林·斯巴克斯(Colin Sparks)提出,从来没有一个单一的、主导性的共产主义媒介体制。共产主义国家的媒介体制虽然都以国有媒体为基础,但其内部运作模式有着显著的差异,[②]这也意味着《报刊的四种理论》对"共产主义理论"过于粗线条的概括无法有效解释共产主义国家内部的媒介实践。

作为学界批判和解构"四种理论"成果的集大成者,哈林和曼奇尼在他们所著的《比较媒介体制》(2004)中进一步剖析了实行"自由民主"体制的国家内部的媒体生态,他们将看似具有高度一致性的"自由主义—社会责任论"的类目进一步细分为市场自由主义模式、民主法团模式和极化多元主义模式的媒介体制,从而初步消解了媒介体制研究中"西方—非西方"二元对立的神话。这本著作被作者视为新闻传播学界对"四种理论"的"彻底告别",同时也标志着"行省化"政治传播研究的起点。但由于作者仍不能从根本上摆脱"西方中心论"的视角,便为其研究对象设定了"自由民主体制"的"准入资格",因而无法实现作者在全球范围内进行媒介体制比较研究的目标。为了弥补这一"短板",同时也是回应来自第三世界同行的批评,哈林和曼奇尼随后又编辑了论文集《超越西方的比较媒介体制》(2011),邀请来自中国、巴西、南非、沙特、波兰和立陶宛等国家的学者对本国的政治制度与媒介体制进行梳理,从而以更为广阔的视野描摹了在多元政治体制背景下媒介制度的复杂形态和多样面貌。

---

① 郭镇之.对"四种理论"的反思与批判[J].国际新闻界,1997(1):38-43.
② SPARKS,COLIN. Media theory after the fall of European communism[M]//PARK,MYUNG-JIN,CURRAN J, eds. De-westernizing media studies.London:Routledge,2000:35-49.

从《报刊的四种理论》到《比较媒介体制》再到《超越西方的比较媒介体制》,媒介体制研究经历了从"西方中心"到"行省化"的视域转型。在《比较媒介体制》一书中,"报刊的自由主义理论"被解构成更加多样化的类别,反映了意、法、北欧诸国和英美之间具有显著差异的媒介制度与政治体制的互动关系。《超越西方的比较媒介体制》证明了在"西方"范畴之外的媒介体制具有更为多元和复杂的样态。这充分说明,"欧美中心主义"视域下有关媒介体制的"规范性理论"同样是一种"例外",并非放之四海而皆准的"公理",而将西方理论归为一种"地方经验",恰好体现了"行省化"政治传播的基本思路。

(三)走向"行省化"的政治传播研究

与媒介体制研究的背景类似,政治传播研究与政治制度以及政治实践有着密切的关系,因此,"行省化"的思路对于彻底颠覆政治传播研究中根深蒂固的"西方中心"视角有着重要的意义。如前所述,越来越多居于主流的学者也逐渐认识到,由于政治体制和文化背景的差异,即便是对西方国家自身的政治传播研究实质上也是高度"行省化"的。在不同政治和文化背景下开展的研究所发掘出来的"在地经验"也从未被证明具有普遍意义。换言之,从"行省化"的思路来看,"欧美中心主义"的政治传播学也是一个被建构出来的"神话"。如果深入到西方国家政治结构的内部和深层,研究者便会发现,在貌似同质化的"西方民主"体制的背后也存在多种形态的政治传播体系。

作为"行省化"政治传播研究的标志性成果之一,爱德文·贝克(Edwin Baker)和斯科特·奥尔索斯(Scott Althaus)等学者基于"政治责任"(political accountability)的视角,将西方民主体制分为"共和主义""多元主义""精英主义"这三种模式,并提炼出了不同模式下政府—公民—媒体的互动关系形式(见表1)。① 在不同的政治责任语境下,政府—公民—媒体存在着截然不同的互动形式。这三种语境下开展的政治传播在方式、目的和效果上也存在着显著的差别。例如,在"共和主义"的模式中,媒体在政治传播中扮演的是"策展人"(curator)的角色,强调媒体运用专业素养

---

① 此表格根据以下两位学者的著述改编而成:ALTHAUS, SCOTT L. What's good and bad in political communication research? Normative standards for evaluating media and citizen performance[M]//SEMETKO, HOLLI A, SCAMMELL M, eds. The SAGE handbook of political communication, 2012:97-112; BAKER C, EDWIN. Media, markets and democracy[M]. New York: Cambridge University Press, 2002.

整合多元化的信息和观点并提供权威解读;①在"多元主义"的模式中,媒体在政治传播中扮演着"代言人"的角色,秉持不同政治立场的媒体构成了"彩虹光谱",代表不同的社群发声;而在"精英主义"的模式中,媒体则扮演着"秩序维护者"和"舆论调停人"的角色。②

表1 基于不同民主体制和政治责任的政治传播模式

民主体制的模式	公民参与政治传播的方式	政治传播的目标	政治传播的效果（谁能占据上风）	新闻媒体的主要职责	最适合的新闻类型和受众状况
共和主义：基于协商与共识的治理	关注公共事务，积极参与讨论和商议，达成共识，并通过选举和投票表达政治立场	寻求各个阶层和社群利益的最大化	最令人信服的立场或观点	·倡导公民美德 ·曝光腐败/道德败坏等行为 ·营造一个可进行理性辩论的包容性公共领域	社会责任型新闻，受众细分度较低
多元主义：由利益集团共同治理	组成社团，相互博弈，达成协议，并通过选举和投票表达政治立场	倡导和推进特定阶层和社群的利益	在公平原则上最有影响力的集团或群体	·确保各个群体及时知晓各自的利益 ·推动各个群体充分表达他们的利益 ·确保官员充分知晓各个群体的利益	政治倡导型新闻，受众细分度较高
精英主义：由专业人士治理	仅通过选举和投票表达政治立场	替草根阶层和边缘弱势群体代言	最有能力和清廉的领导人	·曝光统治阶层的贪腐和不作为 ·宣导现有体系的合法性	市场驱动型或社会责任型新闻，受众细分度关联不大

显而易见,西方学界所开展的"行省化"政治传播的探索仍然局限于"自由民主"框架。与前述的媒介体制研究一样,西方学界囿于自身认知和思维定式的局限,难以将"行省化"的视角拓展到"西方路灯光影以外的世界"。从本质上看,"自由民主"政体不论基于上述哪种模式,都无法摆脱竞选逻辑所带来的"博弈框架"(game-frame),从而使媒体倾向于制造冲突,以引发关注。由于政治体制的差异,像中国这

---

① 仇筠茜.新闻策展:"微媒体"环境下突发新闻报道及伦理分析——以美国马拉松爆炸案报道为例[J].国际新闻界,2013(9):123-130.
② 曾繁旭.传统媒体作为调停者:框架整合与政策回应[J].新闻与传播研究,2013(1):37-50.

样的国家,在政治传播过程中不需要通过商业媒体常用的"反常放大"的方式来制造冲突,吸引眼球,而更多的是通过"协商框架"促进社会整合与统一。正如一位参与十九大报道的境外记者所概括的那样,中国共产党进行的是"接力赛",而不是西方式的"搏击赛"。① 这种本质上的差别让中国的政治传播研究需要更多地从自身的历史资源和政治现实中挖掘有意义的内容,以建构"行省化"视域下中国语境的政治传播。

四、行省化视域下的中国政治传播

正如查克拉巴蒂观察到的那样,中国独特的历史文化使其形成了一套符合自身国情的政治体制和传播模式。在这样的语境下,"欧美中心主义"完全无法有效地对中国政治传播的复杂性进行解释。由于长期以来在意识形态领域中奉行的"不争论""不对抗"的主张,整个人文社会科学领域"去政治化的政治"氛围浓厚,在研究政治传播的时候难以触及中国政治传播的核心问题。因此,虽然传播学引入中国已近半个世纪,政治传播对于中国学界而言还是一块待开垦的处女地。

党的十九大为中国特色社会主义建设的新时代绘制了明晰的路线图,也为世界进入"新全球化"时代提供了有力的参照,这也是我国政治传播学科建设和研究体系建设的良好契机。在"后西方、后秩序、后真相"的当下,政治传播的"范式革命"已经成为全球学界的共识。以目前的国内外学术资源和话语体系来考量,"行省化"可以成为中国政治传播研究者融入国际学术主流最为便捷的切入点。我们要按照"打造融通中外的新概念、新范畴和新表述"的要求,深入挖掘中国历史与现实的本土资源和在地话语,按照以"传播"为本位的思路,重新厘清政治传播在中国演进的历史脉络和现实考量,并结合在"新全球化"时代构建"人类命运共同体"的理念,将中国政治传播的肌理汇入全球政治秩序重构的体系中。

从当前的学术研究来看,学者在研究中国政治传播的过程中,主要基于传统的政治传播思想、革命时期的政治传播经验,以及"新全球化"时代的政治传播实践三个维度展开,并在研究中体现出了"行省化"的学术思路与理论脉络。

从历史的维度来看,中国古代的政治制度和"天下"观,成了中国政治传播的历史渊源与理论基础,而这种制度和哲学理念都是西方政治传播学无法覆盖的本土经验。古代政治传播所形成的"符命神话",代表了中国最早的关于国家共同认同的

---

① 十九大开幕式侧记[N].(香港)大公报,2017-10-19.

理论和实践形态。官方通过民众的普遍信仰建构帝王的权威地位,以建立其王朝的合法性地位。① 类似于当前的政治监督机制,谏议制度对封建君主的决策起到制约作用,形成了自下而上的信息监督模式和君臣之间的权力互动。② 在历史上逐步形成的代表中国人世界观的"华夷之辨",则成为历史上最早的公共外交叙事之一。③

在新中国建立和建设时期,政治传播的实践逐步形成的"革命话语体系",对于当前中国的政治传播仍然具有不可低估的重要价值。在革命时期,中国共产党建立起了一套独特的社会动员机制,通过广泛的社会动员以统一思想,达成共识,促进新的政治议程的高效实施。④ 这种政治动员与西方国家选举型政党的政治传播模式有着显著差异,无法依照传统政治传播的逻辑进行分析。此外,"内参"作为一种起源于战争年代的政治传播模式,对全面了解下情、充分搜集信息、有效管理国家起到了积极的作用。⑤ 这些模式都完全超越了西方政治传播的研究范畴,理应成为"行省化"研究重点发掘的对象。

在"新全球化"时代,政治传播的研究面临"技术—文化"语境变迁下更加复杂的挑战。一方面,互联网和社交媒体的出现,推动了信息流动的碎片化和网络化,对政治传播的形式提出了新的要求。例如中纪委、外交部通过微信、微博等主流社交媒体,共青团中央通过知乎、B站等亚文化平台主动发声设置议程,在青年群体中产生了广泛而积极的影响。我国党政部门如何适应社交媒体环境下的政治传播并在理论和实践层面加以创新,值得学者更多地关注。另一方面,在"后西方""后秩序"的背景下,中国的对外政治传播和国际传播也值得更为深入的考察。随着中国引领"新全球化"时代的角色和路线图日渐清晰,中国领导人倡导的"一带一路"和"人类命运共同体"理念在国际社会引发日益强烈的共鸣,如何能够讲好中国故事的2.0版,提升我国政治文明对外传播的有效性,亦是中国政治传播研究亟待开拓的领域。⑥

基于上述三个维度,中国政治传播研究者应当把握当下的历史契机,找准自身在国际政治传播研究版图中的坐标,在新一轮的"范式革命"中完成"由边缘走向中心"的转型。在经典政治传播理论陷入"解释力的危机",而传播学研究"西方中心主义"和后

---

① 白文刚.符命神话与中国古代王朝的天命建构——基于政治传播视角的考察[J].青海社会科学,2014(1):12-15.
② 陈谦.传播、政治传播与中国古代政治传播制度体系[J].广西社会科学,2006(1):87-92.
③ 葛兆光.想象异域[M].北京:中华书局,2014:45.
④ 王绍光.中国公共政策议程设置的模式[J].中国社会科学,2006(5):86-99.
⑤ 尹韵公.论中国独创特色的内部参考信息传播工作及其机制[J].新闻与传播研究,2012(1):4-14.
⑥ 史安斌.加强和改进中国政治文明的对外传播:框架分析和对策建议[J].新闻与写作,2017(7):4-7.

殖民主义倾向遭遇进一步质疑和解构的当下,强调超越"全球—本土""西方化—去西方化"对立、寻找多元化在地经验的"行省化"视角,无疑为我们以理论反思和路径重构的方式描绘政治传播研究的未来提供了有力的镜鉴。

〔史安斌,清华大学新闻与传播学院教授,教育部"青年长江学者"特聘教授;王沛楠,清华大学新闻与传播学院博士生〕

〔特约编辑:顾洁〕

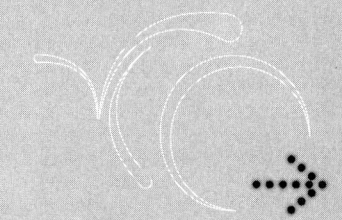

政治传播

反腐败传播的中国模式与基层实践
　　——以河北邱县反腐漫画调查为例　　　　　　　　　　　　　姬德强
不成熟的"商品化"、不完整的"结构化"
　　——莫斯可"三化"理论框架下日本三个华文微信公众号内容研究　　刘康杰

反腐败传播的中国模式与基层实践
——以河北邱县反腐漫画调查为例

Anti-corruption Communication in China: Models and Practices of Peasant-made Anti-corruption Aricatures in a Chinese County

◎ 姬德强

Ji Deqiang

摘要：在反思现代性的背景下，本文首先提出：中国的反腐败研究需要超越西方的单一现代性框架，对中国的政治文化传统、社会组织结构以及中国共产党领导的"政党反腐"历史进行深入的剖析。其次，本文提出了中国反腐败传播的五种模式，分别是高度组织化的执政党内部传播体系、动员与运动式反腐、大众媒体舆论监督、群众举报和网络反腐。最后，基于2016年的河北邱县反腐漫画调查，本文认为，邱县的农民反腐漫画体现了中国反腐败传播的几个重要模式，包括群众基础与国家动员的互动、组织宣教的创新，以及村庄监视环境的建立。另外，本文提出了反腐败传播的城乡关系问题。

关键词：反腐败传播，政治传播，中国模式，农民反腐漫画

Abstract: Against the backdrop of modernization, this paper argues that anti-corruption studies in China should avoid using a single notion of western modernity underpinned by a set of dichotomies including tradition vs modern, state vs society, etc. Instead, scholarly attention should be paid to the long-standing political culture, the complex social structure, and the Chinese Communist Party-led anti-corruption history since its foundation in 1921. Next, the paper proposes five normative anti-communication models to clarify the local political, social, and cultural features in China. They are the CCP's internal propaganda and education system, mass mobilization and political movement, mass media monitoring, public tip-offs, and internet-based anti-corruption. Lastly, the paper demonstrate the grassroots basis of China's anti-corruption

---

* 本文为国家社科基金青年项目"中国共产党反腐败传播历史研究（1921—2020）"（项目编号 15CXW013）的阶段性研究成果。

campaign through an empirical study in a Chinese county named Qiu in Hebei Province, which is famous for its peasant-made anti-corruption caricatures. The author concludes that there are positive interactions between Chinese peasants and the socialist state in both consolidating the legitimacy of the CCP's leadership in anti-corruption movements, and combatting corruption their daily lives through the mobilization of local artistic, cultural and communicative resources by the Party's county-level organization. A possible urban-rural divide in anti-corruption communication in China proposed as concluding remarks.

Keywords：anti-corruption communication, political communication, China model, Peasant-made anti-corruption caricatures

在人类现代化的历史上,腐败与反腐败相伴而生。从规范性理论的角度来说,如果腐败是"以公谋私",那么反腐败就是重申公私之间的界限,重建社会公正。由于政治制度、文化传统和经济发展水平的多元性,腐败与反腐败的表现形式也因时因地而异。与欧美国家主导的全球腐败认知框架不同,①中国的腐败与反腐败历史更为久远,意义也更加多样,在地性的政治、社会和文化特征也更为明显。尤其是1921年以来,以中国共产党为主导的"政党反腐"②贯穿建党九十余年的历史,其间所涉及的国家动员、媒体宣传、组织教育和群众参与等传统构成了反腐败传播的中国特色。

习近平总书记在党的十九大报告中指出:"人民群众最痛恨腐败现象,腐败是我们党面临的最大威胁。只有以反腐败永远在路上的坚韧和执着,深化标本兼治,保证干部清正、政府清廉、政治清明,才能跳出历史周期率,确保党和国家长治久安。"在这个意义上,反腐败不仅是一个政党执政的合法性逻辑,还是一个执政党与人民群众之间的传播逻辑,亟待在理论上廓清。本文即立足于现代性的历史观,梳理中国反腐败的传播模式,并结合2016年4月对河北邱县反腐漫画的实地考察,探讨中国反腐败传播的基层实践。

一、反腐败在中国:现代性的反思与在地化的传播模式

(一)现代性视野下的反腐败

长久以来,"反腐败"(anti-corruption)是党史党建领域的核心话题,同时也是政治

---

① 比如"透明国际"(Transparency Internationaliation)发布的全球腐败排行榜等。
② 徐理响.从阶级斗争到制度化构建:1949年以来中国共产党的反腐认知及其实践[J].江苏社会科学,2013(6):77.

学的重要研究领域。按照王沪宁对中国政治文化特征和转型过程的早期经典研究,①相关的文献可以从历时性和共时性两个角度加以总结整理。

第一,在历时性方面,王沪宁指出,中国的政治文化经历了"古典结构"(政教不分、政学相同)、"近代结构"(以西方文化为模式的维新变法)和"最近结构"(新中国成立以来的马克思主义和社会主义政治文化)的转型。而在"最近结构"的历史环境中,胡杨总结了中国特色反腐模式的历史转型,即从"运动反腐"到"权力反腐"到"制度反腐"再到"体系反腐"。在此基础上,胡杨提出了中国特色反腐模式转型的内在逻辑,即路径依赖与渐进积累、传统渗透与现代转型、政党本位与权力推动。② 换句话说,中国特色的政治文化和反腐模式呈现出历时性的演化,但绝不是单一的进化逻辑,而是一种杜赞奇所定义的"复线"(bifurcated)历史。③ 多种文化形态和反腐模式的递进发展、叠加存在、互相影响才是常态。

第二,在共时性方面,杨骥的分析有一定的代表性。他认为,反腐败研究一般可以分为三个视角,分别是:强调建立强有力的反腐机构的国家主义视角,强调推进民主化进程的自由主义视角,强调发挥民众积极性的社会建设视角。在这个过程中,文化的视角被忽略了,尤其是在以儒家文化传统为主的国家。④ 简而言之,目前来自政治学等学科视野的中国的反腐败研究多内化了西方现代性视野,其中主要包含的是一套二元对立逻辑,比如传统与现代、政府/国家与社会、腐败与透明等。不可否认,中国共产党的政治使命恰恰也是在此现代性的影响下逐步完成的。但与此同时,我们需要注意到中国现代化路径的不同——这既包括对西方现代性中的帝国主义逻辑的抵制,也涉及对中国本土文化传统的重新发现。换句话说,中国共产党所追求的现代性既有对西方现代性的认可,同时也充满反思以及和本土政治文化的结合。正如郑永年将十八大以来的变化尤其是反腐败斗争称为中国共产党的"自我革命",而中国共产党反腐败背后的真正目的是"对执政党对自己所认同的现代性的残酷无情的追求"⑤。

那么,这种现代性是什么? 郑永年梳理了其中的主体性视角和现实主义逻辑——"近代以来,中国的'政党'概念从西方引入,但引入之后其含义发生了重大变化,政党

---

① 王沪宁曾提出,"政治文化除有历时性结构的一面,还有其共时性结构的一面"。王沪宁.转变中的中国政治文化结构[J].复旦大学学报(社会科学版),1988(3):57.
② 胡杨.论中国特色反腐模式转型的内在逻辑与发展路径[J].马克思主义与现实,2010(7):184.
③ DUARA P.Rescuing history from the nation:questioning narratives of modern China[M].Chicago:University of Chicago Press,1997:233.
④ 杨骥.腐败的文化根源探析[J].探索与争鸣,2014(4):95.
⑤ 郑永年.如何认识当代中共的"现代性"[EB/OL].(2017-11-02)[2017-11-13].https://mp.weixin.qq.com/s/oQTj35NtSO2fEuYCHYk2cg.

就是政治行动的主体,而行动不仅仅是求生存和发展,更是引领国家各方面的发展。这就是说,政党的现代性不是被变化着的环境所被动规定和界定;恰恰相反,执政党要通过行动来主动规定自身的现代性,追求自身的现代性。通过不断更新和规定其现代性,执政党才能在不断更新自身的同时保持其引领社会发展的使命感。"①当然,这一与时俱进的开放的现代性观念并不是无所不包的,而是在不同历史阶段有所侧重和交叉,呈现出一套复线的现代性逻辑,主要包括:以工业化、信息化和市场经济为特征的经济现代性,以新民主主义革命、马克思主义执政党和社会主义国家政体为特征的政治现代性,以民族复兴为特征的文化现代性。

然而,面对如此复杂的现代性观念,目前中国的反腐败研究更偏向于西式单一现代性视野下的二元对立逻辑,仅仅强调透明政府和多元主体等视角,对中国的政治文化传统、社会组织结构以及1921年中国共产党建党以来的"政党反腐"模式及其社会组织和影响力量缺乏内部复杂关系(比如执政党的代表性、群众的主体性,群众与执政党的关系、群众与国家的关系等)的剖析,尤其是缺乏基于扎实的经验材料的研究。

(二)中国反腐败传播的模式论

在近代中国历史上,中国共产党领导革命、新中国成立和社会主义建设的历史,决定了"政党反腐"这一具有中国特色的反腐形式。新民主主义革命时期,党的反腐败工作以自身组织的"净化"和"强化"为特征,服务于革命胜利的总目标。新中国成立以后,作为执政党的中国共产党扮演了国家反腐败的中心力量。可以说,与其他国家反腐败机构和国际组织的独立性,以及诸多二元对立和权力制衡逻辑不同,中国共产党的反腐败传统内涵更广、形式更多,既有政治制度建设,也有社会建设和文化秩序传承,从而形成了具有中国特色的"大廉政"文化。正如王沪宁早在1995年就提出的,中国的政治文化是"文化中轴的政治文化",而"政治文化本身与家庭生活、社会生活、道德生活和伦理生活有着千丝万缕的联系,政治文化弥散在更宏大的社会文化之中"②。

反腐败,是一个系统性工程,而"传播"——不管是媒介化的还是非媒介化的——是这一工程的核心组织机制。过往有关中国共产党反腐败历史的研究,多关注政治组织的运行、制度建设和廉政文化传统,较少从传播研究的视角切入。然而,不断"媒介化"的社会环境以及日益高压的反腐斗争形势,正在向传统研究路径提出挑战。以《永

---

① 郑永年.如何认识当代中共的"现代性"[EB/OL].(2017-11-02)[2017-11-13].https://mp.weixin.qq.com/s/oQTj35NtSO2fEuYCHYk2cg.
② 王沪宁.转变中的中国政治文化结构[J].复旦大学学报(社会科学版),1988(3):55.

远在路上》《打铁还需自身硬》等为代表的电视政论片,以《人民的名义》《反腐风暴》等为代表的影视剧,以电视问政、民生新闻等为代表的电视新闻和谈话节目,以网上举报、人肉搜索为代表的网络反腐,以邱县漫画和习近平总书记"打虎"卡通形象为代表的视觉化廉政文化建设,正在改变传统上较为封闭的、组织化的与反腐败密切相关的传播生态。与此同时,如何更好地研究在革命时期和新中国成立早期,在现代大众媒介和网络媒介尚未广泛使用的环境中,中国共产党反腐败的传播形态(组织内的与组织外的),亦成为这一历史研究完整性的重要挑战。因此,从传播的角度重新梳理中国共产党近百年的反腐败历史,可以跨越学科藩篱,关注充满在地性传播创新的人民历史。

基于对历史资料的挖掘,我们总结提炼出了如下五个具有中国特色的反腐败传播模式:

第一,高度组织化的执政党内部传播体系。这一有破有立、高度组织化的传播行为内嵌于中国共产党的建党历史中。面对建党早期组织外的各种渗透威胁和组织内的腐化可能,面对执政后继续党风廉政建设的需要,中国共产党发展出一套成熟的组织内传播、教育和动员机制——从制度化的党校继续教育到树立模范(如焦裕禄、孔繁森)再到运动

图1 中国反腐败传播的五种模式

式的政治学习,这一由上而下的纵向组织传播形态包含了多个值得在不同历史阶段深入研究的构成要素,比如内容和话语、信息流动和管理层级、劝服和参与的互动,等等。

第二,动员与运动式反腐。这是基于革命传统,独具中国共产党组织特色的反腐败传播实践,例如"整风运动"与"专项反腐败斗争"。与上述制度化的、以党员干部为主的、由上而下的单向传播不同,运动式反腐更注重在特定历史时期内对广大党员干部和人民群众的传播动员能力,是一种上下联动的传播动员机制。

第三,大众媒体舆论监督。报刊等大众媒体是中国共产党自建党以来维护"意识形态领导权"的重要传播和组织渠道。祝彦、王兰洁指出,早在"中央苏区时期,党和政府非常重视新闻舆论工具在廉政建设中的监督作用。当时苏区发行的报刊主要有《红色中华》《斗争》《红星》等,它们对党政干部中的腐败行为和不良风气进行了毫不留情的揭露"。[1]新中国成立至今,不管是党报党刊,还是改革开放后兴起的晚报、都市报和

---

[1] 祝彦,王兰洁.新民主主义革命时期中国共产党反腐倡廉的思想与实践[J].中共中央党校学报,2009(5):38.

各类电视新闻报道,都积极参与反腐倡廉报道。

第四,群众举报。这是一种半开放的由下而上的反腐败传播形态,取决于党组织的开放程度。仝华发现,早在"土地革命时期,(反腐就需要①)发动和依靠广大人民群众,实行广泛的党内民主监督和批评"②,但是具体形式并未提到。新中国成立后,通过信件、电话和信访接待,群众举报逐渐制度化,但少有研究关注这一过程所暗含的复杂的人际和群体传播过程,直到如今发展为更加泛化的网络举报式反腐败传播。

第五,网络反腐。这是一个复杂的概念,既包含党和政府借助网络传播腐败和反腐信息,开辟举报通道,研判和治理舆情,也包含与反腐有关的"用户自制内容"(UGC),如网络举报、人肉搜索、社交媒体传播等,从而形成对腐败行为的"全民监视"。肖生福认为,这将形成"自媒体—传统媒体—全媒体—政府回应"的一种"新型互动模式"③。然而,也有学者提出了这一传播形态的问题,比如"网络反腐所能达致的是一种有限正义,必须多元共治,多方联动,才能实现反腐治理的实质正义"。④ 而郭兴全、韩伟提出,"网络反腐的正规化与民间反腐的自发性,依法管理网络的举措与民众言论的'寒蝉效应'之间,仍然存在着张力,需要得到更好的协调与平衡"。⑤ 换句话说,网络反腐虽然充满了促进反腐的可能性,但也充斥着不确定性和不稳定性,还处于权力的结构化过程中。

当然,值得注意的是,网络反腐的一个核心关键词是"赋权",即让广大网民参与反腐败传播成为可能,从而进一步重申了群众在这一过程中的主体性作用,这也与党的几代领导人在反腐败斗争中所坚持的"群众路线"原则形成呼应。例如,毛泽东就曾提出,反腐败能否成功在于能否走群众路线,能否发动群众,能否依靠群众。习近平也指出,开展党的群众路线教育实践活动,就是要把为民、务实、清廉的价值追求深深植根于全党同志的思想和行动中,夯实党的执政基础。换句话说,反腐败的"群众路线"能否走好或基层实践是否扎实有效,事关党的执政合法性、国家的长治久安和社会的可持续发展。因此,在本文的第二部分,我们以对河北邱县的反腐漫画调研为例,提供一个基层实践的视角,从而在中国反腐败传播的理论模式中提供一个由下而上,进而上下互动的传播视角。

---

① 本文作者注。
② 仝华.中国共产党早期的反腐倡廉斗争[J].高校理论战线,1997(7):52.
③ 肖生福."网络反腐"中媒体、民意与政府的互动分析[J].广州大学学报(社会科学版),2012(11):11.
④ 蔡文成.网络反腐:媒体治理和有限正义[J].社会科学家,2014(8):36.
⑤ 郭兴全,韩伟.新形势下反腐倡廉网络舆情:现状、趋势与对策[J].探索,2014(2):42.

二、邱县反腐漫画：群众基础、国家动员、组织宣教与监视环境

"打虎"是新闻，"拍蝇"是生活。河北邱县西孝武村村支部书记认为，"百姓不关心打老虎，但拍苍蝇对老百姓的影响很大。"付东村村支部书记杨万安也提到，"最受群众欢迎的漫画是与村民实际利益相关的。"正如胡延亭、郝增茂等诸多农民漫画家在谈及漫画创作时所表达的，画漫画并非出自美学目的，也不能给自身带来直接的经济利益，更重要的动机就是针砭时弊，解气。这是国家社科基金"中国共产党反腐败传播历史研究"项目组于2016年4月在河北省邯郸市邱县调研反腐漫画时，在邱县纪委组织的座谈会上听到的来自村干部和农民漫画家的声音。与由上而下的反腐败宣教的方式和话语不同，邱县的农民反腐漫画从一开始就带有乡土性。2013年，农民漫画家郝增茂在接受《东方早报》采访时说的一句话点明了这一反腐败传播的基层实践特征，"来采访的记者都问我漫画对于反腐败的意义，这要我一个农民怎么说？"[①]我们的调查发现，邱县反腐漫画的社会效果基于长期的农民切身的创作经验，借力于网络宣传、国家动员和组织宣教的联合作用，同时也营造了基层的反腐监视环境，在有机回应国家反腐败顶层设计的同时，有效推进了基层的反腐败进程。

(一) 群众基础与国家动员

2013年8月，中纪委和监察部实行"五网合一"，在新上线的中央纪委监察部网站上设立了"网上展馆"栏目，其中，专题展出了经过邱县纪委遴选提交的部分农民创作的反腐漫画（网上称为"河北邱县廉政漫画"），[②]引发社会的高度关注。在此之前和之后，时任中共中央政治局常委、中央纪委书记王岐山的两次批示，推动了邱县反腐漫画上网和《小漫画、大廉政》专题片的拍摄，以及全国性廉政漫画创作和展览活动的开展。但这一媒介事件的产生绝非一时之事，而是农民长期的基于自身生活体验和反思的结果。

1983年由当地漫画家陈玉理和李青艾夫妇创立的青蛙漫画组成为培养农民漫画家的摇篮。目前活跃在邱县漫画创作一线的主力农民漫画家多来自这一自发的漫画学习社。在长达三十多年的创作历程中，青蛙漫画组的两个创作特征与本文所提出的

---

① 权义.50年来，邱县漫画一直关注时代[N].东方早报，2013-11-13，B01.
② 中央纪委监察部网站.网上展馆[EB/OL].(2017-11-01)[2017-11-20].http://v.mos.gov.cn/wszg/index.shtml.

反腐败传播的群众基础密切关联：首先，此类漫画多就地取材、针砭时弊。农民看到的、听到的、与自身利益相关的故事成为主要题材，紧扣时代脉搏，但并无具体的主题指向。正如该漫画组的名称"青蛙"所寓意的，吃害虫、唱丰收，与党的反腐倡廉传统保持了话语上的互动。其次，农民漫画家并非职业画家，漫画收入并不能让农民离开土地专职创作，大部分人仍然通过务农贴补家用。"白天拿锄头，晚上画漫画"是大部分邱县农民漫画家的日常生活写照。在这个意义上，他们仍然是农民，与农村和农业保持着天然的依存关系。他们所代表的仍然可以被认为是农民的声音。因此，就创作者的阶层身份和内容题材而言，邱县反腐漫画具有扎实的群众尤其是农民基础。与此同时，我们的调查发现，除了被广泛用作公益宣传（比如"中国梦 牛精神""一滴汗一粒粮"等）、媒体发表和展览的少量漫画外，大部分反腐漫画都被用作当地的廉政教育，在县纪委主导的"六进"（即进机关、进社区、进学校、进农村、进企业、进家庭）过程中，与全县人民群众保持着密切的互动，从而形成了在地化的创作和使用。换句话说，在教育水平普遍不高、传统说教（比如利用大喇叭）效果不佳的农民群体中，农民自己创作的漫画更具有传播的接近性、渗透力和感召力。

十八大以来，在党中央的坚强领导下，党风廉政建设和反腐败斗争取得了前所未有的成绩，为全面从严治党打下了坚实的制度基础和舆论环境（即所谓的"震慑"），也为基于基层传播实践的国家动员提供了历史机遇。这主要表现在两个方面：第一，农民与党领导下的反腐败斗争的情感共鸣与合法性共建。时任邱县县委常委、纪委书记赵从江将之总结为"漫画这个形式能够与中央的顶层设计互动"。我们的调研发现，农民漫画家和几个自然村的被访者都十分认同十八大以来党领导的反腐败运动。一方面，"打老虎"既激发也夯实了农民对共产党执政合法性的认识；另一方面，"拍苍蝇"则强化了农民对身边贪官最终将遭到惩罚的国家制度的信心。两个逻辑合并起来，形成了党领导的反腐败斗争的群众基础。第二，邱县纪委因时而动，成立了以纪委书记为组长的廉政漫画工作领导小组，协调宣传系统、教育系统和企事业单位共同参与漫画创作和传播，发挥了基层国家政权的主体性。作为基层党委和政府，邱县纪委引导农民漫画家一方面关注时下重要的反腐或廉政主题，提供参展和宣传的机会；另一方面，组织农民漫画家进行集体创作，比如河北省的《预防腐败体系实施纲要漫画释析》和《画说〈廉政准则〉》等，以服务党组织、政府部门、企事业单位和村庄的反腐倡廉工作。正如时任中共邱县纪委副书记赵俊海所指出的，"艺术形式是中性的，谁用它，它就可以为谁服务，本质就是这样"。在反腐漫画的传播过程中，邱县的政治生态变得更加清朗。

(二)廉政馆与组织宣教的创新

与国家动员保持密切关联的是反腐倡廉组织宣教在邱县的内容和形式创新。传统的说教和展览往往流于形式主义甚至官僚主义,传播效果十分有限。邱县基于自身充沛的漫画内容资源,先后建立了廉政教育基地和廉政教育馆,一方面展示接地气的漫画内容,与参观者、学习者产生经验和情感互动;另一方面,通过有效使用展览语言,比如互动多媒体、角色扮演和故事化的参观路线设计,引导参观者积极参与到腐败和反腐败的具体情境中,从而生成了强烈的切身体验。这也符合腐败经历影响腐败感知的相关研究结论。① 全国各地络绎不绝的参观团体和个人也从侧面反映了目前反腐倡廉宣教体系的问题,以及如何发展基于群众实践的、在地的组织宣传和组织教育方式。在全国各地大力兴建、改建反腐或廉政教育展馆的当下②,邱县廉政馆内容上的乡土性和形式上的现代性实现了有效结合,值得各地反思和借鉴。

(三)监视环境

项目组调研的最后一站是邱县的几个自然村,因为漫画上墙——村里房屋的外墙以及廉政广场周边的院墙——而成为反腐漫画宣传的典型。这些墙画与村庄的公共传播环境的自然融合,导向了另外一种分析思路,那就是,这些画在墙上的反腐漫画在村庄内部的公共传播中扮演着重要的传播角色。借用2013年6月18日,习近平总书记在党的群众路线教育实践活动工作会议上提出的概念,这就是农村党员干部在"照镜子"③。在邱县的村庄里,镜子不仅是党章,更是人民群众的眼睛。正如西孝武村村支部书记所说的,"漫画形式通俗易懂,看完以后每个人有各种看法,大家的看法交流综合在一起,对漫画理解全面"。在农民群众日常的观看、凝视和讨论中,农村党员干部被置于一种经漫画媒介化和规范化的廉政镜鉴话语中,从而形成了群体压力和警示或监视的传播效果。当然,这一监视效果既包含"破",也包含"立",既晒出贪官,也在"大廉政"的政治文化传统中耳濡目染、潜移默化,同时也强化了传统的乡村伦理秩序,

---

① 李辉,孟天广.眼见为实:腐败经历是如何影响腐败感知的?[C].中国廉政研究2016年学术年会论文,中山大学,2016.
② 项目组近年来也走访了包括山东、浙江和天津在内的多个基层廉政展馆。
③ 习近平总书记对"照镜子"的解释是:照镜子,主要是以党章为镜,对照党的纪律、群众期盼、先进典型,对照改进作风要求,在宗旨意识、工作作风、廉洁自律上摆问题、找差距、明方向。习近平.习近平详解"照镜子、正衣冠、洗洗澡、治治病"[EB/OL].(2013-06-19)[2017-08-19].http://sh.people.com.cn/n/2013/0619/c134768-18890492.html.

包括孝敬老人和促进邻里关系和睦,等等。

小结:反腐败传播的中国特色

始自反腐败的现代性话语,暂时终止在中国农村的反腐败传播实践,本文试图将反腐败传播的概念、模式和主体等问题在中国的语境下加以廓清。正如杨骥所提出的,我们需要跳出西方启蒙运动以来的"二元论"[①],从在地性和文化的视角看待腐败和反腐败的多重面向。中国共产党近百年的建党史为我们展开的是丰富而多元的"政党反腐"进程,以反腐败传播为例,其间既有基层的传播经验和传统,也有国家动员的建制化力量,更有上下之间的政治和情感互动。这都为我们书写一部中国共产党的反腐败传播历史提供了丰厚的地方经验、本土知识和创新话语。

而邱县调研为我们所展现的,不仅是中国反腐败传播模式的具体化实践,而且是农村和农民作为共产党执政合法性来源的重要基础。时任中共邱县纪委副书记的赵俊海在调研结束时总结道:"廉政漫画的成本很低,使用的材料很简单,画完也就50块钱一张,而且保质时间长,一幅漫画基本能够保质一两年。廉政文化教育在邱县已经成为一个体系,县里面有廉政教育基地,县里单位有廉政文化展厅,乡镇里有廉政文化大院,村里有廉政文化一条街,等等。廉政漫画能够引起领导的关注,说到底是因为农民有最朴素的感情,以最朴素的笔触参与到反腐倡廉中。农民可不懂什么方针政策,但是他们懂得什么是对、什么是错。虽然感情朴素、笔触朴素,但是效果非常好。"

青蛙漫画组的元老之一任广强认为,邱县漫画之所以出名不单是因为创作者是农民,还因为"出身农村可以画好农村题材,出身城市照样可以画好城市漫画"。如果说中国革命曾经是"农村包围城市"的战略选择,那么当下中国的反腐败传播,是否也存在明显的城乡分化?

致谢:本文作者感谢中共邱县纪委、宣传部、监察局、教育局等相关部门同志对项目组邱县反腐漫画调研的大力支持。

〔姬德强,中国传媒大学国家传播创新研究中心副研究员〕

〔特约编辑:顾洁〕

---

① 杨骥.腐败的文化根源探析[J].探索与争鸣,2014(4):95.

不成熟的"商品化"、不完整的"结构化"
——莫斯可"三化"理论框架下日本三个华文微信公众号内容研究

Un-matured Commodification and Un-integrated Structuration
—A Study on the Content in the Three Japanese WeChat Public Accounts by Msco's "Commodification, Spatialization and Structuration" Framework

◎ 刘康杰

Liu Kangjie

摘要：一方面，遍布全球、历史悠久的海外华文媒体是国际传播的独特分支，但在社交媒体框架中的研究却很少。另一方面，加拿大学者文森特·莫斯可的传播政治经济学"商品化、空间化、结构化"理论虽然被中国学界接受，却缺乏华文媒体实证。本文结合理论与实践，以莫斯可"三化"理论为视角，深入分析日本三个主要华文微信公众号"东京新青年""旅日""这才是日本"2017年1月至3月的全部内容（N=1101）和受众阅读量、点赞数前五位文章。结果表明，三个公众号不成熟的信息生产——交换链条凸现公众号处于半商品化阶段；日本各类信息总数达52%以上，相比占1%—2%的中国信息，显示它们进入"空间化"的最高阶段——全球本土化；公众号的信息与广告则是当代日本华人社区结构不完整的折射。不成熟的商品化与不完整的结构化使这些涉外微信公众号在海外"主流—族裔"双重社区结构中的发展还不明朗。

关键词：微信海外传播，传播政治经济学，日本，海外华文新媒体

Abstract: On the one hand, the Chinese diasporic media are globally distributed with a long history, but current research on their social media is insufficient. On the other hand, although the Canadian media scholar Vincent Msco's "Commodification, Structuration and Spatialization" framework was accepted by the Chinese academia, rare experimental research sustains his idea. This paper analyzes the media content in the three representative Japanese WeChat public accounts (Tokyo New Youth, Lv Ri, This is Japan) by Msco's framework. Content analysis and textual analysis were conducted on their

---

* 本文是国家社科基金项目"微信海外传播的'中国故事'与'全球本土化'模式研究"（17BXW052）的阶段性成果。

content between January and March 2017 (N=1101), including the top ten most-read and most favorable articles. Research results show, (1) the unmatured production-exchange processes on information suggest a partial commodification model, (2) the Japanese coverage is more than 52%, while the articles reporting China only occupy between 1% and 2%, which suggests the highest form in spatialization-glocalization, (3) the advertisements reflect an incomplete structuration in the Japanese Chinese diasporic communities. Finally, the unmatured commodification and the unintegrated structuration might result in an uncertain future of diasporic WeChat public accounts.

Keywords: diasporic WeChat public accounts, political economic communication, Japan, diasporic Chinese new media

一、理论与实践、东方与西方的碰撞

在国际传播的大家庭里,有一丛丛独特的"鲜花"——海外华文传媒,它们是全球历史最悠久、发行范围最广的移民媒体之一。最早的海外华文报纸1845年诞生在美国旧金山,①之后逐渐在各大洲出现。② 一个多世纪以来,海外华媒几经风雨、几度起落,但在21世纪进入了一个新高潮。据2017年第九届世界华文传媒论坛统计数字,目前华文报纸、广播、电视分布在五大洲63个国家,种类和数量远超其他移民传媒,如西班牙语、希伯来语、法语等媒体。随着互联网时代的来临,海外华文媒体也进入电子时代。③

2017年9月在福州举行的第九届世界华文传媒论坛的统计数据表明,全球有各种背景、较为活跃的涉外微信公众号350个以上。而且,与会的中新社综合各海外分社的调研认为,海外华文媒体的社交平台化、大陆移民留学人数的增加,刺激了涉外微信公众号的数量快速增长。与其他媒体相比,涉外微信公众号的特点极为鲜明。它们虽然在内地注册,但内容、受众都以海外华人为目标;它们在海外,使用的却是中文,发源于中国的社交媒体;它们既是联结海内外的桥梁,又是海外华人了解中国、了解当地的窗口。涉外微信公众号的全球流行,成为当代国际传播中一个新现象。④

---

① LAI M. The Chinese-American press [M]//SHARP M, eds.. The ethnic press in the United States. Westport: Greenwood, 1987:201-230.
② 方汉奇.海外华文新闻史——未曾穷尽的研究课题[J].国际新闻界,1998(2):60-61.
③ 李大玖.海外华文网络媒体——跨文化语境[M].北京:清华大学出版社,2005.
④ 刘康杰,李绮岚."融、承、传":社交媒体时代海外华文传媒的变与不变[J].对外传播,2017(2):73-76.

海外华文媒体研究早在20世纪20年代中国新闻学研究肇始之时,就得到一些大家如戈公振的关注。① 20世纪80年代以来,新闻学界、业界翘楚方汉奇②、王士谷③、段连成④、沈苏儒⑤等,纷纷在著作中留下珍贵史料和真知灼见。后来,程曼丽、彭伟步等学者在传媒史、报纸的"在地化"等方面进行了探讨。⑥ 然而,近年来对这一课题的研究有所减弱,特别是对社交媒体时代的海外华文传播研究严重缺乏。搜索"知网"发现,相关课题仅限于理论探讨、⑦对中国国有对外媒体微信公众号的研究,⑧或者是海外微信人际传播的调查。⑨ 搜索EBSCO、PROQUEST等英文数据库,有对中国留学生在海外使用微信的调查,⑩但其他研究主要集中于微信在中国内地的使用上。总体上,对于涉外微信公众号的研究,中英文数据库都没有直接相关的课题成果。

　　上述实践和理论表明,学界、业界对已全球流行的涉外微信公众号认识还不足。这些涉外公众号到底登载了什么内容？反映了与海外当地和中国怎样的关系？更重要的是,用什么理论视角去认识这些现象？这些公众号生存在海外,特别是西方的政治经济传播环境之中,而加拿大著名传播政治经济学者莫斯可(Vincent Msco)的学术框架"商品化"(commodification)、"空间化"(spatialization)、"结构化"(structuration)⑪既产生于西方,又可适用于中国与海外华文媒体语境,是理论视角中一个合适的选择。

　　莫斯可是哈佛大学社会学博士、加拿大皇后大学传播学教授。他的学术体系既借鉴北美传统,更立足于宏观的定性研究。他深入观察、概括国际传播的种种现象,从而形成自己独特的学术架构。他在主要著作之一《传播政治经济学》(*The Political Economy of Communication*,1996年第一版)⑫中提出了传播政治经济学的三个要点,即"商品化""空间化""结构化"。这个"三化"框架既简单明了,又意蕴深刻,总结了

---

① 戈公振.中国报学史[M].北京:中国文史出版社,2015.
② 方汉奇.中国新闻事业通史[M].北京:中国人民大学出版社,1999.
③ 王士谷.海外华文新闻史研究[M].北京:新华出版社,1998.
④ 段连成.对外传播学初探[M].北京:五洲传播出版社,1998.
⑤ 沈苏儒.对外传播的理论与实践[M].北京:五洲传播出版社,2004.
⑥ 程曼丽.海外华文传媒研究[M].北京:新华出版社,2001;彭伟步.海外华文报纸的本土化与传播全球化[M].广州:中山大学出版社,2015.
⑦ 匡文波,崔巍耀.微信时代的对外传播[J].对外传播,2015(3):57-58.
⑧ 刘扬,刘慧.对外传播媒体微信公号发展状况初探[J].对外传播,2015(7):57-61.
⑨ 张玉荣,王子豪.尼泊尔地震中微信传播对我国国家形象的塑造[J].对外传播,2015(6):67-69.
⑩ SANDEL T.The code of WeChat—Chinese students cell phone media practice[M]//TERRY M,eds..Communicating user experience—applying local strategies research to digital media design.London:Lexington,2015:103-126.
⑪ 莫斯可.传播政治经济学[M].胡春阳,黄红宇,姚建华,译.上海:上海译文出版社,2011.
⑫ MSCO V.The political economy of communication[M].LA:SAGE,1996;2001.

传播政治经济学的关键,又给研究者以广阔的挖掘空间,可以分析媒体与社会要素的相互影响、相互制约及其后果,成为深入研究纷繁复杂的传播现象的钥匙。因此,这一理论既为西方传播学界所接受,又为大中华传播学者所关注。

早在1998年,中国台湾传播学者冯建三就翻译出版了《传播政治经济学》,中国传媒大学教授胡正荣主持翻译了此书,并于2001年在中国大陆出版。2009年,莫斯可根据不断变化的国际传播状况,出版了《传播政治经济学》第二版。新版本开阔的跨学科视野、厚重的理论归纳,特别是对当今全球化、数字化、商业化的传播产业和制度的深刻反思,又一次引起全球学者的注意。2011年,复旦大学教授胡春阳等翻译了新版并在中国出版。① 莫斯可在新版书的中译本中也透露,他非常关注新时代中国的传播实践和深刻变化。

以"三化"理论为基础,莫斯可近年来深切关注互联网时代的媒体与政治经济之间的互动,探索影响互联网媒体的社会因素。2005年,他出版了专著《数字化崇拜:迷思、权力与赛博空间》②,通过概括21世纪初的全球互联网实践,他认为网络传播将"终结时间、空间与权力",作为商品的媒体、社会的结构乃至国际传播的空间,都会被重塑。他的观点引起中国学者的重视,陈国战通过中国互联网媒体发展史,从BBS、博客到微信公众号的历史进程,证明莫斯可观点在中国媒体语境下的局限与积极意义。③

2014年,莫斯可又将"三化"理论融入当前的移动互联网社会环境中,出版新著《在云端》④,力图揭示大数据与云计算背后的政治经济联系。他认为大数据与云计算这些先进技术,表面上促进了社会发展,实质上得到利益的仅仅是一小撮人,在先进网络技术的背后,只是政治寡头与商业寡头的合谋与狂欢。他的观点再次引起中国学者的重视,胡翼青认为这一结论虽然揭示了移动互联网媒体与政治经济的关系,却存在过于普适性的问题,对技术本体的理解缺乏主见。⑤

由以上可见,莫斯可的学术思想在互联网时代的东西方既有一定的普遍意义,又适用于中国语境以及海外华文媒体研究,还是中国学者最为关注的西方传播政治经济学理论之一。"莫斯可和丹·席勒等传播政治经济学者以商品化和批判解构的视角,对传播与经济的关系进行深刻的剖析与观照,并提出战略性意见、建议,对当下中国传媒产

---

① 莫斯可.传播政治经济学[M].胡春阳,黄红宇,姚建华,译.上海:上海译文出版社,2011.
② 莫斯可.数字化崇拜:迷思、权力与赛博空间[M].黄典林,译.北京:北京大学出版社,2010.
③ 陈国战.走出网络传播研究中的迷思[J].中国图书评论,2016(8):63-72.
④ MASCO V.To the clounld:big data in a turbulent world[M].NY:Routledge,2014.
⑤ 胡翼青.论传播政治经济学的洞见与局限[J].新闻界,2017(1):44-51.

业发展具有积极的借鉴意义。"①如果用莫斯可的"三化"传播政治经济学视角剖析新出现的海外华文媒体——涉外微信公众号,在理论和实践、东方与西方的碰撞中,能否产生传播学的新火花?本文尝试用这一理论梳理、总结广泛存在的中国社交媒体海外传播现象,同时也为全球流行的西方传播政治经济学理论寻找中国例证。

二、传播政治经济学的"三维框架"

传播政治经济学的第一维框架"商品化"有独特的含义。"传播被视为一种特殊的、异常强大的商品"②,它们不仅产生剩余价值,也潜移默化地输出象征意义、意识形态等。研究传媒商品化,就是观察人们的传播行为怎样变成带来利润的产品,这些产品除提供信息外,又与受众乃至社区的行为、思想、意识、观念等相互影响。从另一个角度讲,商品化就是研究在一个特定的社会环境中,媒体的生产、交换、分配与消费的过程与相互作用。

传播内容的商品化,使得传媒能够生存于市场经济之中。内容的商品化过程,以往是建立在一种"物化"的媒介基础上的。过去报纸将信息和娱乐变成文字,呈现在物化的纸媒介上,受众为购买整份报纸而付费。然而移动互联网背景中的商品化有了深刻差异,出现了"流动型传播"③。在当代高度数字化的传播中,人们可以不用为整个信息体系付费,甚至可以免费享受许多内容,而广告则按阅读量、媒体影响力等因素收费,这使得商品化进入了一个新阶段。所以,"商品化"框架的意义是给传播政治经济学一个基础性的角度,挖掘以内容为核心的各种媒体要素如何在数字化的市场中生产、交换、分配和消费。

第二维框架"空间化"指的是媒体在跨越时间和空间限制的过程中,对国家、文化环境、受众等社会因素的互相制约与影响。④"空间化"源自社会学家们对时空的反思,例如英国学者吉登斯(Anthony Giddens)提出的"时空延伸"(time-space distanciation)概念指电子媒体如电子邮件的瞬间即达,从而深刻影响受众的工作、生活乃至文化等。⑤

---

① 谭俊洪.公共与商业:传播政治经济学视域下的传媒业[J].新闻爱好者,2015(7):38-41.
② 莫斯可.传播政治经济学[M].胡春阳,黄红宇,姚建华,译.上海:上海译文出版社,2011:172.
③ MCALLISTER M,GIGLO M.The commodity flow of US children's programming[J].Critical studies in media communication,2004,22(1):26-44.
④ 莫斯可.传播政治经济学[M].胡春阳,黄红宇,姚建华,译.上海:上海译文出版社,2011:172.
⑤ GIDDENS A. Runaway world: how globalization is reshaping our lives[M]. London: Routledge, 2000; GIDDENS A.The consequences of modernity[M].Stanford,CA: Stanford University Press, 1990.

莫斯可认为,媒体空间化的最高形式是全球化:媒体完全跨越了时空,瞬间到达地球的许多角落,并影响那里的受众。① 然而,深入探讨莫斯可所说的全球化我们会发现,他的观点其实是指全球本土化。正如著名全球化学者罗兰·罗宾逊(Roland Robertson)所指出的,全球化是似是而非的,世界上没有真正意义上的全球化,一种全球流行的媒体和文化传播到另一个地区,这个地区并不会全盘接受,而是会根据自身特点对它进行改造、吸收,从而形成"全球本土化"。② 以好莱坞影视文化输出全球为例,其他地区的受众并非全盘同意影片中的观点和意识形态,而是有选择地接受。或者,就是吉登斯所说的"再着根"(re-embedded)现象③——当地的受众根据他们所在的"本土情境"将全球化的环境加以改造④,所以全球本土化是全球化、空间化的具体体现。在移动互联网覆盖全球的今天,提出"空间化"框架意义重大。

第三维框架"结构化"(structuration)指的是媒体与社会结构的互为因果、相互影响和矛盾运动。⑤ 社会结构可以内分为阶级、种族、社区、社会性别和社会运动,以及相关受众社区的政治经济状况等,这些构成社会结构的要素都与传媒紧密相连,并成为决定传媒生死的条件之一。

例如,从美国华文媒体与社会结构来看,19世纪中期去美国的华人人数不断上升,形成初步的读者市场,因此1845年在旧金山诞生了全球首份华文报纸。⑥ 然而,由于在全美国整体社会结构中,华人政治经济地位非常低下,华文媒体一直都在艰难挣扎之中。直到20世纪初,华人经济地位上升,华文报纸才开始初步繁荣。⑦ 但是由于种族歧视等原因,华人在社会政治结构中处于底层,加上战后美国华人人口减少,使得华报在20世纪40年代至60年代陷入低潮。⑧ 直到70年代后,随着大批港台以及后来内地新移民的到来,华人的政治经济地位上升,社会结构逐渐变化,华媒才重新繁

---

① 莫斯可.传播政治经济学[M].胡春阳,黄红宇,姚建华,译.上海:上海译文出版社,2011:46.
② ROBERTSON R.Globalization: social theory and global culture[M].London: SAGE, 1992;ROBERTSON R. Globalization: time-space and homogeneity-heterogeneity[M]//MILLER F,SAM L,ROBERTSON R, eds.. Global modernities.London: SAGE, 1995:25-45.
③ GIDDENS A.The consequences of modernity[M].Stanford, CA: Stanford University Press, 2000.
④ 陈小莉.全球本土化下的凤凰卫视[D].重庆:重庆大学,2008.
⑤ 莫斯可.传播政治经济学[M].胡春阳,黄红宇,姚建华,译.上海:上海译文出版社,2011:51.
⑥ LAI M.The Chinese-American press[M]//SHARP M, eds..The ethnic press in the United States.Westport: Greenwood,1987:201-230.
⑦ YANG T.Documenting immigrant experiences: a study of the Chinese-language newspapers published in North America[C].Paper presented at the 74th World library and information congress,2008.
⑧ ZHOU M,CAI G.Chinese language media in the United States: immigration and assimilation in American life [J].Qualitative sociology,2002,25(3):419-440.

荣,并成为维护华人权益的重要工具。①

三、研究样本、问题、方法

关于研究样本的选取,涉外微信公众号分布在五大洲许多国家,种类、数量都很多,必须通过案例研究进行。在调查这些公众号的过程中,研究者发现日本公众号是重要样本。首先,日本是东西方文明交融的国家,既受中国文化的深远影响,又广泛接受西方传媒文化,在东西方国家都有一定的代表性。第二,在日本的华人很多,受众基数庞大,一直以来华文传媒特别是公众号众多,样本容易寻找。第三是中日关系敏感而重要。综上,非常有必要对日本华文新媒体—涉外微信公众号的相关情况进行梳理和总结。

在此基础上,研究者广泛订阅有关日本的微信公众号,又通过各种微信排行榜如"新榜"了解日本公众号,再与负责对外传播的中新社、新华社详细了解相关情况,最终选择当地较有影响力的公众号"东京新青年""旅日""这才是日本"作为研究样本。这些公众号不仅阅读量、推送数量在日本相关微信公众号中排名前列,背景也不相同。"东京新青年"是日本华人组织开设的公众号,"旅日"是媒体人开设的公众号,而"这才是日本"是人民日报社下属《环球时报》开设的公众号。三个公众号背景不同,也便于作比较研究。课题又选择三个公众号2017年1月1日至3月31日的所有推送内容。选择这个时间段的原因有两个:一是有正常工作日,二是时间段中包括了中国传统节日春节,可以观察工作日与节日的相关内容。

关于研究问题,由于涉外微信公众号尚未进入许多学者的研究视野,因此,核心问题可围绕着媒体内容进行。在这方面,不少东西方学者都强调媒体内容在传播研究中的重要性,如休梅克(Shoemaker)和里斯(Reese)所讲的那样:"媒体内容是组成媒体的核心和根本点之一。通过它可以看到媒体背后的很多东西。如果你想快速了解媒体,途径之一就是分析它的内容。"②因此,本课题通过深入分析三个公众号的内容,折射莫斯可框架中的种种社会要素,从而确定四组研究问题:

(1)三个公众号推送的内容总量、比例是什么?折射莫斯可"三化"框架中的什么要素?

(2)推送中有关日本、中国信息的内容、数量、比例是什么?折射莫斯可"三化"框

---

① XU Y.Between the local and global:characteristics of the Chinese-language press in America[J].American periodicals,2009,19(1):49-64.
② SHOEMAKER P,REESE S.Mediating the message:theories of influences on mass media content[M].NY:Longman,1996:27.

架中的什么要素?

(3)推送广告的内容、数量、比例是什么?折射莫斯可"三化"框架中的什么要素?

(4)受众阅读量、点赞数前五位的文章内容是什么?折射莫斯可"三化"框架中的什么要素?

关于研究方法,本文通过定量和定性研究,采用内容分析法和文本研究法,从宏观和微观两方面寻找问题的答案。关于内容分析法,研究者每天抓取所有公众号内容,进行分类、汇总。根据里夫、赖斯、菲克所著的内容分析法①要求,将内容分为"日本信息""中国信息""广告""明星娱乐""其他"五大项。根据"旅日"和"这才是日本"分别有许多专栏和国际新闻的情况,又给两个公众号分别增加"专栏""国际新闻"项。为了深入分析,"日本、中国信息"项分"政治""经济""文化""社会""人物"小项,"广告"项分"衣""食""住""行""妆""物品"小项,对内容进行编码,用专业软件统计总量、比例等并进行分析,通过内容、数量和比例,深入分析报道内容与社会要素之间的联系。另外,课题用文本研究法,收集、梳理受众阅读量、点赞数占前五位的文章,通过案例研究分析内容、题材,特别是有关中国与日本各类型文章的差异,从而探索报道内容与数量,乃至社会要素之间的关系与影响。

四、研究结果分析

(一)三个公众号的推送总数、比例与中国信息

从图 1 至图 4 可以看到,从内容总量来说,"东京新青年"推送量最多,三个月共推送 538 条;"旅日"次之,492 条;"这才是日本"则少很多,仅 71 条。另外,从图 4 可以看到,三个公众号无论是假期月(1 月)还是普通月,内容推送的总量变化都不大。从文本具体分析,三个公众号的内容总体上很少重复。

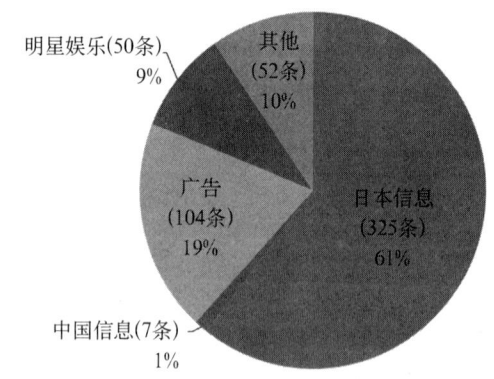

图 1 "东京新青年"1—3 月各类内容数量、比例

---

① 里夫,赖斯,菲克.内容分析法:媒介信息量化研究技巧[M].嵇美云,译.北京:清华大学出版社,2010.

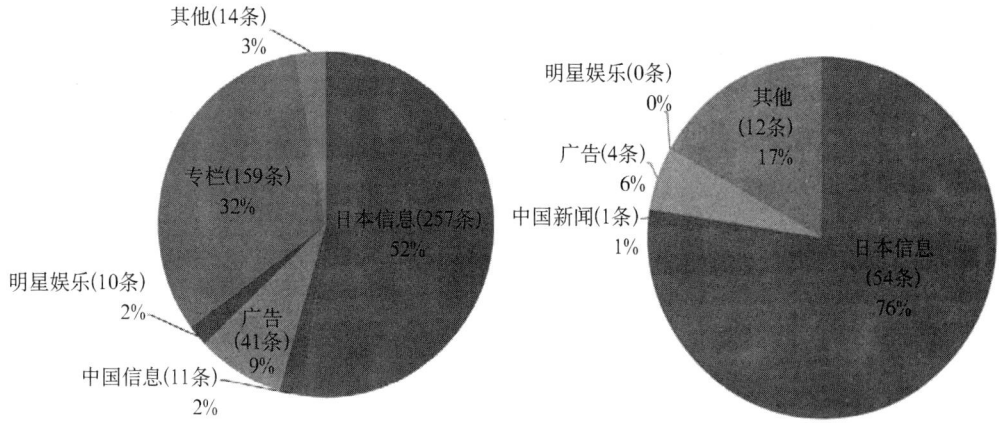

图 2 "旅日"1—3月各类内容数量、比例　　图 3 "这才是日本"1—3月各类内容数量、比例

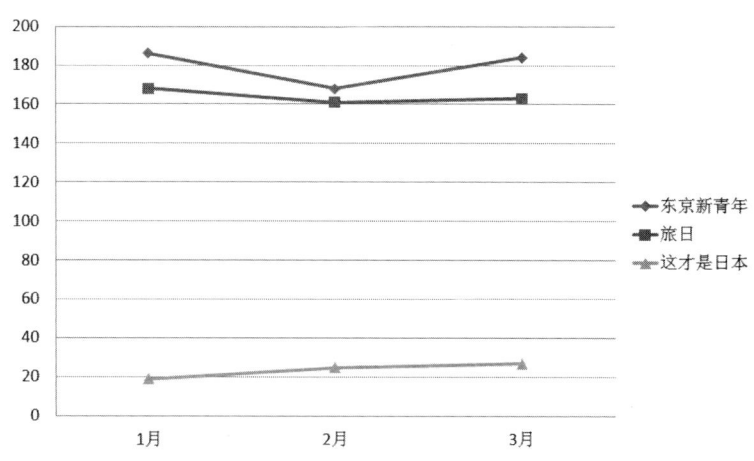

图 4　三个公众号 2017 年 1—3 月推送总量走势图

从内容上看,三个公众号的不同点有三个。一是"东京新青年"和"旅日"有一定的广告量,分别有 104 条和 41 条,特别是前者,占了全部内容的 19%。而"这里是日本"广告则很少,只有 4 条。二是"明星娱乐"在"东京新青年"和"旅日"中也占一定的比例,达到 10% 和 9%,而"这才是日本"则没有这类的内容。三是"旅日"和"这才是日本"的内容种类比"东京新青年"更加丰富。"这才是日本"有不少国际新闻,这是另外两个公众号所没有的。而"旅日"每天两个专栏"风雨东京路"和"旅日互助信息",总量占 32%。前者是一本书中有关在日华人的各种故事摘编,后者则是该公众号的原创,内容涉及在日华人求职、各类物品出售等。

从内容上看,三个公众号有两个相同点。一是日本信息占了很大比例,分别为 61%("东京新青年")、52%("旅日")、76%("这才是日本")。二是中国信息的比例和数量都很少,分别只有7条、11条和1条,比例在1%—2%。具体而言,在"东京新青年"的7条中国新闻中,全部是社会新闻。如2月18日的《美国帅学霸在北京LV门前蹬三轮摆摊,迟迟不回国,竟是为了帮助3 000万中国农村儿童》。在"旅日"的11条中国新闻中,仅有一条中国政治新闻《中国政府对日本APA酒店的抗议》,其他全部是社会新闻,如《3·15央视曝光无印良品、卡乐比产品都有核污染吗》。另外,所有公众号的中国新闻中均没有经济新闻,更没有以北、上、广、深为代表的城市新闻。

(二)三个公众号的日本信息数量、比例和案例

日本信息占所有公众号的一半以上内容。而从图5至图7,我们又可以看到,日本信息的内容以社会与文化占最大比例,共占了三个公众号日本信息的92%以上。这其中又以文化类信息最多,"东京新青年"达57%,"这才是日本"则达到78%,"旅日"也达到了49%。

以3月31日的内容为例,"东京新青年"推送的有关日本文化的内容是介绍著名连锁酒店星野度假集团的饮食文化,这家酒店的闻名之处是提供极丰盛的早餐,而很多酒店不太注重这些。社会类内容包括日本明星石原里美吃海鲜、人气品牌展销会等。当天"旅日"的日本社会、文化类信息有赴日旅游签证放宽、日本时尚少女文化等内容。当天"这才是日本"仅有一条推送——《揭秘日本女大学生夜店之路》,讲的是外地去东京就读的女大学生,因为贫穷而去夜店陪唱的各种故事。另外,从推送的写作风格来看,不管是日本信息还是中国信息,三个公众号的写作风格差别不大,都经常通过标题来吸引人。

在日本信息的"人物"子项中,"东京新青年"有18条,内容包括外国人、日本明星、AV演员,还有身高仅1.5米、首位征服珠穆朗玛峰的日本运动员田部井淳子等。"旅日"和"这才是日本"分别有5条、3条,如"旅日"3月30日推送的日本仿真食材之父岩崎泷三(标题为《日本唯一一个卖了一辈子"假货"的人,Google却在首页为他点赞》)。但是,深入反映华人如何在日本生活、艰苦奋斗的各种故事,在所有公众号上均未出现。

而日本经济类信息在三个公众号的数量都为0,政治类信息也仅在"东京新青年"和"旅日"中分别有7条和3条,主要是与日本的政党选举有关的内容。更重要的是,在日本信息中,"东京新青年"和"旅日"原创的都不多,仅有29条和86条,占12%和37%。而"这才是日本"原创率高,在54条日本信息中,有42条是原创,占了78%。

(三)三个公众号的广告内容、比例

从图5至图7可见,从内容和地域看,三个公众号的广告绝大多数跟日本有关。其中"妆"(包括化妆品、美容美甲服务等)是最重要的内容,占"东京新青年"的62%,达到65条;在"旅日"中也达32%。"衣"在两个公众号中占第二位,分别为14%和19%,在"这才是日本"中占首位。而"食"在两个公众号中也占到第三位。"生活物品"也占了一定比例。这说明三个公众号的广告都是以日常生活的基本需求为主的。

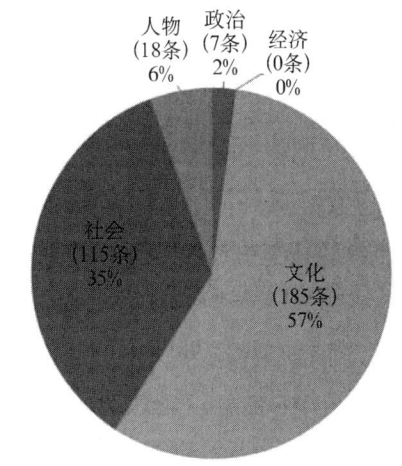

图5 "东京新青年"1—3月日本信息数量与比例

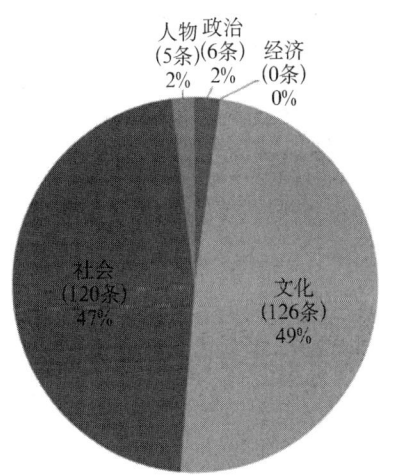

图6 "旅日"1—3月日本信息数量与比例

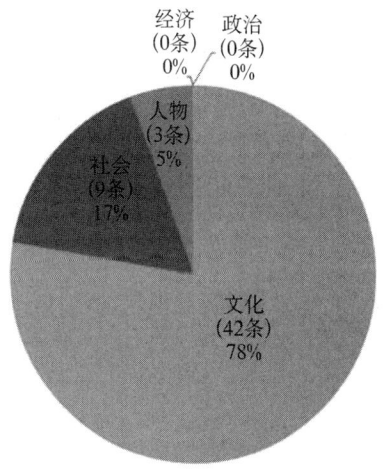

图7 "这才是日本"1—3月日本信息数量与比例

值得一提的是,"住""行"等其他广告在所有公众号中均没有内容。住房在日本市民生活中占有重要地位,但是房价昂贵,特别是东京等大城市。"行"在日本则非常方便,不管是首都还是一般城市,地铁和公共汽车密布,所以较少有关"行"的广告。从图8至图10,我们还可以看到,三个公众号的广告类型极为单一,许多涉及日常生活的基本需求如医药等,极少甚至没有出现。而更高层次的精神需求方面的广告如书籍、讲座等,也很少甚至没有出现。

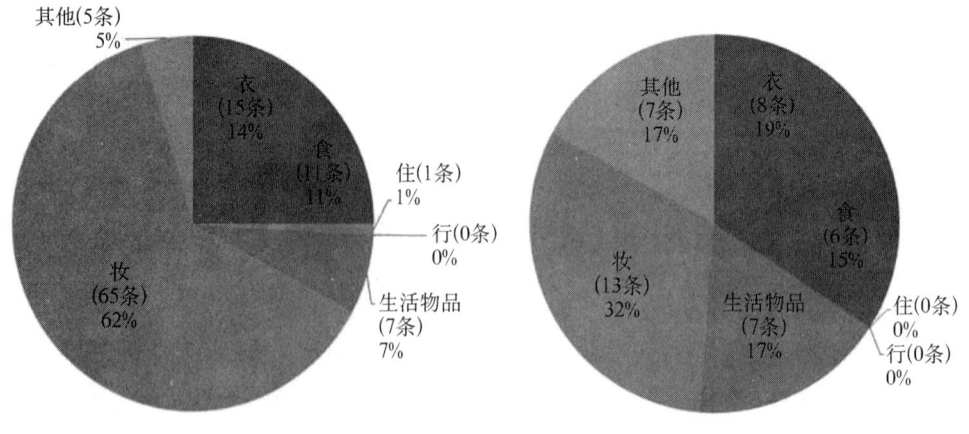

图8 "东京新青年"广告数量与比例　　　图9 "旅日"广告数量与比例

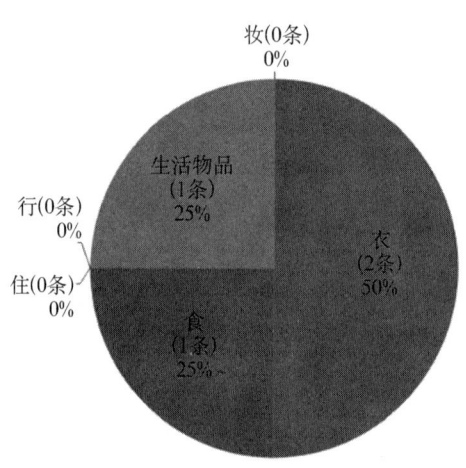

图10 "这才是日本"广告数量与比例

(四)三个公众号的受众最高阅读量的文本分析

对每月三个公众号的阅读量最多的前五位、共45条推送进行文本分析发现,除5篇文章外,其他全部是日本信息。在"东京新青年"共15条阅读量最多的推送中,每条都超过了10万人次的阅读量。其中有2条是中国新闻(明星景甜和中国政府抗议APA酒店),有13条是日本新闻,包括12条社会新闻(某日本麦片的食品安全问题、日本正规化妆品排名、五个孩子的日本妈妈考上哈佛、日本的黑心代购等),1条日本的人物新闻(仿真食材之父岩崎泷三)。

在"旅日"阅读量最多的15条推送中,全部是日本信息,其中社会信息12条、文化类信息3条。阅读量排名前三位的推送包括日本物品涨价、日本探亲签证新例、赴日旅游签证放宽、日本出入境管理修正案,这说明受众最看重的还是自己的日本居留问题。阅读量紧跟其后的有:辟谣某食品的虚假宣传、核泄漏真相等,这说明受众对自己在日本的生活起居也非常重视。文化信息包括京都的传统工艺、日本高考等。

在"这才是日本"阅读量最多的15条推送中,有12条是日本信息。阅读量最高的是一篇日本社会新闻:年赚2 300万人民币的日本小店;接着是有关文化类的信息:日本幼儿园、日本神级设计师改造小住宅、日本改造空气质量等,这说明受众希望通过多了解日本文化融入主流社会。另外还有3条是国际新闻:96岁的犹太老太太、韩国对华的真实评价、韩国萨德问题。

(五)三个公众号的受众点赞数最高的文本分析

对每月三个公众号的受众点赞数最多的前五位、共45条推送进行文本分析发现,与阅读量的情况一样,总体除5条推送外,其他全部是日本信息。而且这些推送与阅读量前五位的有较大的相关度。

"东京新青年"3个月点赞数前15位中,第一位的是一篇国际新闻《3 400名中国人在韩国济州岛拒绝下船》,有1 009人点赞。第三位和第九位的均是中国信息:《中国足球队战胜韩国队》《美国学霸北京街头摆摊助农村儿童》。除此之外,都是日本社会和文化信息,排名前列的包括某麦片的核辐射声明、五个孩子的妈妈考上哈佛等。

"旅日"全部点赞数前15位文章中,有14篇是日本的社会和文化信息。最高的是《日本YouTube月薪747万日元》,有37人点赞。其他的包括日本各地最低工资、辟谣某食品的虚假宣传、日本物价上涨、怎样对待NHK收费员、在日华人抵制APA酒店等。除上述外,《〈中国新闻周刊〉日文版发行》也获得较多的点赞量。值得一提的是,"旅日"的点赞数远远少于另外两个公众号,每条仅为12至37次。

"这才是日本"最高点赞数的第一、第三位都是国际新闻,分别是《飞机上96岁犹太老太太的人生故事》《韩国对华的真实评价》。其他全部是日本信息,有3平方米小店年入2 300万人民币、日本小孩的教养、农民种地、大气治理、逛日本超市等社会、文化信息。

五、"三化"框架中的三个微信公众号

(一)不成熟的"半商品化"阶段

从表层来看,这三大公众号与中日传统主流媒体的商品化生产有很大不同。传统媒体时代的商品化是受众付费阅读、观看内容,并且对内容和广告没有太大的选择权。然而在"流动型传播"时代,[①]对这三大公众号的用户来说,在内容与渠道方面都不需要花费就可以消费媒介产品,还可以选择自己喜欢的内容,媒体已经不能单纯依靠广告和付费生存了。所以说,这三大公众号与其他社交媒体一样,处在新媒体的"半商品化"阶段。另外,从图8至图10的广告数量与比例来看,广告源单一,甚至在"这才是日本"中数量也不多,可以说这些公众号处在不成熟的商品化阶段。

但是,深入挖掘海外华文媒体的历史,我们就会发现,三大公众号这种"半商品化",实质上与传统媒体时代的海外华文媒体是一脉相承的。由于媒体市场的狭窄、受众的经济状况及消费习惯,全球许多海外华文报纸、广播、电视都是免费的。[②] 现在,"东京新青年""旅日"仍然发行杂志,在景点、车站、码头、商场等可任意索取,这种传统的"半商品化"延伸到它们的社交媒体产品上。又据研究者调查,其他有传统媒体支撑的海外华文微信公众号中,很多也是如此。由此可见,海外华文媒体从传统媒体时代到移动互联网时代,"半商品化"的特点仍然保留着。

由此引入一个问题是:不成熟的信息生产—交换链条使得这些公众号怎样生存?据研究者调查,是依靠公众号所在集团的经济支撑。公众号本身不完全赢利,但是集团有商业、投资、旅游等,可以将利润投入公众号运营之中。除此之外,公众号的运营成本低廉。相对于传统媒体,公众号传播渠道免费,不少内容也是转载而来的,无须付费,所以能够低成本运行。至于"这才是日本",是个特例。它是人民日报社下属《环球时报》所办的,人员、运作成本、内容都有母报支持,所以能在半商品化的情况下生存下去。总体而言,这三大公众号不成熟的商品化,既折射海外华文媒体的内在特点,也显示了与一般社交媒体的相似性。

[①] MCALLISTER M,GIGLO M.The commodity flow of US children's programming[J].Critical studies in media communication,2004,22(1):26-44.

[②] LIU K J.Australian Chinese Daily not for Australian Chinese[J].China media research,2012,8(3):102-125.

(二)空间化与全球本土化

研究结果体现了结构化的最高层次——全球化。在世界任何角落,只要有移动互联网和微信,人们就可以阅读这些公众号,因而真正打破了时间和空间的限制。三个公众号更是全球本土化的体现。它们内容的共同特点之一是大量的日本信息。同时,受众阅读量、点赞数最多的内容中,有90%以上是当地信息。这些都表明社交媒体在跨越时空的过程中,从"海外"(中国)来的传播者和受众最需要关注的都是他们在日本(本土)的生活,正如吉登斯的"再着根"理论所指出的那样。

与以往研究不同的是,这种空间化是对"中国特质"(Chineseness)的冲击与淡化。西方不少学者的研究都观察到,在海外华文的传播过程中,传播者与受众对"中国特质"多持坚守的态度,如海外华媒大量刊载中国新闻、华人受众通过阅读相关报道表达对祖国故土的关注等。然而在新时代的海外华人受众和他们的新媒体眼中,这种"中国特质"已经淡化了。无论是信息还是广告,有关故土中国的内容都极少甚至没有。"全球本土化""当地"已经悄然成为传播者与受众的主要关注点。

(三)海外华人社区受众结构的不完整折射

三个公众号的内容,特别是广告,也是年轻一代海外华人社区受众结构的折射。广告以"衣""妆""食"为主,缺少"住""医疗",折射日本新一代华人社区受众的三个特点:总体上基本解决生存问题,受众非常年轻而且高度关注日常生活,经济实力对当地而言不算很强,难以在住房普遍昂贵的日本买房立足。因此这也是当前年轻一代日本华人受众"族裔经济"的写照。

然而,深层次的问题在于,这些公众号未能代表整体海外华人社区受众,乃至年轻的华人媒体消费者的深层需求。华人社区受众还有不少中老年人,以及已成家、有儿女的青年受众,不论是他们的信息需求还是广告需求,生存需求还是精神需求,都比三个公众号所提供的要复杂、广阔、深刻,然而,公众号却没有体现和满足这些需求。所以,公众号的内容只是对华人社区受众结构浅层次、不完整的折射。

六、回顾与反思

本课题的意义有两点:通过梳理微信海外传播的案例——日本三个主要公众号的内容与构成,向学界和业界展示了涉外微信公众号的具体情况;应用西方流行的莫斯可传播政治经济学理论解释东方传播现象,是东西方理论与实践撞击的火花。然而,无论是莫斯可的学术框架,还是三个公众号、微信海外传播,都值得我们深刻反思。

对于"三化"学术框架,由于这个框架宏观性强而不具体,我们无法应用它来认识媒体社会运动中的一些细节问题,特别是基于少数族裔,包括海外华文媒体一些具体而深刻的变化。因此,应用这一框架时,我们必须要有微观的理论与方法(如全球本土化)来支撑与补充。

对于三个公众号和微信海外传播,不成熟的商品化影响了社交媒体的收入和新闻的专业性。三个公众号原创比例不高,更缺乏深入反映当地华人为生存、发展而奋斗的独家和深度报道。不完整的结构化,也使得它们无法满足许多华人受众的精神层面的需求。换言之,目前三个公众号仅发挥了媒体功能中"信息告知"和"社区联结"功能,其他如"社会监督""针砭时弊""社区代言"等媒体功能严重不足。所以,这类社交媒体在海外"主流—少数族裔"双重社会结构中能否很好地生存、发展,还需要时间来证明。微信海外传播这个社交媒体时代新颖而重要的国际传播课题,正召唤着海内外的学者进行深入、全面的调查。

〔刘康杰,广东外语外贸大学新闻学院教授〕

〔特约编辑:顾洁〕

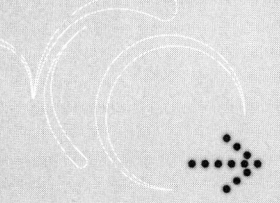

视听传播

互联网听觉空间：形成、特征与现状　　　　　　　　　　　　　　　　隋　欣

论纪录片再现风险的知识政治　　　　　　　　　　　　　　　郭小平　彭　媛

中国电影生产主体竞争格局的转变
　　——基于2004—2016年电影制片机构的社会网络分析　　　江　虹　贺　婷

How Does the BBC Portray China?
　　—A Study of BBC Documentaries on China from 2007
　　to 2016 and Its Implications　　　　Kodelia Chatfield　Xiaoling Zhang

互联网听觉空间:形成、特征与现状
Internet Auditory Space: Formation, Characteristics and Status

◎ 隋 欣

Sui Xin

摘要:本文提出互联网听觉空间的概念,概括了互联网听觉空间的形成过程与三个阶段。之所以判断互联网听觉空间已经形成,是因为其具有典型复杂的系统特征:拥有数量巨大、形态简单的个体——声音产品;具有弱中心控制的组织形式——"声音产品—应用—互联网听觉空间";产生了显著的系统行为——满足广泛网络用户的听觉需求,并具有较强的创新性与适应性。本文还考察了互联网听觉空间的内容特征,并对传统广播系统与互联网听觉空间进行了对比。

关键词:互联网听觉空间,复杂系统,传统广播体系

Abstract: This paper presents the concept of Internet auditory space, summarizes the process and three stages of the formation of the Internet auditory space. The reason why the formation of Internet auditory space has been determined is that it has typical complex system features: a huge number of simple shape individuals—sound products; thin-centre controlled organization form—"sound products-applications-Internet auditory space"; significant system behaviour—to meet the needs of a wide range of network users, and has strong innovation and adaptability. This paper also studies the content of the Internet auditory space, and compares the traditional broadcasting system with the Internet auditory space.

Keywords: Internet auditory space, complex system, traditional broadcasting system

互联网听觉空间是指依托互联网络,由丰富的数字声音产品所组成的听觉空间,激发并满足了广泛的网络用户的听觉需求。在互联网听觉空间中,互联网络是其生存载体,智能手机、平板电脑、车载、可穿戴设备等智能终端是用户使用介质,海量数字声

音产品是主体,网络用户可在线或离线使用数字声音产品。互联网听觉空间的形成与发展,极大地激发与满足了网络用户的听觉需求,使"听"这种行为在网络世界获得了前所未有的存在感,使我们看到听觉文化在互联网空间中复兴的可能。

一、互联网听觉空间的形成

(一)发端时期(1994—2003)

互联网听觉空间发端于音乐的互联网传播和传统广播上网。20世纪90年代,自我国正式接入国际互联网,互联网就开始为音乐传播提供服务。1999年,九天音乐网成立,我国第一批数字音乐网站诞生。随着2002年百度MP3搜索上线,音乐网站纷纷成立,为网民提供音乐视听与下载服务。在同一阶段,卡尔·马拉默德(Carl Malamud)于1993年利用MBONE技术架设了全美第一个网络电台,开启了网络收听广播的历史。在我国,1996年12月15日,广东珠江经济广播率先开通网上实时广播,成为内地第一家网上播出的广播电台。随后,北京人民广播电台、上海人民广播电台、中国国际广播电台、中央人民广播电台等主流媒体陆续加入其中,开办网站,实现网络同步播出,并逐步建立音频库供网友点播。

这一阶段互联网中的听觉内容,仅是音乐唱片和传统广播内容在互联网中的移植,是唱片业与广播业利用新技术手段在传播渠道上的延伸与拓展。

(二)发展时期(2004—2012)

进入互联网听觉空间发展阶段,除了网络广播、数字音乐持续发展外,最重要的表现是以"播客"为代表的互联网原生声音内容的产生。2003年,国家广播电影电视总局发布《互联网等信息网络传播视听节目管理办法》,在规制逐步完善的情况下,互联网视听内容持续发展。这一阶段,国内实力较强的广播电台基本实现了广播节目的网络播出,形式上一般是传统广播电台开办网站,将广播频率在网上进行实时广播与点播,更进一步的做法是重新编排整合音频节目,供用户点播。在线音乐网站持续发展,数量众多的音乐网站成立,经过持久纷繁的版权纠纷,网络音乐进入正版唤醒时代。2004年2月12日,英国《卫报》文章《听觉革命:在线广播遍地开花》中提到"播客"这一概念。2004年8月13日,世界上第一个播客网站"每日源代码"(Dailysourcecode.com)在美国诞生。"播客"是一种通过RSS源传输音视频文件的方法,用户可以下载并在各种设备上收听、收看音视频文件。① 2004 年底,中国第一个播客网土豆网诞生。经过几年发展,国内播客网站逐渐分化,一类以视频内容为主,另一类是个人或团体创办的音频播客,内容兼容并包,形式以脱口秀为主,如个人播客"反波""糖蒜广播"。同时,商业网站开始向网络广播电台方向努力。21CN 网络电台、网易网络电台、猫扑电台、QQ 之声等商业网络,以及个人网络电台相继涌现,以音乐内容为主打,内容和功能设置更为专业化和个性化。网络有声读物也在这一时期出现并开始发展。2003 年,北京新华金典音像有限责任公司创立"有声读物网",提供在线收听、下载等服务。2004 年,国内建站最早的听书网站"天方听书网"成立,有声读物网站逐渐形成规模。

在这一阶段,网络广播、播客、音乐、有声书等各种形式的声音产品并行发展。播客的产生是这一阶段的标志性事件,以其异时性与便携性获得网络用户的欢迎,兴盛一时。播客自创建以来具有两个发展方向,一种是业余制作、非营利性方向,是一种个人表达的手段;另一种是商业制作、营利性使用,但在这一阶段受各种因素限制,并没有得到规模发展,也没有形成稳定、独立的商业模式。从网络用户使用行为来看,除了数字音乐是用户经常使用的网络服务,网络广播、播客、听书等各类听觉服务仍然是网络服务的边缘部分,用户并未形成规模,听觉产品市场尚未形成。

(三)形成时期(2013 年至今)

2013 年之后,伴随着移动互联网、智能手机的迅速发展,以及自媒体、内容创业与知识付费成为浪潮,互联网听觉内容进入全新发展时期。蜻蜓 FM 在 2011 年 9 月份上线。最初的蜻蜓 FM 仍是传统广播电台聚合类应用,实质上提供的是传统广播电台的网络收听服务。2013 年 3 月,喜马拉雅 FM 上线,建立之初的定位就是在线音频的分享平台。同时,考拉 FM、荔枝 FM 等网络音频 App② 相继上线,蜻蜓 FM 也调整方向,加入电台点播、主播电台、有声读物等音频内容。作为一种平台,新型音频应用涵盖了传统广播、音乐、有声书以及最广泛类型的听觉内容,内容来源多元,用户使用个性化与社交化并存。经过几年的积累、竞争、洗牌,互联网音频领域形成几家优势音频平台,用户人数达到亿级规模,并逐渐探索出可行的商业模式。据易观数据,2016 年,喜马拉雅 FM 拥有超过 3.3 亿手机用户,2 000 万车载、穿戴、音响智能设备用户;蜻蜓

---

① BONINI T.The "Second Age" of podcasting:reframing podcasting as a new digital mass media[J]. Quaderns del CAC 18(July):21-30.
② App 是英文单词 Application 的简写,指应用程序,一般是从应用商店中下载到智能手机上,以方便用户更容易地完成某项任务。MARTIN C.决战第三屏:移动互联网时代的商业与营销新规则[M].唐兴通,张延臣,等译.北京:电子工业出版社,2012:23.

FM累计注册用户超2亿,月度活跃用户规模达千万量级。荔枝FM、企鹅FM、凤凰FM、考拉FM等应用紧随其后。截至2016年底,我国在线音频用户规模已突破5亿,移动音频行业渗透率超过50%,各应用平台移动音频App累计下载量破10亿次,设备月活跃度平均值大于5 000万台,用户规模和活跃度市场潜力已然凸显。① 2016年,互联网音频应用在商业模式上迈出一步,喜马拉雅FM 6月推出付费精品栏目,马东的《好好说话》上线10天内,销售额即突破1 000万;蜻蜓FM节目《矮大紧指北》上线一个月,付费用户超10万人;豆瓣时间上线5天,销售额破百万元;得到App上线一周年实现2.4亿的销售额。

博尼尼(Bonini T)在2015年提出,美国播客在2012年进入"第二时代",以Serial为代表的公共电台知名播客独立出来,播客这种分发技术已经成为主流,并转化为一种专业化和商业化的大众媒介。我国的互联网听觉空间形成大致在同一时期,以移动互联网依托下互联网音频应用的产生与繁荣为标志,其生产日益专业化、规模化、商业化,并具有自己的实践路径、文化逻辑与独特风格,互联网的声音内容不再是传统广播和唱片业的补充,吸引了广泛的网络用户的关注、选择与消费。

二、互联网听觉空间:复杂系统视角的分析

复杂系统是由大量成分组成的网络,不存在中央控制,通过简单运作规则产生出复杂的集体行为和复杂的信息处理,并通过学习和进化产生适应性。② 复杂系统试图解释,在不存在中央控制的情况下,大量简单个体如何自行组织成能够产生模式、处理信息甚至能够进化和学习的整体。蚁群、免疫系统、互联网、全球经济等自组织结构都属于复杂系统。之所以判断互联网听觉空间业已形成,是因为其具有复杂系统的特征。

(一)系统内个体:规模巨大、形态简单的声音产品

形成复杂系统的基础是大量而简单的个体。互联网听觉空间这一复杂系统内的个体是声音产品。一个声音产品的形态大致包括产品名称、主播或主播团队、若干声音内容条目。例如《好好说话》是声音产品的名称,马东及其团队"奇葩天团"是主播,

---

① 刘玉.蜻蜓FM用户超2亿,知识音频为何这么火[EB/OL].(2017-08-11)[2017-10-12].http://xiaofei.china.com.cn/news/info-5-76566.html.
② 米歇尔.复杂[M].长沙:湖南科学技术出版社,2011:15.

目前包括260余条内容条目,主题是讲授说话沟通技巧。"罗辑思维"微信公众号由罗振宇每天推送一条60秒的音频,也是一种类型的声音产品。声音产品制作方包括音频制作机构、传统广播、自媒体、高校电台以及难以计数的草根主播。构成互联网听觉空间的个体就是海量的声音产品,每个声音产品所呈现出来的形态并不复杂,但汇聚在一起之后,就形成了一个规模巨大、彼此联系又相互影响的复杂网络。

得益于移动互联网的迅速发展、智能终端的普及以及内容创业与知识付费浪潮的兴起,音频传输技术走向成熟,音频内容的生产进入繁盛时期,声音产品的数量呈现海量级别。喜马拉雅FM2017年5月的数据显示,喜马拉雅FM已集聚500万位主播,其中包括20万认证主播,生产了覆盖财经、音乐、新闻、商业等20个大类328子类的超过6 000万条有声内容。[①] 喜马拉雅FM"付费精品"专区拥有商业、外语、音乐、亲子、情感、有声书等20多个类目,2 000位"知识网红"以及超过10 000节付费音频内容,且数字还在不断增加。蜻蜓FM的签约主播超过10万名,聚合超过900万小时的各类有声节目,节目分类包括小说、音乐、头条、相声小品、脱口秀等近30个类目。一些知名音频产品,如"罗辑思维""凯叔讲故事""十点读书"等,同时开办微信公众号、微博账号等,或以小程序的形式嵌入微信,一方面可以通过多种通道将声音产品传递至用户,另一方面也可以利用社交媒体加强与用户的黏性与互动,这是移动互联时代的一般规则。

互联网听觉空间形成之前,网络音频的主要形式是传统广播的网络播出、数字音乐、听书网、播客等。每一类音频网站的组织形式各不相同:传统广播网站大多偏向门户式,虽然声音内容比较丰富,但大多仍然是频率化生存模式;音乐网站、听书网站各自有专注的内容及组织形式;播客网站可以看作当前音频应用的雏形,但内容量级低,难以形成规模。现阶段,各类声音内容在互联网空间中生发、组合,呈现出数量的指数级爆发、类型的极大丰富,并以简单的个体聚合形成相对稳定的系统等特征。

(二)组织形式:"声音产品—应用—互联网听觉空间"

音频应用,可以看作是互联网听觉空间中的子系统,如喜马拉雅FM、蜻蜓FM、荔枝FM、考拉FM、得到等移动应用程序,以及微信、微博等社交媒体平台。用户在寻找和使用声音产品时需要通道和平台,而应用就是这个平台。互联网听觉空间中的组织关系如图1所示。

---

① 易观.爆发黎明前的音频逐鹿战——中国移动音频行业年度综合分析2017[EB/OL].(2017-04-03)[2017-06-10].https://www.analysys.cn/analysis/8/detail/1000649/.

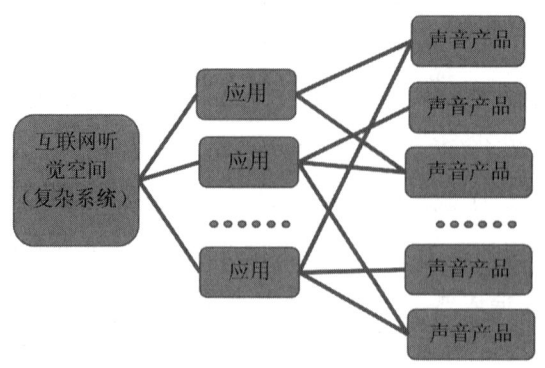

图1　互联网听觉空间中的组织关系

互联网音频应用的产生,是移动互联网创业浪潮下资本驱动的商业行为,来自于内容创业者对音频在互联网中的价值认同。不同于传统广播体系自上而下的中心控制组织模式,互联网音频应用遵循的是商业运行与互联网规则,能够相对自由地探索集结在一起做好事情的新方式——一切从用户需求出发,使用户用最简便的方式,获取最想要的声音内容。"现在,出现了可以与传统机构做事方式相竞争的机构,旧有的机构还会存在,但他们对现代生活的垄断地位会被动摇,因为群体行动的创新性替代方法已经崛起。"①传统广播体系的事业属性意味着其受到意识形态与组织机构的强控制,新创或改版一个节目、一个频率与体系内诸多因素密切相关,需要较烦琐的审批程序与较长的时间周期。对互联网听觉空间中的声音产品来说,制作者只需要对声音产品本身的安全与质量负责,产品的创作自由度极大提升,产品与平台的关系基于自愿与商业合作,这种弱控制的新群体的形成,克服了限制其有效性的传统桎梏,是一种相对自由的、通过自组织形成复杂系统的组织形式。

(三)集体行为:激发并满足网络听觉需求,具有持续进化与创新能力

在互联网中,"每个人看不到网络的全貌,只是简单地发布网页并将其链接到其他网页。然而,复杂系统专家发现这个网络在整体上具有一些出人意料的宏观特征,包括其结构、增长方式,信息如何通过链接传播,以及搜索引擎和万维网链接结构的协同演化,这一切都可以视为是系统作为一个整体的'适应'行为"。② 互联网听觉空间形成之前,音频在网络空间中的存在要么是传统机构在互联网传播渠道的延伸,如网络

---

① 舍基.人人时代:无组织的组织力量[M].北京:中国人民大学出版社,2012:18.
② 米歇尔.复杂[M].长沙:湖南科学技术出版社,2011:13.

广播；要么是业余爱好者的非营利性行为，如早期播客。虽然这些音频内容获得了一定数量的网络用户，但音频内容整体不成规模，没有形成稳定、独立的市场，在网络服务中处于边缘状态。互联网听觉空间形成后体现出一种显著的宏观特征，声音内容形成了一个新的市场，声音产品被广泛使用和消费，网络用户"听"的欲望被激发并满足，互联网听觉空间呈现出独有的风格与文化，与制度式的传统广播模式完全不同。

同时，互联网听觉空间中的产品、应用与用户之间紧密耦合、互相链接与影响，相对自由的组织形式使其拥有持续而迅速的创新进化能力。在内容方面，互联网听觉空间变化更新速度很快，相比传统广播电台保持稳定的频率定位与节目形态，互联网音频在几年的时间内，经历了娱乐内容主打、知识类内容崛起、人文内容生发、多种类型百花齐放的进化过程；在使用方式方面，制作方可根据大数据精准分析用户需求与使用行为，根据市场情况进行战略调整，各音频应用不断创新、演进与分化，如喜马拉雅FM、蜻蜓FM主打综合类音频应用，荔枝FM偏向个性化直播，考拉FM主打车载音频，得到App集中于知识类付费音频，各类新型音频产品层出不穷。体现在整个互联网空间中，用户以灵便的方式找到想听内容的程度不断提高，互联网听觉传播的人性化程度不断增强。

综上，互联网听觉空间拥有海量的简单个体——声音产品，具有弱控制的组织形式——"声音产品—应用—互联网听觉空间"，并产生了显著的系统行为，满足了广泛网络用户的听觉需求，并具有较强的系统适应性与创新性。因此，作为一个复杂系统的互联网听觉空间已经形成。

三、互联网听觉空间的内容特征

互联网听觉空间最重要的能力是内容生产力，以及用声音产品更好地服务用户的水平。笔者经过观察发现，当下互联网听觉空间的内容特征可分为两部分加以考察。

(一)免费音频内容空间

在互联网音频应用最初发展的几年，音乐、娱乐类型的节目占多数，一方面网民使用移动互联网的一大需求是休闲放松；另一方面制作娱乐节目易于操作，风险较低。喜马拉雅FM在2015年1月14日显示"最火"的音频前五位是：《然哥脱口秀》《糗事播报》《枕边疯电台》《潮音乐 TideMusic》《今晚80后脱口秀》；"最多赞"的音频前十位中有6个"段子"类音频节目、3个音乐类音频节目。郭德纲相声在喜马拉雅上有超过

800万粉丝,《段子来了》已经累计超过3亿的播放量。① 可以看出,与传统广播内容的综合性、严肃性和权威性相比,互联网音频内容的娱乐、调侃、戏谑特质更加明显,甚至严肃的主题都以戏谑性的方式来表达。

随着音频内容创作的持续繁荣,2017年3月,喜马拉雅FM免费节目最受欢迎的榜单已然发生变化,节目类型更加多元,排名前十名的节目中,就包括商业财经、人文、有声书、外语、情感生活、教育培训等多种类别。同年8月,喜马拉雅FM免费节目中最受欢迎的节目,如表1所示。

表1　2017年8月喜马拉雅FM最受欢迎的免费节目

序号	名称	主播	播放量	订阅量	类别
1	晓说2017	高晓松	4.5亿	48.1万	人文
2	爆笑—郭德纲相声	郭德纲等	2787.5万	1.6万	相声评书
3	摸金天师(活人回避):紫襟故事	有声的紫襟	10.3亿	80.2万	有声书
4	段子来了	采采	7.2亿	117.4万	娱乐
5	超品相师	丸子	4.7亿	33.3万	有声书
6	十点读书	十点读书	8.2亿	112.6万	人文
7	方清平相声2017	芊予蛋呀鸡呀	1868.1万	3.4万	相声评书
8	晚安妈妈睡前故事	晚安妈妈	1亿	15.2万	儿童
9	2017最新版郭德纲相声	有声读物精选	4503.2万	7.7万	相声评书
10	岳云鹏相声	有声读物精选	531.7万	1万	相声评书

从喜马拉雅FM免费节目榜单可以看出互联网音频空间近年发展的一些特征:第一,声音内容类型多元。互联网音频出现早期,热门内容集中于音乐和娱乐类,之后愈加细分,创新更新快,适应性较强,长尾特征显著。第二,最受欢迎的节目榜单常有变化,但最受欢迎的节目类型集中在:有声书、相声评书、音乐、历史人文、儿童、娱乐、情感生活、脱口秀等,相对稳定。第三,从互联网音频免费空间的内容来看,其满足听众的需求在于娱乐功能、情感慰藉、获取新知、儿童教育。免费的互联网听觉应用,致力于用最广泛的节目类型,嵌入用户碎片化使用场景,满足用户的各类听觉陪伴需求。

---

① 数据由笔者在2015年1月14日整理得出。

(二)付费音频产品空间

2016年,互联网音频领域的标志性事件莫过于付费模式的尝试。"罗辑思维"团队于2015年末推出一款名为"得到"的应用,主要内容包括专栏订阅(收费音频)、知识新闻(免费音频+文稿)、每天听本书(付费音频)等几个部分。专栏订阅的课程数量从最初的15个增长到2017年8月的27个。2017年3月,得到App总用户数超过558万人,日均活跃用户数超过45万人,专栏累计销售144万份,专栏周打开率为63.1%,专栏日打开率为29.3%。2016年6月,喜马拉雅FM推出付费精品栏目,马东的《好好说话》上线10天内销售额即突破1 000万。付费音频空间从一开始就体现出与免费音频空间不同的内容特征,即知识性节目一马当先,实用主义功能取向突出。

从得到App、喜马拉雅FM付费区的音频内容来看,其突出特点在于,与其说音频"节目",不如叫"课程",其核心卖点是提供"干货",价值指向实用。相比免费获取的"节目",教育领域的"课程"向来就有收费获取的传统。一些收费音频产品直接以"课程"自居,或者含带"亲授""学院""讲授"等概念。虽然节目的领域、范畴各不相同,其共通之处在于用声音在单位时间内为用户提供最丰富的知识,即"干货"。"干"的释义为"没有水分或水分少","干货"在网络传播的语境中可以理解为经提炼、水分少、实用性强的信息。在喜马拉雅FM申请成为付费主播需要登记的信息中,对"付费节目核心卖点"的解释是"您的节目能否帮助用户解决一些实际问题"。这些付费节目的目标用户是"85年生人到90年生人之间,以一二线城市为主"。① 这些职场新人背负着较大的生活压力,急需获得职场上升与个人成长。抓住这样的用户心理,付费音频的核心价值指向就是"有用",甚至为用户提供了内容可供使用的场景。互联网时代内容繁盛的同时,用户需要投入更少的时间成本获取更有价值的有用信息。有用可带来收益,短期提供可用之素材,长期有利于事业成就与个人成功——这些便是热门付费声音产品突出的价值取向。

可以说,付费音频产品符合当下的突出社会心理,即周晓虹教授概括的"中国体验":中国人在现代化进程中所体验到的价值观和社会心态的独特嬗变。尽管国家在过去的30多年中已经取得了举世瞩目的成就,尽管我们每个个体的生活也同样发生了不同程度的积极改变,但是我们每一个人、每一个群体,甚至每一层、每一届政府或每一家企业,都觉得社会发展或变迁的速度还是太慢,自己所在的地区、企业或单位的

---

① 喜马拉雅李海波:从没当自己是网络电台[EB/OL].(2016-12-09)[2017-06-09].http://finance.sina.com.cn/roll/2016-12-09/doc-ifxypcqa9191406.shtml.

发展也还太慢,个人生活的改变也同样太慢。几乎所有的个人、群体或组织都希望能有更为迅疾的改变,恨不能自己的生活、自己的状态或自己的行动都能够"一步到位"。这种深切的期待,以及因此形成的巨大的超越他人或怕被他人超越的精神压力,日积月累,慢慢演化成一种四处蔓延的"全民焦虑"。① 当"全民焦虑"成为当下社会症候,人们在行为上自然倾向于功利性的选择——比起"有趣","有用"更为重要;比起悠然自得的生活态度,积极上进更被提倡;比起精神世界的提升,物质生活的改变更为急迫。这种"中国体验"体现在互联网听觉空间中,表现为听觉的审美趣味退而求其次,让位于其工具价值。

2017年6月,蜻蜓FM推出高晓松的音频节目《矮大紧指北》,节目定位为"品位提升",不是教用户如何获得成功,而是帮助用户在生活中发现快乐和幸福。节目上线一个月,付费用户即超10万,总收入超2 000万元,迅速成为当下音频类节目的"网红"。节目的成功从一个侧面打破了个人提升类内容一统付费音频的局面,可以相信,声音产品对于用户的意义不应该局限于片段式知识的获取,多品类优质音频内容的生发仍在过程之中。

四、传统广播体系与互联网听觉空间

近年来,传统广播积极拥抱互联网,探索"两微一端"等媒介融合的多种方式,取得了显著的成绩,同时也面临多种挑战与困惑。笔者认为,传统广播体系与互联网听觉空间虽然在各种层面互相交融,但仍属不同系统,其运行规则也不尽相同。

(一)传统广播体系:非复杂系统

与互联网听觉空间不同,传统广播体系并不具有复杂系统的特征。传统广播体系的个体是频率,频率的数量有限,且在我国广播专业化、类型化发展并不充分的背景下,频率资源并不丰富。而且,频率的组织形式相对复杂,频率之间、广播电台之间各自独立,缺乏直接联系。在强中心控制的体系中,传统广播电台的频率、节目的调整变化都比较复杂、缓慢,需要按照程序逐步进行,整体系统不具有迅速灵活的适应性。

---

① 周晓虹.焦虑:迅疾变迁背景下的时代症候[J].江苏行政学院学报,2014(6).

表 2　传统广播体系与互联网听觉空间的系统差异

	传统广播体系	互联网听觉空间
系统内个体	广播频率	音频产品
个体特征及运作规则	复杂	简单
系统组织形式	频率—广播电台—传统广播体系	音频产品—平台—互联网听觉空间
中心控制	强	弱
个体间关联	弱	强
整体适应性	弱	强

(二)传统广播进入互联网空间的两种方式

不论是传统广播开办网站、应用、微博、公众号,还是各种拥抱网络的形态,作为声音形态的传统广播,进入互联网的方式不外乎以下两种方式:

第一,以频率方式进入互联网,即用户选择的对象是频率。具体形态包括:广播电台开办网站或应用,提供广播节目在线收听、回放及点播;电台聚合类应用,如早期的蜻蜓FM、Turnin Radio等,集合全国乃至世界广播电台频率,提供网络收听;当下的互联网音频应用中,提供广播电台节目在线收听,如目前喜马拉雅FM、蜻蜓FM等应用中都有"电台"一级类目,提供国家、省市各级电台的频率直播,以及一段时间内的节目回放。从广播触网初期到现在,传统广播在互联网中的生存一直以频率形式为主。但事实与数据显示,传统广播的直播流并不是激发网络用户使用声音产品的主要动力,目前也不是用户使用音频的主要选择。喜马拉雅FM的"广播"类目中,中央人民广播电台"中国之声"以超过6 000万的收听纪录占据收听首位,"音乐之声""经济之声"的收听纪录也超过千万,其他频率的收听频率大多在百万、十万、几万级别。而在喜马拉雅FM平台免费音频榜单前100名的产品中,收听过亿的就有近30个。可以说,在互联网听觉空间中,频率并不是理想的个体形式。

第二,以节目的形式进入互联网。传统广播电台作为声音产品的来源之一,拥有大量专业主播及海量节目,广播电台中的品牌节目进入互联网听觉空间,是水到渠成之举。而中国广播尚在专业化向类型化发展进程中就受到了互联网音频蓬勃发展的影响,传统广播听众与网络音频用户是不同的群体,使用声音的场景与需求不尽相同。在互联网听觉空间的竞争中,用户并不关心节目源头是什么,想不想听、爱不爱听是选择的唯一指标。2017年8月喜马拉雅FM免费榜单上,排名最靠前的传统广播节目是《叶问有话要说》,排在第52位,其他传统广播节目鲜有上榜。当传统广播节目面对"网感"十足、创意不断的网络原生内容,其竞争力并不十分理想。

(三)传统广播的坚守与重塑

传统广播进入互联网听觉空间,需要警惕仅在技术上实现网络传播,难以真正获得网络用户,实现有效传播的危机。笔者认为,传统广播与互联网听觉空间是共生与互融的关系,需要有所坚守,同时融合创新。

共生,即尊重传统广播体系与互联网听觉空间是不同系统这一事实,有所坚守,将自身大众听觉传播的功能发挥到极致。互联网音频应用受资本驱动,商业属性与经济效益为先,在满足用户需求、迎合用户口味上具有极强的敏感性与适应性,因此呈现出功利性、娱乐化的明显特征。媒体是建制化的精英传播,其社会功能由BBC第一任总经理说出:"广播电视的水平应略高于社会一般水平,引领大众品位,培养他们去消化那些不曾试图消化的材料。BBC的节目宗旨是建立一座金字塔,以三种不同水平的节目为骨干,彼此互相牵引,年复一年,引导受众向上;而与此同时,BBC的文化金字塔也一天天增高。"①传统广播应相信专业机构的传播功能从未过时,中国广播应秉承事业属性,坚持以社会效益为主方向,发挥新闻立台与本地传播优势,满足广泛受众的听觉传播需求,引领受众提高听觉审美品位。

在当下的媒介环境中,任何一种传统媒体都不可能无视互联网的巨大影响而独善其身。传统广播与互联网互融互通历程已久,在现阶段,传统广播需要客观认识互联网听觉空间,寻求智慧进入、有效传播的可行路径。一方面,尊重频率直播流的传播规律,将直播的即时传播价值最大化;另一方面,品牌化声音产品是各平台生存的关键个体,面对互联网空间中各路"知识网红"的竞争,传统广播需要在人才、内容上增强创新能力与竞争力。《朗读者》作为一档电视文化类节目,在互联网音频平台上获得了广泛关注与过亿的播放量。美国当下最为热门的音频播客 Serial,讲述了由1999年发生的一起真实的谋杀案所引出的长达数年的调查,形式近似于调查性新闻特写,有旁白、陈述,有对谈、考问与法庭陈词录音。Serial 是美国另一档电台节目 *This American Life* 的副产品,内容常常围绕爱、正义、权利、生死等这些主题。这两档节目均出自传统媒体机构,给我们带来的启示在于,不论是电波还是比特,高质量、高水平、高品位的内容是多平台竞争的核心。

---

① 张立伟.为单向传播辩护——兼论基于媒介能力的转型[J].新闻记者,2017(8).

结 语

对听觉传播来说,声音可以成为产品,在互联网空间获得显著价值,的确令人鼓舞。"声音直接引起激动,作为有机体本身的震动,听觉与视觉常常被列为两种'理智的'感官。实际上,尽管听觉已经取得了巨大的理智范围,耳朵在本性上却是情感的感官。"[1]由于功利性广泛存在于我们社会的各个方面,以及其背后人文精神的衰落、工具理性的颂扬等深层次原因,目前的互联网听觉空间呈现出娱乐为先与工具理性的偏向,虽欣欣向荣却不尽完美。声音是带有温度与色彩的介质,它擅长传达抽象的思想,并激发心灵深处的情感。一个愈加繁荣的互联网听觉空间已经形成,我们有理由期待一个理想的听觉空间:它为焦虑的现代人创造一个感性与理性并重的听觉世界,这个世界是"热烈而高度审美且充满了'直接而亲切的意义'"的。[2]

〔隋欣,中国传媒大学亚洲传媒研究中心助理研究员〕

〔特约编辑:叶明睿〕

---

[1] DEWEY J.Art as experience[M].New York:Perigee Book,1980:264.
[2] 傅晓玲.关于听觉叙事的一个理论建构[J].学术论坛,2014(9).

论纪录片再现风险的知识政治
Politics of Knowledge in the Risk of Image Reproduction in Documentaries

◎ 郭小平　彭　媛

Guo Xiaoping　Peng Yuan

摘要: 风险的不确定性,在知识社会学意义上赋予影像再现的社会建构主义内涵。即便是同一题材的纪录片,其视觉文本框架的竞逐,使风险的影像再现成为政治、资本与媒介的"社会竞技场"。纪录片在记忆书写、为边缘群体发声中嵌入社会,而关于风险的影像记录,常常被理解为跨文化的、国家内部的或国家与公民社会之间的冲突。

关键词: 风险社会,纪录片,知识政治,建构,影像

Abstract: In the sense of sociology of knowledge, the uncertainty of risk gives the social constructivist connotation of image reproduction. Even among documentaries of the same theme, the competition of visual text frame makes the image reproduction of risk as the social arena of politics, capital and media. Documentary embedded in society in the memory writing and the sound for marginal groups. The image recording of risk is often understood as a cross-cultural, internal or national conflict with the civil society.

Keywords: risk society, documentary, politics of knowledge, construction, image

风险是理解和解释当今社会的一个关键词,是"一种应对现代化本身引致之危害和不安全的系统方式",且"在发达的现代性中,财富的社会生产系统地伴随着风险的社会生产"。[①] 风险是现代工业文明、高科技发展以及人类决策不可避免的潜在的副作用。人的行动的、出乎意料的副作用和反作用导致了风险的出现和加剧,这就是风险的"反身性"(reflexiveness of risk)倾向。在乌尔里希·贝克看来,媒体是风险的"文化之眼",尤其是影像的再现,使威胁公开可见并引起人们对风险后果的关注,促使

---

① BECK U.Risk society:towards a new modernity[M].London:Sage Publications,1992:19-21.

"瞎眼公民"(blind citoyens)赢回他们自己的裁判自治权。① 风险的不确定性,在知识社会学意义上赋予影像再现的社会建构主义内涵。

一、"不确定性"风险的纪录片再现:"知识政治"的隐现

在风险社会学家与传播学者看来,风险具有"知识的不确定性"与争议性,是一种知识建构。现代风险不同于传统的危机或灾害,具有"知识的不确定性",是一种人为制造的风险或不确定性,是一种全球性的风险。风险是"人造的混合物","包括和结合了政治学、伦理学、数学、大众媒体、技术、文化定义和认识;并且——最重要的是——如果你想理解世界风险社会的文化和政治能力,你不能把这些方面与现实分离开来",且"对风险信息的忽视有助于风险的增长和传播"②。风险具有"知识的不确定性",对风险的界定必然充满争议。纪录片的视觉文本建构,充满话语框架定义与意义阐释的竞争。在知识社会学看来,风险的影像再现及其论述,也必然是与画面选择、镜头组接、解说词撰写等相伴的社会建构,并非是纯然客观的。

"风险社会"理论的灵感源自苏联的切尔诺贝利核电站事故,并在疯牛病、"9·11"恐怖袭击、"非典"、核泄漏、全球变暖、转基因食品论争中彰显其深刻的解释力和洞察力。1986年4月26日凌晨,苏联乌克兰地区切尔诺贝利核电站爆炸,引发人们对核能甚至高科技是否可控的争论。纪录片《抢救切尔诺贝利》(*The Battle of Chernobyl*,2006)充分利用当时的照片与档案影片,再现了切尔诺贝利事故现场紧张抢救的过程与场面。"潘多拉的盒子"成为核能的隐喻,"苏联的官方隐瞒导致风险后果"成为纪录片的一个重要的视觉文本框架。

帕尔弗里曼(Paltreman)针对美国公共广播公司(PBS)关于核能、全球暖化的两个纪录片进行研究,发现大众传媒是导致焦点小组成员风险感知差异的主要原因③。公众舆论、新闻报道及影像媒介对核能风险的知识建构,共同形塑了各种风险认知。1957年,美国迪士尼公司发行了一部名为《原子:我们的朋友》(*Our Friend the Atom*)的纪录片,在电视台与学校同时进行展播。纪录片的播出是美国"和平利用核能"运动乐观情绪的影像表达。在1971年的美国电视纪录片《那是动力》(*Powers that Be*)中,三位科学家论述了放射性物体的风险。1986年切尔诺贝利核电站爆炸引发了美

---

① 贝克.世界风险社会[M].吴英姿,孙淑敏,译.南京:南京大学出版社,2004:92.
② 贝克.世界风险社会[M].吴英姿,孙淑敏,译.南京:南京大学出版社,2004:186-187.
③ PALFREMAN J.A tale of two fears:exploring media depictions of nuclear power and global warming[J]. Review of policy research,2006,23(1):23-43.

国电视的集中报道。美国与苏联的政治对立影响了美国媒体的报道。当时的美国《新闻周刊》在报道中称,核能是"与魔鬼的交易"。事实上,纪录片对于"不确定性"风险的知识建构,在某种意义上也反映了科学对核能的认知、国家之间的政治关系以及社会运动的演进。

曼海姆(Karl Mannheim)也认为,知识常常是特定的社会和历史观点的产物,反映了一定群体的文化和利益;①并且建构论从文化和意识形态领域被拓展到与政治信念相联系的领域。② 在建构主义者看来,知识并非单纯说明世界的真理,而是个人经验的合理化,其形成是研究者主动建构的,并具有发展性、演化性。布迪厄认为,记录文化所负载的知识是维护社会地位和消除社会不平等的一个重要标准,科学、技术以及知识不再被理所当然地看作真理,相反,它们是特定的社会群体的社会建构,是这些群体的权力工具。③

风险具有知识的依赖性,也常常在知识中受知识政治所左右,或被夸大,或被缩小,甚或被隐匿。其中,掌握着以知识来界定风险、化解危机的大众传媒、专家与政府机构,便顺理成章地拥有了至关重要的社会和政治地位。④ 传媒成为我们理解信息社会中潜在风险与现实危机的一个重要维度,而探究传媒对"现代风险"的再现,必然会进入"知识政治"的层面。

伴随着科技的进步与工业化的进程,人类构造出种种复杂系统,因其复杂,所以系统的运行维护与知识密不可分,即布迪厄与福柯所言的"知识就是权力"⑤。因此,针对大众传媒、政府、专家与公众的风险界定,我们应当站在"知识政治学"的立场来反思知识效用的评价标准本身。福柯的"知识考古"创造了著名的"权力—知识"的分析性概念,认为"知识"是"权力"得以运行的前提条件,并具体描绘了"知识"对"权力"的支配过程,即"知识"为"权力"运作提供了某种明确的思维框架,"权力"正是依据它给出的理论和逻辑去思考、推理和判断,进而形成价值准则,这就是所谓的"知识政治"⑥。因此,对于不可见的、不确定性的现代风险的解释,仅仅凭借自然科学知识远远不够,

---

① 黄瑞祺.意识形态的探索者——曼海姆[M].台北:允晨文化,1982:220.
② 德兰逖.社会科学——超越建构论和实在论[M].张茂元,译.长春:吉林人民出版社,2005:125.
③ 克兰.文化社会学——浮现中的理论视野[M].王小章,郑震,译.南京:南京大学出版社,2006:4-5.
④ FUKUMOTO A, MEARES M.Y2K and the construction of risk perception in newspapers in Japan and the United States[J]. Keio communication review, 2005(27):99-115;GORKE A, RUHRMANN G. Public communication between facts and fictions: on the construction of genetic risk[J].Public understand science, 2003(12):229-241.
⑤ 徐贲.布迪厄的科学知识分子和知识政治[M]//文化研究(第四辑).北京:中央编译出版社,2003.
⑥ 李猛.福柯[M]//杨善华.当代西方社会学理论.北京:北京大学出版社,1999.

对于其中蕴含的社会、文化和政治的意义必须有充分的认识,尤其是贯穿于政治、经济、文化之中的大众传媒的风险建构功能。

二、视觉文本框架的竞逐:纪录片再现风险的"社会竞技场"

事实上,社会问题并不单纯是对客观状况的反映,而是社会建构的产物,其中涉及非常复杂的界定和博弈过程。"社会竞技场"(social arena)理论曾对决定社会问题的定义和博弈过程的诸多相关要素给予了揭示。[①] 在风险社会中,类似过程依然存在并集中体现在"知识政治"(the politics of knowledge)中,如对核放射性、环境污染的诸多知识争论。

风险知识获得了新的政治含义。现代化风险对于知识的依赖性被科学化的思想所意识,但公众又必须面对专家知识的不统一甚至相互矛盾,这一切弱化了公众的风险认知能力。不容忽视的是,风险的全球化又使得"有组织的不负责任"现象(organized irresponsibility)形成——风险的制造者推托或逃脱风险的归责。

在风险的"责任归属"问题上,这种风险的"知识政治"形象或取向就更为明显。美国前副总统阿尔·戈尔参与制作的环保纪录片《难以忽视的真相》(An Inconvenient Truth),荣获2007年奥斯卡"最佳纪录片奖"。然而,英国高等法院法官迈克尔·伯顿经审理裁定,纪录片看似具备预示"全球气候变暖"灾难的远见,却没有对气候变化作出客观科学的分析,整部影片充满耸人听闻的夸张色彩。尽管伯顿承认纪录片"整体上的真实",但他还是认定《难以忽视的真相》"出自一名才能出众的政治家兼传播者之手,科学被用来阐述一个政治观点、支持一项政治计划",是一部"政治影片"。英国《每日电讯报》在报道中戏称《难以忽视的真相》为"难以忽视的假相"。纪录片《难以忽视的真相》被裹挟在"全球变暖"风险话语与风险政治的矛盾与冲突之中。

纪录片《难以忽视的真相》,既让我们看到了媒介对风险冲突的再现,也看到了由争议性风险所引发的媒介批评。媒体的风险论述隐藏着不平等的权力关系,研究媒体风险建构可以呈现不同位置上社会角色对风险的论述,以及他们如何挑战既有的社会政治支配。

媒体、政治、利益集团与非政府组织,以及大众传媒对风险的界定,建构了差异化

---

① 卡斯珀森.风险争论的社会竞技场概念[M]//克里姆斯基,戈尔丁.风险的社会理论学说.徐元玲,等译.北京:北京出版社,2005.

的风险知识。风险论述的合法性来自权威机构的宣称与媒体的能见度。除了专家学者之外,一些明星与政治人物也借助大众传媒参与风险论争,挑战在跨国公司、利益集团与政府官员(包括总统)支配下的媒体的风险论述。2006年,好莱坞明星莱昂纳多·迪卡普里奥(Leonardo DiCaprio)在罗马电影节上呈现了他的两部环保电影短片《全球变暖》与《水之星球》。在《全球变暖》中,他强调了天然燃料资源面临枯竭的危险,并一再批评当前的石油工业,与年度的热门纪录片《难以忽视的真相》交相辉映。2007年,英国BBC电视台4频道播出电视纪录片《全球变暖的大骗局》(*The Great Global Warming Swindle*),采访了多名科学家,否定了"人造全球气候变化"的观点,批评它是"当代最大的骗局"。纪录片认为,全球暖化其实是由太阳活动加强引起的,"人造全球气候变化"背后其实是一个由狂热的反工业化环保分子创造出来的高达数百亿美元的全球产业。

"真相"与"骗局","人造全球气候变化"与"太阳活动引发气候变化",构成纪录片主要视觉文本框架。围绕"全球气候变化"的知识建构与风险归责,视觉文本框架的对立与冲突凸显了知识政治中的影像功能。

三、风险的记忆争夺战:纪录片的社会参与

由现代传媒的图像或图片所建构的风险图景,唤醒了公众对所有其他风险或危机的历史记忆或集体记忆,而报道与历史的关联建构了人们对风险的认知和构想。关于集体记忆,大体上可以总结为四个方面:(1)记忆是一种集体社会行为,人们从社会中得到记忆,也在社会中拾回、重组这些记忆;(2)每一种社会群体皆有其对应的集体记忆,借此,该群体得以凝聚及延续;(3)对过去发生的事情来说,记忆常常是选择性的、扭曲的或是错误的,因为每个社会都有一些特别的心理倾向,或心灵的社会历史结构;(4)集体记忆依赖媒介、图像或各种集体活动来保存、强化或重温。[①] 显然,大众传媒是凝聚人群、塑造集体记忆与认同感的强有力的工具。

媒介塑造的历史记忆与风险图景构成受众风险感知的前置因素(predisposition factors),[②]诸如社区过去是否曾有类似风险处理经验、社会的风险预警系统的完善程度、民众所接受的风险教育以及大众传媒已有的风险报道等。这些前置因素影响受众的风险认知。例如,美国时代华纳旗下的付费电视网HBO(Home Box Office)

---

① 王明珂.华夏边缘:历史记忆与族群认同[M].台北:允晨文化,1997:50-51.
② 臧国仁,钟蔚文.灾难事件与媒体报道:相关研究简述[J].新闻学研究,2000:62.

2003年拍摄的纪录片《心碎切尔诺贝利》(Chernobyl Heart),夺得第76届奥斯卡最佳纪录短片奖。需要特别指出的是,总部设在洛杉矶的HBO电视网于1972年开播,它不卖广告,全天候播出电影、音乐、纪录片、体育赛事等节目。记者们以强烈的责任感与真实的画面记录了核风险以及核辐射的灾难,正如导演埃罗尔·莫里斯(Maryann De Leo)在获奖感言中所说:"这是令人惊异的荣誉。我感觉到你们同样也赋予了切尔诺贝利的人民以荣誉,在那次世界上最严重的核泄漏事故发生后18年,他们依然经受着辐射带来的影响。"①对核风险的视觉传达浓缩了全球的风险记忆,将一个神秘而似乎遥不可及的风险议题具体化,带来了高科技风险的强烈视觉冲击力。

如果说纪录片中关于核风险的述说似乎离日常生活十分遥远,那么,关于工业化或现代化进程中的环境风险则关系到人们的日常生活。日本纪录片导演土本典昭拍摄的"水俣系列"就是其中的杰出代表。

20世纪70年代的日本,由50—60年代高速增长的经济所带来的环境风险问题已受到大众的广泛关注。其中,最具破坏性的事件就是新日本氮肥公司的汞中毒事件,这一事件导致水俣病发生,但该公司又解决了水俣这个城市1/3人口的就业问题,因此,当地有人想把水俣病掩盖起来。

从战后一直到1972年,日本一直处于美国的占领下。当时日本所谓的民主化,是美国式的民主化,不允许共产主义存在和生长,自由的言论也受到限制。新闻从业者只要稍有"左倾"言论都会被解雇,人们渐渐开始讨厌社会思想。此后,日本进入经济高速成长时期,生活富足了,人们不再进行社会抗议。水俣事件突然出现后,电视媒体几乎没有报道。NHK只是在事件发生3年后播出了一个30分钟的电视纪录片。到1970年土本典昭开始拍摄纪录片时,几乎没有关于水俣事件的任何报道。土本典昭认为:"我们觉得有种责任感:报纸新闻不做的事情,我们去做。不能让弱势群体愈加弱势——说是正义感也好,说自觉性也好,就是由此而来的吧。"②90年代,几万人的诉讼导致水俣问题终于得到了解决。这时,日本很多电视台也制作播放了有关水俣病和审判的节目,但土本典昭的纪录片始终就没有被他们关注过。

尽管日本政府的态度如此,但土本典昭坚持拍摄《水俣患者及其世界》系列纪录片,表现患者斗争的情况。1965年,他拍摄了一部电视纪录片《水俣的孩子还活着》,

---

① 纪录短片奖 Chernobyl Heart 获奖感言,ent.sina.com.cn/m/2004-03-01/1141317721.html.
② 李宏宇.真相是纪录片的基础[N].南方周末,2004-10-07.

披露了当时尚不为人们所注意的水俣病问题。他以穷追不舍的实证方法逼近问题核心,完成了"水俣系列":《水俣患者及其世界》(1971)、《水俣报告系列》(1973)、《水俣起义——寻找生命意义的人们》(1973)、《医学意义上的水俣病》(1974)、《不知火海》(1975)、《水俣日记》(2004)。"水俣系列"已经拍了17部作品,这奠定了他在日本纪录影片史上不可动摇的地位。

在2004北京国际纪录片展上,土本典昭的《水俣——患者及其世界》,把40年前发生在水俣的化学污染事件再现于中国观众面前:熊本县的小镇水俣,新日本氮肥公司将含有有机水银的废水排入大海,镇上的居民食用了被污染的海产,成年人肢体病变、大脑受损,妇女生下畸形的婴儿,更可怕的是这种病完全无可救治。画面上患者的惨状令人不忍卒睹,但工厂拒不负责,政府也漠然处之。患者们的对抗办法之一是集资购买公司股票,以便亲临股东大会与董事会当面对质。在影片末尾的高潮中,身着丧服的患者、家属出现在股东会礼堂,总经理面无表情地念起报告书,受害者、支持者终于爬上讲台,与保安和公司高层们扭打在一起。

对大多数人来说,大众传播媒介所提供的信息、形象和思想是认识社会和历史的主要依据,是集体记忆的再现,是自我认同的参照。个人的记忆转化为集体的记忆,在这个过程中起作用的不仅是苦难经历者的见证叙述,而且还有公共传媒所叙述的灾难故事。① 土本典昭拍摄的"水俣系列",以大量篇幅描述污染受害者的苦难和斗争,用影像的视觉冲击力,真实地揭示了日本极速的工业现代化进程中的环境风险,增进了民众对环境风险的认知,批评了公司、企业漠视风险伦理的行为,最终促进了日本政府风险决策的转变。

关于风险的历史记忆建构了风险报道的光谱,影像浓缩并强化了关于风险的历史或集体记忆。实际上,纪录片的风险记录不仅仅是补阙拾遗,还起到了德国学者安晨斯伯格(Enzensberger)所倡导的"解放媒体"的作用,即随着新电子传播媒介的不断出现,塑造意识的工业俨然成了后工业社会的主导力量,但这股生产力量与其背后生产关系之间的矛盾却日益加剧;要想解决这种矛盾,必须从媒介的内部去化解,也就是利用电子媒介的颠覆性,去达到媒介的解放性使用。② 安晨斯伯格相信,社区媒介、有线电视、录像机等新媒介的出现,将会使媒介的解放性使用成为可能,而这也是人类挣脱国家意识形态机器控制的不二法门。解放媒体论与英国传播学者麦奎尔(Denis McQuail)提出的民主参与理论,都在纪录片的风险传播中得以实

---

① 徐贲.人以什么理由来记忆?[N].南方周末,2007-03-22.
② 郑瑞城,等.解构广电媒体[M].台北:澄社,1993:441-517.

践。正是纪录片的风险再现,呈现了多元的风险论述并参与社会的风险论争,维护了社会的公共利益。

四、风险再现的政治:纪录片与边缘群体的发声

尽管"纪录片实际上是这个社会的非主流话语,是边缘化的"①,但电视纪录片弥补了主流媒体对风险论争报道的不足,提高了弱势群体在"风险社会"中的"社会能见度",促进了社会整体上的多元、有效的风险沟通。

纪录片具有四种相互重叠、交互影响的功能:纪录、揭露和保存;说服或宣传;分析或调查;表达。在风险报道中,纪录片作为"社会运动"的重要传播方式,它的主要作用在于揭露被忽略的社会现象,再现真实处境。因此,约翰·泰格(John Tiger)认为纪录片是一种意义的策略、文化的干预,其目的是在面临重大危机和冲突时,重新巩固社会的团结和信念的结构。② 因而,电视纪录片对风险争议与社会运动的视觉呈现或建构具有独特的影像魅力。

记录环境风险的纪录片在台湾蔚然成风,其创作素材往往取自现实环境冲突与环境运动,反映了人民真实的声音。当经济发展与生态环境保护有所冲突并有可能导致环境风险时,便有社运组织或当地居民起来推动环境保护运动,反对兴建核四、反美浓水库、反杜邦运动、反焚化炉抗争都是环境运动的个案。在此,我国台湾导演崔愫欣的反核纪录片《贡寮,你好吗?》带给了我们更多的启发。

《贡寮,你好吗?》是一部以贡寮的反核居民为主轴,记录他们长期从事反核运动的片子。该片的拍摄与制作历时6年,于2004年2月制作完成并公开放映。《贡寮,你好吗?》遵循台湾反核运动的发展脉络,叙述贡寮当地居民长期反核的故事。反核运动自1988年开展至今已将近20年,是中国台湾地区非常具有代表性的长期抗争运动,其旨在影响政策制定,要求政府当局废除核电厂。

导演崔愫欣本身为环保团体"绿色公民行动联盟"的成员,大学时代即投入反核运动。为了拍摄此片,她深入贡寮渔村生活,并于1999年进驻该地,以田野调查和亲身访谈的方式,长期记录贡寮乡亲反核的历程。崔愫欣的拍片动机主要是替贡寮居民发声,以本土观点翔实记录反核运动的推行,试图借助纪录片弥补主流媒体对反核议题报道的不足,并揭露核四的兴建对贡寮地貌、海岸生态环境以及居民安全带来的风险,

---

① 吕新雨.什么是新纪录运动[J].山花,2005(9).
② RENOV M.Theorizing documentary[M].New York:Routledge,1993.

倡导推动非核家园、永续台湾的观念,①而这些风险信息在主流媒体中经常是被忽略的。

《贡寮,你好吗?》的叙事以贡寮当地的反核运动作为主轴,一开始,摄影机沿着滨海公路取景,带领观众欣赏贡寮蔚蓝的海岸风光。画面具有极强的隐喻与象征意义:绵延的海岸线见证了贡寮当地美丽的景致,蜿蜒的滨海公路象征着贡寮居民曾经走过的反核之路。纪录片没有采取激烈的"对立冲突型"框架——拥核与反核、政府决策与反核自救会的冲突,所采纳的消息来源几乎全部是贡寮当地的反核人士、反对续建核四厂的专家学者,强调核电厂对生态环境的破坏、核能问题危及居民的安全。全片运用了一种"社会不公"或反"环境正义"的框架,从影像画面的选择来看,拍摄者不断透过访谈、历史性影像与数据画面、阿源假释出狱时与贡寮乡亲在福隆火车站的会晤景况,建构了核四争议对贡寮当地居民不公的主题,同时,与"环境正义"背道而驰的环境开发所造成的生态破坏,也凸显了"社会不公"框架的策略性运用。

一旦纪录片被用作"风险运动"的叙事策略,必然呈现出纪录片的再现政治(politics of representation),即谁在看谁、谁在诠释谁。约翰·葛里森(John Grierson)将纪录片的形式定义为:"一种'对真实具创造力的处理'——纪录片是将真实的素材(事件)作创作性的处理与诠释(再现),是呈现一种看事物的方式,衡量人性的价值,激发观众的情感去参与、去思考、去判断。作者借由影像传达观念、思想、主张、意识形态和展现生活的方式、态度与精神。"②尽管纪录片是非剧情性的,具有历史性、真实性与客观性等,但它仍然带有拍摄者个人主观的意识形态,其意在传达特定观点与立场,即诱导感觉、思考和行动的功能,"一方面,使社会中的一般民众成为支持社运的潜在参与者;另一方面,也激励潜在参与者实际参与行动"③,进而促成社会改革。

正如导演崔愫欣在拍摄手记中所说,除了贡寮反核运动的过程,以及参与运动者的心路历程,拍摄时又恰逢政党轮替、核四停建又续建的政治风暴,记录当地人的心情转折与感想也是一个重点。纪录片凸显了"原住居民的声音",其消息来源或采访对象也多以原住居民为主,有别于经常采用政府官员或专家学者作为消息来源的主流媒

---

① 崔愫欣.贡寮的反核运动纪录——纪录片《贡寮,你好吗?》拍摄手记[EB/OL].(2005-02-10)[2017-06-05]. http://www.wretch.cc/blog/Gongliao&article_id=1744149.
② 郑贵今.木枝·笼爻的平埔族群纪录片之诠释风格与再现政治[D].台南:台南艺术学院,2004:32.
③ 刘祥航.社会运动中的共识动员——以我国消费者运动初期(1980—1984)的媒介报道为例[D].政治大学,1994:19.

体,这提高了"原住居民的声音"在媒体上的能见度,彰显了民间的草根力量,促使受众从本土的视角反思核四厂续建的正当性。

纪录片《贡寮,你好吗?》所采取的叙事策略,包括站在弱势群体的立场,凸显"在地声音"以及策略性运用"社会不公"框架,的确产生影响受众的风险认知框架与核四立场的效用。[①] 以此为叙事策略的纪录片,促使阅听受众观看之后,愿意采取具体行动协助推广安全家园的理念。

风险报道中的"受难图",揭示了一系列重大社会风险议题,唤醒了人类的警觉。纪录片对风险的视觉建构,以无可辩驳的一手影像事实,弥补了主流媒体报道的不足,呈现了弱势群体的风险论述与风险抗争。

传播学者罗伯特·哈克特(Hackett R.A.)认为,社会运动离开自己的传播渠道就无法生存。[②] 针对社会重大风险争议事件,纪录片充分运用影像的视觉冲击力与感染力,在意识形态竞逐的媒介场域中扮演中介角色,从弱势群体的角度出发,重新诠释与定义了风险事件的意义。运用纪录片作为推动社会运动的工具,采纳有别于主流媒体的报道框架,并且强化纪录片的说服策略以教育社会大众,可以唤起风险意识、环保意识乃至公民意识,达到共识动员的效用,进而鼓励受众成为环境/社会运动的实际参与者,甚至进一步影响政府决策。按照卡伦(Curran)的民主化媒体系统的运作模式,纪录片属于其中的公民媒体领域。"公民媒体领域所支持的是公民社会积极从事各种社会运动的组织。"[③] 从这个意义上讲,风险社会的民间影像或电视纪录片,改变了传统工具理性那种追求利润的片面性,使人类活动有了多种价值追求,有助于人类保护生存环境和构建风险理性。

结　语

针对纪录片的风险影像而言,定义风险的过程也是一个权力纠葛的过程。风险冲突并不是以风险知识本身即可告终,它涉及谁在记录、记录什么以及如何记录的问题。因此,关于风险的影像记录,常常被理解为跨文化的、国家内部的或国家与公民社会之间的冲突。从知识政治的角度来看,主流媒体的新闻报道与小众化的纪录片的竞争,成为官方知识/精英知识与民间知识博弈的表征。在知识政治的角力中,值得关注的

---

① 王玉燕.纪录片作为社会运动的载具:《贡寮,你好吗?》的书写策略[D].中华传播学会,2006:22.
② 韩鸿,陶安萍.民间影像与民间行动——论新纪录运动的当代转向[J].电影艺术,2007(2).
③ 卡伦.媒体与权力[M].史安斌,董关鹏,译.北京:清华大学出版社,2006:307.

是社会的介入与国家的分歧。[①] 当国家垄断风险知识的市场与流通,或企图支配风险的定义时,公民社会不可能毫无抗力或响应。

〔郭小平,华中科技大学新闻与信息传播学院教授,博士生导师;彭媛,华中科技大学新闻与信息传播学院2015级博士生〕

〔特约编辑:叶明睿〕

---

① 潘永强.知识政治:国家与知识的张力[J].视角,2007(4):5-7.

中国电影生产主体竞争格局的转变
——基于2004—2016年电影制片机构的社会网络分析

The Competitive Structural Change of Chinese Film Production Industry
—Based on the Social Network Analysis of Film Production Agency from 2004 to 2016

◎ 江 虹 贺 婷

Jiang Hong He Ting

摘要：本研究运用社会网络分析法对产业化改革进程中我国电影制片行业的格局转变和现阶段的结构特征进行分析。历时性分析表明：越来越多的资本和机构向制片行业涌入，网络中权力分布由集中趋向于分散，行业领导者也在市场化浪潮中发生了更迭。现状分析表明：互联网企业正在向电影行业渗透，新的领导型企业正在形成，部分以专见长的中小型电影公司努力抓住自身话语权，电影制片格局将继续发生动荡。同时，在网络中，一些制片机构组成了合作关系紧密的小团体，我们通过分析发现，制片人是小团体形成的纽带，系列片是促使小团体开展合作的重要因素。

关键词：电影生产，制片机构，联合制片，社会网络分析，格局转变

Abstract: In this study, the social network analysis method is used to analyze the structural change and the current features of China's film production industry in the process of industrialization. The diachronic analysis shows that more and more capital and agencies flock into the industry, the distribution of power in the network tends to be decentralized, and industry leaders are changing in the tide of marketization. Through the analysis of the status quo it's found that Internet companies are penetrating into the industry, and some medium-sized film companies take their own advantage to strive, the structure of the film industry will keep changing. At the same time, some agencies form a small group in the network, the analysis finds that producers are the link of the small groups, and film series is an important factor for the small groups to form.

Keywords: film production, film makers, co-production, social network analysis, structural change

自 2003 年我国电影开启产业化进程以来,电影行业被压抑的产能不断得到释放,年度电影总票房由 2003 年的 9.5 亿元提升到 2016 年的 457 亿元。[①] 作为电影产业价值链源头的制片环节,也在市场化浪潮中得到迅速发展,中国电影制片能力得到显著提高:首先是产量的不断提升,2003 年内地故事片产量仅为 140 部,2016 年提升到 772 部,[②] 且它们所占据的票房份额从 2003 年起就连续超过进口影片;其次,电影题材和类型越来越多样,主旋律电影一统天下的局面逐渐改变,动作片、爱情片、惊悚片等成为具有票房号召力的电影类型;最后,电影制片模式不断丰富,随着行业利润良好和准入门槛的不断降低,越来越多样化的资金和机构开始关注并参与到中国电影制作中来,国有、民营和外资机构共同构成了中国电影制作的多元化格局。[③]

十多年来,中国电影制片业取得的成果不仅是数字上的飞跃,更是制片格局上的成功转型,[④]在存量增大的表象背后,我国电影生产主体内部结构的深刻变动更值得我们去探寻。本文运用社会网络分析法,对产业化改革进程中我国电影生产主体的格局转变和现阶段的结构特征进行深入分析。"社会网络"是指由作为节点的社会行动者及其间的关系构成的集合,社会网络分析法的价值在于从"关系"角度出发研究社会行动者及其社会结构。与传统统计方法不同,社会网络分析处理的数据是量化后的"关系",这种关系被认为是一种双向属性,可以是行动者之间基于血缘、资本、情感等形成的联结。[⑤] 社会网络分析法已经比较成熟,可以从多个不同的角度构建关系网络进行分析。在电影生产中,联合制片的电影公司之间会形成一定的合作关系,众多的合作关系又会构成一个广泛交错的合作网络,因此本文基于联合制片关系构建社会网络,并根据本研究的侧重点选取密度、中心性、凝聚子群(小团体)三个指标来进行分析。

一、数据来源与数据处理

本文以 2004—2016 作为研究的时间跨度,选择每年票房排名前 30 位的国产电影的制片机构数据,来构建制片机构之间的合作关系网络。之所以选择这两个时间起止点,是因为 2004 年是能收集到完整数据的年份中最早的一年,2016 年是能收集到完

---

① 数据来源:国家新闻出版广电总局电影局。
② 数据来源:国家新闻出版广电总局电影局。
③ 杨永安,邢建斌,韩晓宁.变革与发展:中国电影产业新世纪十年[M].北京:中国电影出版社,2013:8.
④ 刘汉文,王晨晨.中国电影制片格局的转型分析[J].当代电影,2012(7):10-15.
⑤ 刘军.整体网分析讲义:UCINET 软件实用指南[M].上海:格致出版社,2009:2.

整数据的最近一年,同时我们参照相关学者的方法,[①]选取居于 2004—2016 这个时间段中间点的 2010 年,以 2004 年、2010 年、2016 年三年的数据来观察所选取指标大体的历时性变化情况,并选取 2014—2016 这三年的数据来进行电影制片行业格局的现状分析。为了量化基于联合制片形成的"关系",我们根据社会网络分析中的通常做法进行假定,若一部电影由 n(n≥2)个制片机构参与制作,则其中任意两个制片机构之间形成一次合作关系。将上述所收集的 2004 年、2010 年、2016 年以及 2014—2016 年的制片机构名单构建成 4 个制片机构合作关系网络,并用社会网络分析软件 UCINET 自带的 NetDraw 功能进行可视化分析,在网络中,每个制片机构用一个网络节点表示,每一次合作关系用一条无权无向边表示,若两个制片机构之间有多次合作关系,则这两个网络节点构成的边是有权无向的。

本文参考的年度票房排名来源于电影票房数据库网站(http://58921.com/),该网站是目前国内比较权威和全面的电影票房统计网站,制片机构信息来自艺恩网,该网站是目前国内比较专业的影视产业研究网站,同时也根据电影中提供的制片信息对数据进行了核实。在数据的处理过程中,剔除了只有单独制片公司参与制作的电影;对于一部电影的制片机构中同时包含母公司和子公司的,只选择母公司作为研究数据;在一个研究时限内易名的公司,统一为易名后的名称。除了数据分析之外,本研究还利用新闻报道、产业资料、公司材料等作为补充资料,结合分析。

二、电影制片行业格局的历时性分析

在 2004—2016 年这个时间跨度中,本研究选择 2004、2010 和 2016 年三年的数据来观察各个指标的变化情况。这三个年份的网络规模如表 1 所示。

表 1　制片机构合作关系网络规模表

时间	节点数	关系数
2004	44	146
2010	97	590
2016	191	2748

如表 1 所示,在 2004、2010 和 2016 年三个年份票房排名前 30 位的电影中,分别有 44 个制片机构建立了 146 次合作关系,97 个制片机构建立了 590 次合作关系,191

---

① 丁汉青,田欣.全球音乐版权贸易结构分析[J].新闻战线,2017(3):47-50.

个制片机构建立了2 748次合作关系。随着时间的推移,在年度票房排名前30位的电影中参与制片的机构越来越多,网络规模越来越大,合作次数也明显增加。下面选用密度和中心性两个指标来对这三个年份的网络特征变化进行分析。

(一)密度分析

在社会网络分析中,密度指标用于测量网络中各个体之间联系的紧密程度,在无向关系网中,若有 n 个节点,那么网络中包含的关系总数在理论上的最大值是 $n(n-1)/2$,如果该网络中实际关系数目为 m,则该网络的密度等于"实际关系数"除以"理论上关系数的最大值",即为 $m/[n(n-1)/2]=2m/[n(n-1)]$。密度值一般介于0到1之间,值越接近1,则表明网络成员之间的联系越紧密,联系紧密的网络能为其中个体的发展提供资源与协助,但另一方面也能限制其发展。经计算,2004年电影制片机构合作关系网络的密度为0.0846,2010年为0.0653,2016年为0.0786。总的来看,相比于电影产业化初期的2004年,2010年和2016年的网络密度有所降低,网络成员关系较2004年疏离。但从表1可以看出,2010年和2016年的网络节点和关系数都较2004年有了较大幅度的增加,参与制片的机构越来越多,网络规模越来越大,合作也越来越频繁。由于大网络的密度一般不大,网络规模的扩大可能对2010年和2016年的网络密度造成了稀释。

(二)中心性分析

中心性是社会网络分析从"关系"角度出发对权力进行的量化研究,中心性分析主要包括中心度和中心势指数。中心度是研究网络中权力分布的一个指标,本研究选用节点的度数中心度来衡量节点的中心性,在网络中,节点 A 的度数中心度为与点 A 直接相连的其他点的个数,若点 A 与许多点直接相连,则可认为该点具有较高的度数中心度,在网络中拥有较大的权力。中心势表示网络在多大程度上表现出向某个点集中的趋势,中心势越大,网络中权力分布越集中。

图1为2004年制片机构合作关系网络图,由于网络规模较大,所以统一选取历年网络中节点度数中心度排名前30位的主要制片机构进行可视化分析。图中用节点的不同形状对制片机构的所有制性质进行区分,其中,方形节点代表国有制片机构,三角形代表民营制片机构,菱形代表外资机构(包括港澳台资本),圆形代表混合所有制的制片机构。节点的大小根据其度数中心度进行了排序,节点越大,度数中心度越大,在网络中越处于核心位置。同时,图中较粗线条表示两个制片机构之间存在多次合作

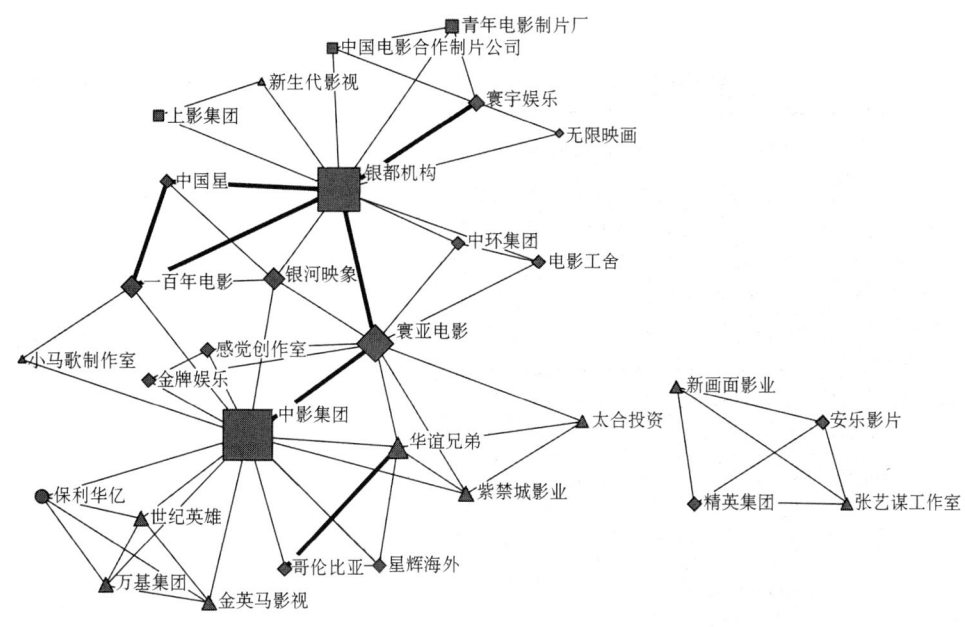

图 1　2004 年制片机构合作关系网络图

关系。

如图 1 所示,在 2004 年主要的 30 家制片机构中,国有制片机构有 5 家,民营制片机构有 10 家,外资制片机构有 14 家(港资 12 家、台资 1 家、外国机构 1 家),混合所有制的制片机构有 1 家。中影集团、银都机构两家国有企业是网络中两个较为明显的核心,其他三家国有企业度数中心度较小,在网络中处于边缘位置。同时以寰亚电影为代表的港资企业也在网络中拥有较高的权力。从图 1 中可以看出,国有的中影集团、银都机构和一批香港制片机构建立了较为密切的合作关系,中影集团作为国有资本的代表,在与境外电影机构合作方面具有得天独厚的条件,银都机构 1982 年成立于香港,是境外唯一一家大型国有电影企业,这为其行走于内地与香港两个不同市场提供了便利。民营制片机构在网络中占据了三分之一的比重,但其度数中心度大都较小,其中的核心是华谊兄弟,华谊兄弟是最早开展海外布局的民营制片机构,早在 2001 年就与美国哥伦比亚公司联合制作电影《大腕》,2004 年又合作出品了高票房电影《功夫》和《可可西里》,合作关系较为紧密。

图 2 为 2010 年制片机构合作关系网络图,图中形成了中影集团、上影集团两个较为明显的核心和英皇电影、华谊兄弟、小马奔腾三个次核心。在 2010 年主要的 30 家制片机构中,国有制片机构有 5 家,民营制片机构有 16 家,外资机构有 7 家(港资 3

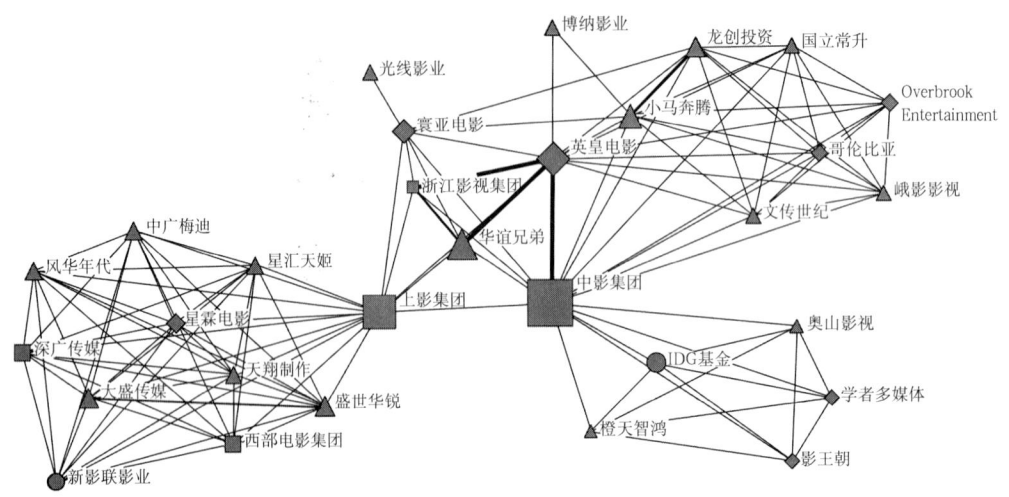

图 2　2010 年制片机构合作关系网络图

家,台资 1 家,外国机构 3 家),混合所有制制片机构有 2 家。在国有制片机构中,中影集团、上影集团处于核心位置,其他三家国有机构的度数中心度相对较小;民营制片机构的数量相较于 2004 年进一步增加,成为网络中的主体,其中的核心是华谊兄弟、小马奔腾。外资机构相比 2004 年,数量有所减少,但来源更加多元化,其中的香港制片机构英皇电影在网络中处于较为核心的位置。网络中也有一些合作较为频繁的组合,如浙江影视集团、华谊兄弟和英皇电影在 2010 年合作出品了《非诚勿扰 2》和《唐山大地震》,中影集团和英皇电影合作了《让子弹飞》和《功夫梦》,小马奔腾和龙创投资合作出品了《剑雨》和《功夫梦》。

图 3 为 2016 年制片机构合作关系网络图,图中形成了中影股份、微影时代两个较为明显的核心与和和影业、黑蚂蚁影业、联瑞影业三个次核心。在 2016 年主要的 30 家制片机构中,国有制片机构有 3 家,民营制片机构有 23 家,外资机构有 4 家(均为港资)。从图中可以看出,由中影集团改制而来的中影股份仍然在网络中占据核心位置,其他两家国有企业——上影集团和华夏电影的度数中心度相对来说较小。从数量上来看,国有企业的数量相较 2004 年和 2010 年有所减少。民营制片机构的数量进一步增加,成立于近几年的微影时代、和和影业、黑蚂蚁影业和联瑞影业等几家机构是其中的核心,且后三家电影公司因在当年合作出品高票房电影《美人鱼》《绝地逃亡》《摆渡人》而成为稳定的合作伙伴。网络中的外资机构数量相比 2004 年和 2010 年进一步减少,且在网络中处于边缘位置。

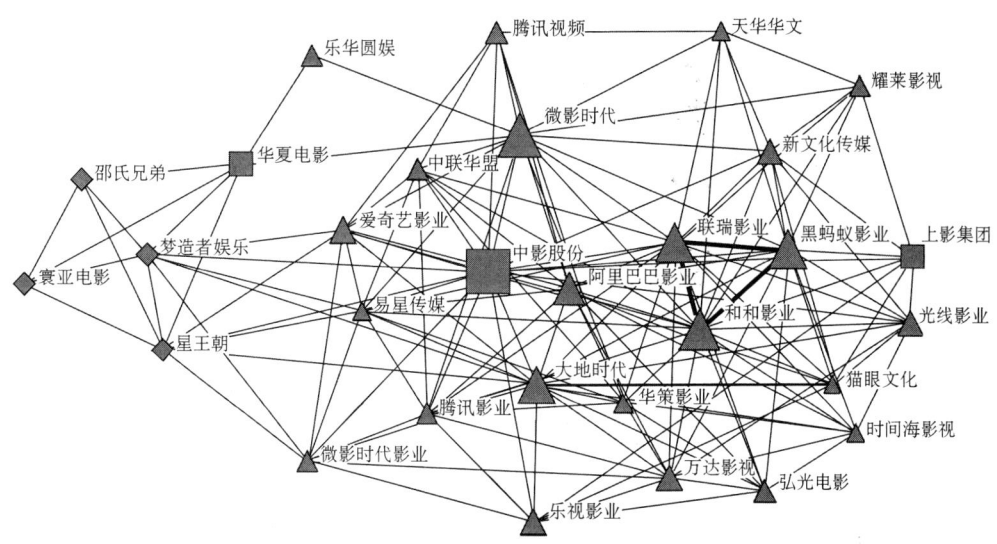

图 3　2016 年制片机构合作关系网络图

中心势反映了网络中权力的集中程度。经计算,2004 年电影制片机构合作关系网络的度数中心势为 28.46%,2010 年为 26.50%,2016 年为 24.26%,可见,随着时间的推移,网络的度数中心势逐渐下降,网络不断趋于"分权",即权力从集中到分散。对于这一点我们也可从网络图中直观感受到。2004 年,网络中的核心机构中影集团、银都机构的度数中心度明显居于前列,其节点大小和其他机构差别较大,表明权力较为集中。2010 年,网络中不仅形成了中影集团、上影集团两个较为明显的核心,还形成了英皇电影、华谊兄弟和小马奔腾三个次核心,核心机构节点大小和其他机构的差别相比 2004 年有所缩小。到 2016 年,网络中核心机构的节点大小和其他机构的差别进一步缩小,权力分布进一步均衡化。

结合上文可知,在历年主要的 30 家电影制片机构构成的合作关系网络中,国有制片机构的数量一直占少数且呈不断减少趋势,同时国有机构中也存在两极分化的现象,除中影集团和上影集团外,其他国有机构的度数中心度都较小。早在 1999 年,中影集团就拉开了国有制片机构重组改革的序幕,2001 年上影集团也获得了重组兼并批准,在政府的支持和引导下,它们转企改制的步伐稳步推进,市场适应能力显著增强,已成长为制—发—放一体化的综合性电影企业,但除转企改制比较成功的中影集团和上影集团外,大多数国有电影制片厂还未摆脱旧体制的束缚,国营观念和体制惯性严重影响着它们的市场适应能力,其制作的电影存在着叙事方式陈旧、创新意识缺乏等问题,不能完全适应电影观众的需求,因而在市场化大潮中逐渐被边缘化,从电影产量和投资规模来看,都不再是中国电影生产的主体力量。① 这些国有制片厂要想摆脱困境,还需借鉴中影集团和上影集团的经验,在深化改革的进程中,不断寻找自身的市场定位。

在上文的三个网络中,民营制片机构在数量上均明显超过国有机构,并且越来越占据绝对主体地位,同时其度数中心度不断提高,和国有制片机构的差值在不断缩小,甚至有部分民营机构的度数中心度已经达到或接近中影集团、上影集团的水平。这不仅反映出民营制片机构规模扩大了,也表明其整体实力得到了提升。以产业化初期原国家广电总局颁布的《电影制片、发行、放映经营资格准入暂行规定》为起点,政府部门不断降低民间资本在电影行业的准入门槛,推动电影投资主体多元化格局的形成,民营制片企业在中国电影产业结构中呈现"从无到有、从弱到强"的强劲生存态势。历年票房排名前30名的国产影片,绝大部分都是由民营制片机构投资或合资生产的,华谊兄弟、博纳影业、光线影业等一批规模大、实力强的民营电影公司逐渐成为行业的领导者。它们凭借自身在人才、资本、市场操作等方面的优势,逐渐树立起了品牌,形成了特色。民营资本具有数额可观、运营灵活、市场敏锐性较强等优点,相较于外资,它们更具安全性,因而成为高投入、高风险的电影行业融资的稳妥首选。② 民营电影生产力量为中国制片业注入了新鲜血液,它们大胆的改革与创新,改变了中国电影产业内部原有生产要素之间的关系,拉近了电影与市场的距离,③加速了中国电影产业的转型升级。

在网络中,外资机构的数量在不断减少,这一方面是由于样本选取的限制,另一方面也与内地制片公司的发展壮大有关。结合相关产业资料可知,顺应电影产业全球化发展趋势,我国电影制片机构也不断和外资机构开展合作。中外电影合作制片主要有合拍、协拍和代拍三种方式,其中合拍是最主要的合作方式。中外合拍片主要分布在大制作和中制作影片中,这种合作方式能实现"资源互补、分享分担、利益共享",④更重要的是,通过跨境的制片合作,可以减少作为外片所受的税收等附加限制,甚至获得合作国家的电影政策优惠,有效跨越贸易壁垒,顺利进入目标市场,实现"走出去"的目标,这是许多电影开展跨境合作的重要原因。在产业化改革和相关合拍政策的激励下,各种类型和题材的合拍片纷纷出现,合拍片数量与票房都得到了迅速增长,合拍对

---

① 尹鸿,王晓丰.中国电影产业年度备忘[J].当代电影,2005(2):18-26.
② 吴曼芳.电影产业:制片策略与院线运营[M].北京:中国电影出版社,2015:42-43.
③ 丁亚平.当代中国民营电影发展态势研究[M].北京:北京师范大学出版社,2014:44.
④ 程文.耦合与嬗变:21世纪合拍片的繁荣与华语电影新形态[M].北京:中国传媒大学出版社,2013:12.

象日渐多元,美国、日本、韩国等国家和中国香港、台湾地区成为内地电影重要的合作伙伴,其中又以内地与香港的合拍片为绝对主力。

需要说明的是,本研究选取的样本只是高票房电影,而且只选取了历年度数中心度排名比较靠前的制片机构进行分析,所以有一些制片机构可能因为在所选择的年份电影票房表现不佳而未被选作样本。

三、电影制片行业格局的现状分析

为了研究中国电影制片机构合作关系网络的现状,本研究对 2014—2016 三年中每年票房排名前 30 名的电影制片机构进行整理,构建了一个有 359 个节点和 5 530 条边的合作关系网络。由于网络规模较大,图 4 参照上文所述标准选取了主要的 30 家制片机构进行可视化分析。

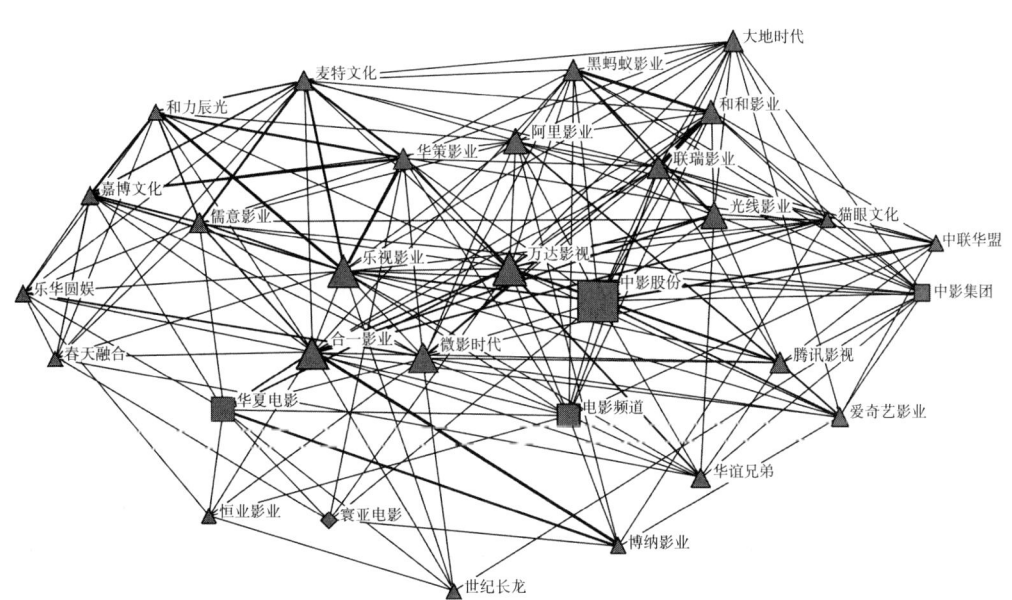

图 4　2014—2016 年制片机构合作关系网络图

(1)中心性分析

图 4 为 2014—2016 年制片机构合作关系网络图,其中国有制片机构有 4 家,民营制片机构有 25 家,外资机构有 1 家。从图中可见,国有的中影股份在网络中占据最核心的位置,另外几家国有机构在网络中较为边缘。民营制片机构是网络中的主体,老

牌的民营机构光线影业和万达影视在这三年推出的电影取得了良好的市场业绩,在网络中拥有较高的度数中心度;但其他老牌机构,如华谊兄弟和博纳影业在该网络中处于相对边缘的位置,这与它们开始向电影产业外进行多元业务拓展有关。香港的寰亚电影是网络中唯一的一家外资机构,在网络中也处于边缘地位。

在2014—2016年的网络图中,互联网企业向电影业跨界产生的制片机构的表现令人瞩目。第一种是视频网站的跨界,如乐视影业、爱奇艺影业;第二种是非影视类互联网公司的跨界,如阿里巴巴旗下的阿里影业。"互联网+"是中国电影行业近年来遇到的最大变革,电影成为互联网企业进军文娱产业的首要领域,它们不再愿意仅仅充当电影的播出和营销平台,而是逐渐开始向上游制片环节渗透,成为影响电影生产的内容平台。① 这些互联网企业或选择与传统的电影企业联合制作电影,或收购、组建专门的影视制作部门,由于在当前产业融合背景下互联网企业拥有内容、渠道和推广上的众多优势,它们在合作中的主导权越来越明显,新的领导型企业正在形成。随着这些企业将互联网基因注入电影产业链的各个环节,中国电影产业正在实现互联网时代由"完整"向"高效"的转型升级,②产业格局将再次处在动荡和调整中。

在网络中,一些中小民营电影企业也占据着核心位置,如具有金融背景的和和影业、长于发行的联瑞影业、深耕于技术的黑蚂蚁影业和大地时代等,它们凭借自身的优势、灵活多样的题材选择和对市场的准确把握,在竞争激烈的市场"洗牌"中,努力抓住自身话语权。③ 在目前包括国有和民营在内的2 000多家电影公司中,规模小、实力弱、出品量少的中小型民营电影企业占据了相当大的比重,构成了中国电影产业的"塔基"。它们的整体实力不足以参与完整的产业流程,所以大都结合自身优势在某一制片要素上进行重点突破,以专见长。大小公司并存的局面,能够使市场结构比较合理,在很大程度上保证电影生产的多样化,部分中小电影公司未来可能还会成长为大企业,其发展前景直接关系到中国电影行业的良性有序发展。

(二)小团体分析

由于数据量较大,为了找到关系更为牢固的派系,剔除了合作次数在2次以下的合作关系,用UCINET软件进行分析,可发现存在7个派系。

---

① 靳斌.重构与融合:电影产业新格局[M].北京:知识产权出版社,2016:44.
② 王广振,王新娟.互联网电影企业:产业融合与电影产业链优化[J].东岳论丛,2015(2):55-61.
③ 周斌.中小规模民营影视公司发展的现状、策略与前景[J].浙江传媒学院学报,2016(2):113-119.

(1)星皓影业 横店影视 文华东润 金海岸影业 中影股份

(2)星王朝 寰亚电影 邵氏兄弟

(3)华强动漫 优扬动漫 珠江影业

(4)乐视影业 华策影业 麦特文化 和力辰光 最世文化 嘉博文化 麦颂影视 天娱影视 东方传媒 可米必富 中联传动 儒意影业

(5)春秋时代 登峰文化 传奇人影视

(6)电广传媒 恒业影业 重庆电影集团 完美星空

(7)华谊兄弟 亚太未来 蓝巨星传媒

对这些派系的合作行为进行分析,发现存在着两个特点:

首先,制片人是促成这些派系形成的纽带。换而言之,每个派系中的制片机构合作的电影均为同一制片人出品。2014—2016年,第一个派系合作拍摄的《西游记之孙悟空三打白骨精》和《西游记之大闹天宫》的制片人都是刘晓光,第二个派系合作拍摄的《澳门风云2》和《澳门风云3》的制片人都是于冬,第三个派系合作拍摄的《熊出没之夺宝熊兵》《熊出没之雪岭熊风》和《熊出没之熊心归来》的制片人都是尚琳琳,第四个派系合作的《小时代3》和《小时代4》的制片人都是李力,第五个派系合作拍摄的《战狼》和《大话西游3》的制片人都是吕建民,第六个派系合作拍摄的《闺蜜》和《京城81号》的制片人均为林朝阳,第七个派系合作拍摄的《奔跑吧!兄弟》和《寻龙诀》的制片人都是叶宁。一部电影的制作本身就是一个项目或工程,制片人则是这个过程中的灵魂,在当今商业电影的制作体系中,制片人的职能拓展到了产业价值链的各个环节,从选题策划、投资寻找、团队组建到市场营销,这些环节的控制权都由制片人掌握。[①] 上述7个派系中的制片人或如刘晓光、林朝阳拥有多年的电影创作经历,或如于冬、尚琳琳、李力、吕建民、叶宁在影视公司担任要职,他们具有较强的业务能力和个人影响力,能动用自己的社会资源聚集一批投资者参与电影项目的制作,久而久之形成稳定的合作关系。

其次,纵观这些派系的合作行为,可以发现系列片是促使小团体进行合作的重要因素。2014—2016年,第一个派系合作拍摄了西游系列电影《西游记之孙悟空三打白骨精》和《西游记之大闹天宫》,第二个派系合作拍摄了系列电影《澳门风云》第二、三部,第三个派系合作拍摄了系列电影《熊出没》中的三部,第四个派系合作拍摄了系列电影《小时代》第三、四部。系列电影是商业电影最成功的生产

---

① 司若.制片人——影视剧项目经理的角色定位与工作责任[J].当代电影,2010(6):64-67.

模式之一,系列电影的后续作品可以依靠前期作品的品牌效应和观众积累,降低推广成本和制片风险。近年来,国产电影也开始呈现系列化发展趋势,这是中国电影在产业化改革中对行业规律的认识不断加深的结果,表明中国电影开始注重品牌塑造,逐渐向成熟的电影工业转变。① 对近几年取得良好市场效应的国产系列电影进行审视,我们可以发现,这些电影的后续之作一般都得益于第一部电影的成功,制片方想要复制这种高效的商业模式而进行续集创作,出于最大程度减少风险和扩大收益的考虑,原先的制片机构一般会继续投资续集电影,共同的利益期许保证了合作关系的稳定。

四、结论和不足

制片作为电影产业链的核心环节,其行业格局在产业化和全球化的浪潮中发生了显著的变化,本研究运用社会网络分析法对2004—2016年我国制片机构合作关系网络进行了分析,结果显示,除中影集团和上影集团外,国有阵营中的其他制片机构都在市场竞争中被边缘化;民营制片机构在中国电影产业结构中呈现"从无到有、从弱到强"的强劲生存态势,在市场化浪潮中,形成了一批强势影视品牌。同时,近几年一批中小型企业也运用自己在产业链中的优势抓住了话语权,随着中国电影产业进入互联网时代,行业格局必将继续发生变化。入世以来,我国电影产业也积极顺应全球化发展态势,电影生产中的外资来源越来越多元,国内外联合制片日益频繁。同时,一些制片机构出于共同的利益期许,会在长期的合作中结成小团体。通过数据分析的结果表明,制片人和系列片是促成小团体的两个重要因素。制片人和系列片都是北美影视工业体系下的产物,这表明我国电影产业经过14年的产业化发展,不断借鉴先进国家的经验机制,正在逐步向现代影视工业转变。

需要指出的是,由于历年整体的电影制片机构合作网络数据庞大且部分年份数据缺失,本文只选取了每年票房排名前30名的电影制片机构来构建合作关系网络,虽然年度票房排名前30名的电影能够在一定程度上代表当年电影的生产状况,但不一定能全面地反映整体网的结构特征。同时,在根据所选样本进行计算的过程中,2014—2016年历年的网络密度和中心势指数并没有呈现理想的连续性变化趋势,故我们参照相关研究选取了等时间间隔的三个年份来观察其大体的历时性变化情况。另外,社

---

① 李苏伟.消费视阈下电影品牌化的试建——论国产系列电影的现状与发展策略[J].新疆艺术学院学报,2014(4):75-79.

会网络分析法用与节点直接相连的其他点的个数来衡量节点在网络中的权力大小,这种对权力衡量的方法尚未考虑节点之间合作关系的强度差别,故软件计算出来的权力分布结果可能与实际情况有一定偏差,希望后续能找到更完善的方法对上述不足加以改进。

〔江虹,华南理工大学新闻与传播学院副教授、硕士生导师;贺婷,华南理工大学新闻与传播学院硕士研究生〕

〔特约编辑:叶明睿〕

How Does the BBC Portray China?
—A Study of BBC Documentaries on China from 2007 to 2016 and Its Implications

◎ Kodelia Chatfield　Xiaoling Zhang

We are influenced by a great many factors when it comes to our perceptions, one of the greatest of which is the media. This may be particularly the case when forming views on other countries as often we lack firsthand experience with a majority of foreign countries, their politics and their cultures, causing us to rely on what we see and hear from others to help us form our views.

As China has developed and emerged as a greater power in recent times, our knowledge and perceptions of a once distant nation are expanding and evolving. Sometimes this expansion of knowledge leads to a positive reaction toward China, at other times it can cause a negative one, leading to a poor public view of China, sometimes to the degree that it interferes with UK-China relations.

As the UK attempts to leave the EU and set up stronger relations and links with this now powerful country, the UK public's perceptions and knowledge of China becomes ever more relevant to understand the issues and successes the path ahead may yield. Particularly as media saliency of the country grows as scholars such as Zhang (2010) argue "growing presence of Chinese coverage in the European news media can be said to reflect the increasing interest in China by the Western world" (240).

The paper examines BBC documentaries on China between 2007 and 2016 to get a clearer view of its portrayals of China by assessing the image of China reported as well as topics covered. Through literature review, we highlight the argument that the media not only has an effect on the general public's perceptions of other nations, but that this can play a role in very real-life consequences. Furthermore we hope to discover some of the perceptions created and perpetuated through BBC's reporting on China, find some of the most common topics and themes, explore how China is presented through them and predict the potential impact, if any, this may have on relations with China in the coming years.

Literature Review

While some are skeptical of a link between the media and changing relations (see, for example, Dinnie, 2015; Kunczik. 1997: 3; Mackerras, 1999; Vukovich, 2012), many scholars agree that the media is capable of changing public perceptions on foreign nations. For instance, Kunczik (1997) argues that TV transmissions and programmes are amongst the strongest image shapers in regard to foreign nations. Many studies backup Kunczik's arguments. During a very comprehensive study, for example, Wanta, Golan & Lee (2004) combined a national poll of Americans with a content analysis of major network newscasts over a period of time to see if said media content influenced its viewers' perceptions of other countries. Results showed that the more media coverage a nation received, the more likely participants were to think the nation as important to U.S. interests. Furthermore, the more negative coverage a country received, the more participants thought negatively of said nation. However curiously the reverse with positive coverage was not so and had little impact on the public's view of foreign nations in this study. This particular study did however show clear indications that the media influenced the public's perception of foreign countries both in terms of importance in relation to their own country as well as in terms of personal opinions.

Other scholars have found similar results. A study by Kiousis and Wu (2008) used a triangulation of methods comparing public relations counsel for foreign nations, media content and public opinion data in 1998 and 2002. They discovered a link not only between media coverage and public perceptions of various countries, but also between public relation counsel and increased positive coverage in media content. This suggests that the media has an impact on public perceptions of foreign countries, showing not only citizens' views were changed and impacted by the media but that positive as well as negative reporting had an effect on their outlooks and actions. The media is highly effective at not only telling the public what to think, but also how. McCombs (2014) argues, "The world that we have to deal with politically is out of reach, out of sight, out of mind" and "Most of the issues and concerns that engage our attention are not amenable to direct personal experience". Indeed the media is one of the few, if not the only resources, in understanding international relations and foreign countries, ensuring we rely on it heavily to shape our views and opinions. Such a view is echoed across media studies with scholars such as Soroka (2003) arguing that "Mass media content is the most likely source of…changes in individuals' foreign policy preferences" (Ibid: 23), highlighting the efficacy of media in changing perceptions of other countries and our reliance on it to develop our personal views. A majority of scholars agree that "the mass media influence the way a country's people form their images of the people and governments of other countries" (Kunczik. 1997: 7). It is therefore likely that both history and modern day mass media play a role in how perceptions of a country are formed, as people use historic models as a basis for their perceptions, allowing the media to shape and further define their views.

Several scholars have gone on to theorize links between media coverage, changing perceptions and developing international relations. For example, many studies indicate that public opinion often has a measurable impact on foreign policy (Soroka. 2003), and as "mass media content is the most likely source of…changes in individuals' foreign policy preferences" (Ibid: 23), it is fair to say that the media is potentially influencing vital areas of UK-China relations. Soroka (Ibid.) describes this complex relationship as such: "On one hand, the mass media are the primary conduit between the public and policy-makers. Policy-makers follow media reports on public opinion, and the media are the public's chief source of information on what policy-makers are doing" (Ibid: 28). Following on from this theory, it is possible to argue that the media is able to play a role in influencing policy changes in UK-China relations. As local UK media reports on China and influences the UK public's opinions on the country as well as saliency of specific issues, this changes the nature of the importance (Wanta, Golan and Lee, 2004) as well as the debate around the country and the UK's relationship to it. Following on from that, according to Soroka's (2003) theory, the media then begins to reflect public opinion to policymakers, potentially influencing their decisions.

Other scholars theorize ways in which the media may impact links and relations between two countries. Zhang argues that the media "help to build the image of a particular country, which is important to the country's soft power and international relations" (2010: 234) amongst other issues as it affects how other countries construct their policies and relations towards China.

In the case of international relations this is at least in part due to policy-makers using the media as a mapping reference in their world view (Ibid.). While clearly not their only source, scholars decades ago found that the media is a major information source for decision makers (Ibid.) and thus, policymakers can very much be influenced by the information gathered from news and media sources. As the media is used by MPs and decision makers in the UK to inform them of events, and in many cases, help them to develop or solidify perceptions of said events, "the information which the media have provided become some of the bases of policy proposals made by officials to ministers" (Ibid: 237), potentially impacting international relations and policy outcomes. Indeed scholars such as Van Belle et al. (2004) investigated international issues such as foreign aid in the US, UK, Canada, France and Japan and its relationship with media coverage and found that the saliency of a recipient country in domestic media has a substantial influence on the levels of aid offered by the aforementioned countries.

However this is not the only way international relations are impacted through the media. Li (2009) argues that media coverage also have a strong impact on the efficacy of China's soft power and recipients' willingness to accept it. As Zhang argues, one can link "soft power, news media and foreign relations together" (2010: 234), noting that the changing image of China in Western media over recent decades is impacting the policy-making of other countries, influencing them towards China. Furthermore as "the foreign news media have become the most important providers of information on China and shape its perception abroad" (Ibid: 235), it is entirely plausible that domestic UK media have either helped or hindered the efficacy of

Chinese soft power here in the UK.

Furthermore, international media has the ability to impact other areas between two countries such as the economy. As foreign direct investment "involves much irreversible fixed investment, which is sensitive to investors' perceptions" (Fan et al. 2009:1), it is possible that factors such as foreign investment may increase or decrease based upon the perceptions the media creates of China as a business environment.Scholars such as Zhang (2010) argue in support of this theory, noting that since 1993, China has been represented as an economically attractive and profitable place to invest by the international media. As a result, "a rising image of China economically is… a country with huge opportunities for trade and investment" (Ibid: 246) despite concerns and a highly competitive market. Foreign media sources played a role in establishing China as an ideal place to conduct business and invest from the early mid-1990s, increasing awareness of the potential benefits and thus playing a role in making China a hot-spot for foreign investment.

The exact method whereby the media has the potential to influence international links and relations needs further investigation, however it is not just international policy that can potentially be affected through the media. Areas such as the efficacy of Chinese soft power on UK citizens may be affected as they become exposed to more positive reports, their perceptions change and they may become more open to Chinese cultural soft power. Furthermore the media can affect business links and economic policies. As the media report on business affairs in China, it can project it as a safe place to do business or a hazardous one, causing investments to fall or rise. While these are but a few links that the media can impact, each are significant in a changing relationship between the two countries.

To summarize, the media is highly capable in influencing what we think of other countries, sometimes to the degree whereby it affects our actions. In turn this change in public perception of a foreign nation, particularly one such as China, may potentially have an impact on both our actions individually toward a country as well as having an impact on the UK's relationship with China.

Methodology

While a majority of studies on the effects of the media on public perceptions and changing international links between two countries have focused on news media, we have decided to focus on documentaries. Documentaries often provide a more comprehensive summary of a situation as they have a longer duration and usually focus on one subject. They are also often viewed more than once as many are played as repeats at later dates having the potential to have a greater impact on the audience's perceptions.

In order to trace significant changes such as those in content, frequency and tone of documentaries in China, we have decided to use one source: the BBC, and utilise documentaries released on China for 10 years from January 1st 2007 to December 31st 2016. The BBC's documentaries are often seen as a reliable source by the public and is consistently accounting for a majority of UK audience views, with 32.8% of audience shares in 2015 (Broadcasters' Audience Research Board. 2016); furthermore, being a public corporation of the Department for Culture, Media and Sports (gov.co.uk. n.d.) it is the closest to a governmental source of media in the UK and thus likely to be viewed positively by policy-makers and the general public alike as an extension of a governmental body.

These documentaries are gathered through Box of Broadcasts, the British Universities Film and Video Council's on demand TV and radio service, by using keywords such as "China", "Chinese", "Shanghai" and "Beijing" to search the archive, then cross-checked against BBC archive records to obtain as many titles as possible. These documentaries are then sorted by frequency and date. Depending upon both the topic, frequency of broadcast and period of time this may indicate levels of interest in specific areas as well as China as a whole.

Furthermore, these documentaries are also sorted by topics and divided into a number of categories based on content, from economic to cultural, and the frequency of major categories are mapped over time. Additionally, we select four of the most broadcast categories, watching every second documentary in these categories appearing in date order to establish the tone and content of the documentaries and find out whether they are positive, negative or neutral and to what degree. This information is then analyzed to discover the overall themes, sentiments and agendas imparted to the viewers and, in turn, allow us to examine the overarching perceptions of China put forward to viewers about the four largest categories. This in turn will allow us to work on the effect this may have on the UK's perception of China and the impact this may have.

Data gathered are presented in charts and graphs, followed by discussion as to the effect of each area. Through this we hope to not only gain qualitative data about the tone and messages conveyed to the public on China but also quantitative data about the frequency and subject of the information presented to UK citizens. We hope that due to the BBC's high viewing figures and reputation, this method will best allow us to gauge the effect the media may have on the UK's population and the impact this may have.

Research Results

In this section we present the number of documentaries in our sample year on year, followed by a distinct set of categories: Culture and Slice of Life (CSL), Music & Arts, Economic, Nature & Animals and Political amongst others.

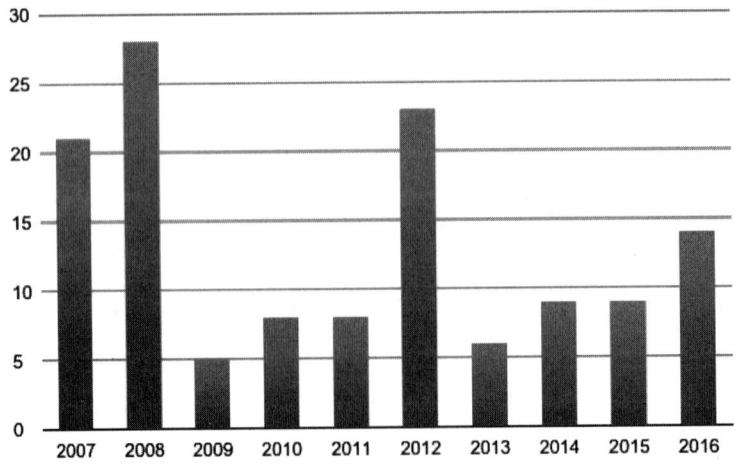

Figure 1　Number of documentaries year on year

Table 1　Number of documentaries on China per year

Year	Number
2007	21
2008	28
2009	5
2010	8
2011	8
2012	23
2013	6
2014	9
2015	9
2016	14
Total	131

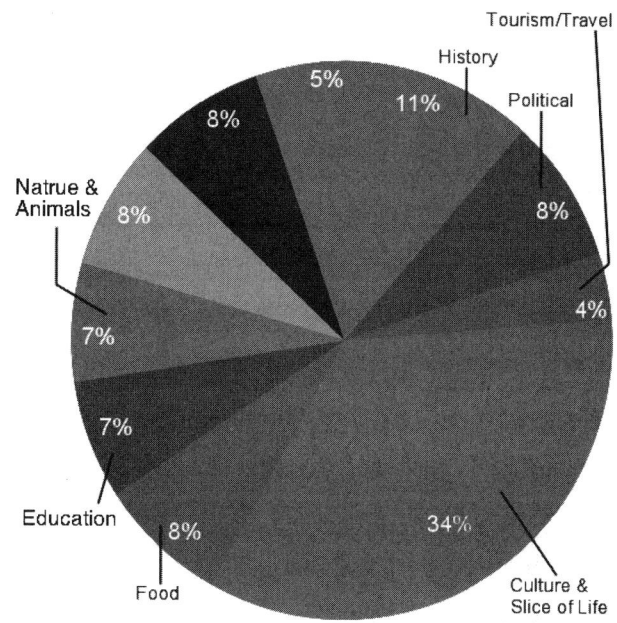

Figure 2　Categories

Table 2　Number of documentaries in each category and percentage

Category	Number	Percentage
History	15	11%
Political	11	8%
Travel/Tourism	5	4%
Culture & Slice of Life	45	34%
Food	10	8%
Education	9	7%
Nature & Animals	9	7%
Economic	10	8%
Music & Arts	10	8%
Other	7	5%

Results Analysis: CSL

Within this section we analyze our sample documentaries that fit within the CSL Category, measuring them year on year, as well as analyzing them by tone and content to discover whether they are positive or negative and to what degree. We then analyze this information to speculate the results this may have upon the viewing public's perceptions of China.

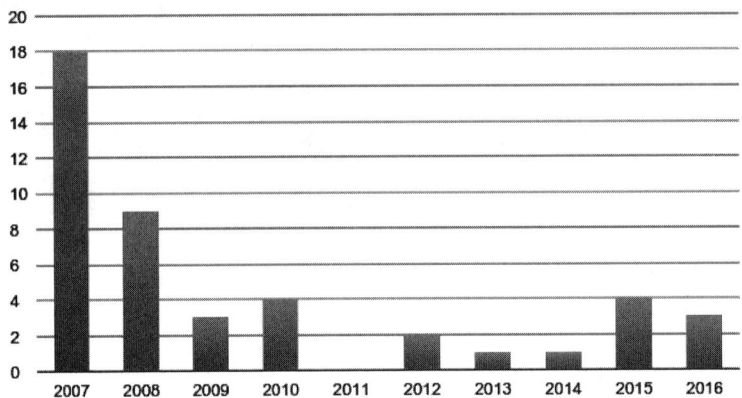

Figure 3　Number of CSL documentaries between 2007 and 2016

Table 3

Year	Number
2007	18
2008	9
2009	3
2010	4
2011	0
2012	2
2013	1
2014	1
2015	4
2016	3
Total	45

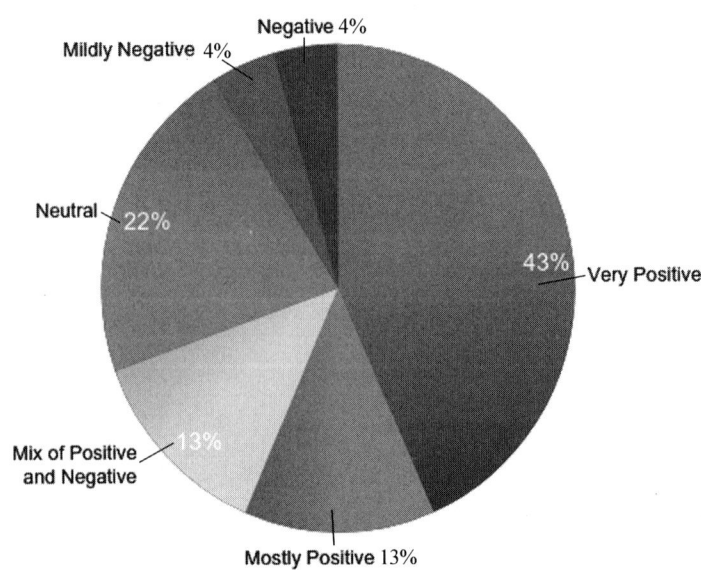

Figure 4　Tone expressed in this category

Table 4

Tone	Number
Very Positive	10
Mostly Positive	3
Mix of Positive and Negative	3
Neutral	5
Mildly Negative	1
Negative	1
Total	23

Table 5 Number of documentaries from the CSL category in each classification based on tone

Year	Number of "Very Positive"	Number of "Mostly Positive"	Number of "Mix of Positive and Negative"	Number of "Neutral"	Number of "Mildly Negative"	Number of "Negative"	Total Number
2007	6	1	1	1	0	0	9
2008	0	1	2	1	1	0	5
2009	0	0	0	1	0	0	1
2010	0	0	0	2	0	0	2
2011	0	0	0	0	0	0	0
2012	1	0	0	0	0	0	1
2013	0	1	0	0	0	0	1
2014	0	0	0	0	0	0	0
2015	1	0	0	0	0	1	2
2016	2	0	0	0	0	0	2

Content

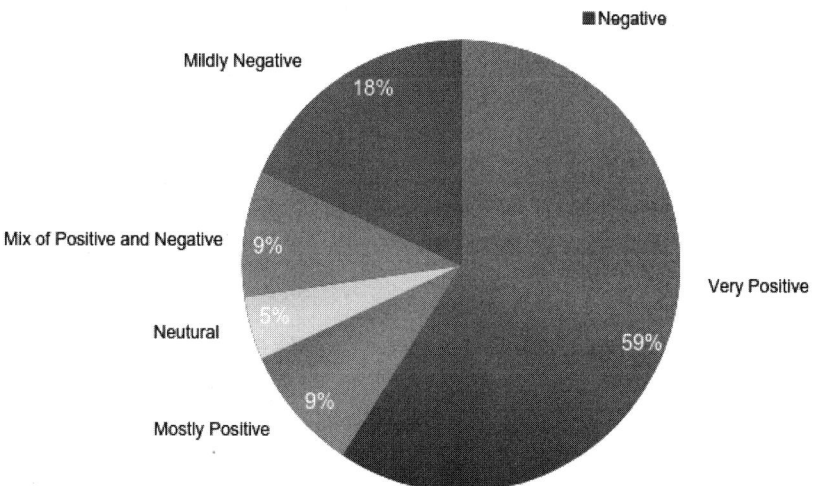

Figure 5 Content of documentaries in the CSL Category

While this is a rather subjective matter in many cases, analysis is based upon topics covered, as well as the portrayal of certain events.

Table 6 Number of documentaries placed in each classification

Content	Number
Very Positive	13
Mostly Positive	3
Mix of Positive and Negative	2
Neutral	1
Mildly Negative	4
Negative	0
Total	23

Table 7 Number of documentaries from the CSL category in each classification based on content

Year	Number of "Very Positive"	Number of "Mostly Positive"	Number of "Mix of Positive and Negative"	Number of "Neutral"	Number of "Mildly Negative"	Number of "Negative" in content	Total number
2007	7	1	0	0	1	0	9
2008	0	2	1	0	2	0	5
2009	1	0	0	0	0	0	1
2010	0	0	0	1	1	0	2
2011	0	0	0	0	0	0	0
2012	1	0	0	0	0	0	1
2013	1	0	0	0	0	0	1
2014	0	0	0	0	0	0	0
2015	1	0	1	0	0	0	2
2016	2	0	0	0	0	0	2

As Table 2 shows, this category was by far the largest in this study, accounting for 34% of the documentaries released between 2007 and 2016, with at least one new documentary released every year with the exception of 2011. In addition, while this was the largest, and most varied category in the study, it was also the most positive, with well over half the results pointing to the documentaries being either Positive or Very Positive in tone and/or content, giving an overall favourable presentation of Chinese culture and daily life. Despite this positivity, many documentaries were inconsistent with their tone and content. Examples can be seen in Desperate for Love: Secrets of China (2015) which often displayed positive content such as couples in love and getting married, mixed in with citizens protesting social pressures to marry. While the content in this documentary is categorised as a "Mix of Positive and Negative" the presenter often engaged with her audience with a negative tone, comparing Chinese marriage culture harshly to UK dating culture, following Orientalism trends and ensuring that the documentary was the only one analyzed in this category that made it to the "Negative" in tone classification. Several other documentaries follow suit in this manner, giving a neutral tone to some distressing or negative content. However, with a majority of those showing to be positive in either tone or content, the implication is that the overall impression given to UK viewers on Chinese culture and daily life is generally favourable.

A large number of documentaries in this category followed the daily lives of Chinese citizens across a wide range of locations, social standings and situations. Some followed marriage customs across different parts of China, others looked into more traditional culture such as the rise of a traditional Beijing Opera singer. Overall this category focused on traditional culture and modern life, often examining where the two crossed over and how Chinese traditional culture remains strong in the modern world. The tone of the presenters/ directors of these documentaries started off relatively positively during 2007, with some only slipping as low "Neutral" in tone, however this dipped further in 2008, 2009 and 2010, with fewer documentaries deemed positive in tone and more classified as "neutral". After 2011's lull, however, a majority of documentaries remained either "Mostly Positive" or "Very Positive" in tone. The content analysis showed a similar pattern with only one documentary not classed as "Very Positive" after 2011, however four documentaries classes as "Mildly Negative" in content between 2007 and 2010. This shows an increasingly positive image of China in terms of culture and daily living, broadcast since 2011, likely affecting people's perceptions of Chinese culture positively.

With the exception of 2011 there has been a reasonably steady stream of documentaries being produced and released in this category. When one takes into account repeats of previously released programmes, it seems that screenings of documentaries on Chinese culture are not infrequent. This may have a small relation to Wanta, Golan & Lee's (2004) theory whereby increased exposure to media reports on a foreign country affects one's perception of the importance of that country, perhaps increasing public awareness of China's culture and maybe having an impact on the perceived importance of the country.

While not a great many studies examine the impact of exposure to foreign culture through video media, a classroom study by Herron, Dubreil, Corrie & Cole (2002) utilising French cultural videos and measuring the impact they had on intermediate French language learners found the results indicated a significant gain in cultural knowledge with post-testing scores significantly higher than pre-test scores. For this study, a mere eight videos were utilised, indicating that it perhaps does not take a great deal of exposure to have a significant impact on our understanding of foreign cultures. As the CSL Category was the largest in this study by far, it seems that this could be the most likely category casual watchers might view. As such it is possible that viewers of these documentaries are becoming more culturally aware, potentially having an effect on a number of matters.

As aforementioned, scholars such as Li (2009) argue that media coverage also has a strong impact on the efficacy of China's soft power and recipients' willingness to accept it. Others such as Nye (2004) support this argument, noting that access to cultural exchanges "result in a more favourable public opinion and credibility abroad". While the CSL documentaries may not be the classical definition of cultural exchanges, they do allow large audiences to gain access, insight and potentially understanding to China's vast and varied culture. As the coverage of culture and daily life was overwhelmingly positive, one could summarise that viewers of this media could be influenced to regard Chinese culture and life in higher esteem, possibly having an impact on increasing China's soft power within the country. The impact of this positive coverage needs to be further studied with multiple and frequent negative media on China from other sources as well as individual's personal perceptions, it may still have a role to play in maintaining China's Great Power status, which relies on the prestige others give it(Gill and Huang. 2006).

Results Analysis: Historical Documentaries

Within this section we analyze our sample documentaries that fit within the

Historical Documentaries Category. We then analyse this information to speculate the results this may have upon the viewing public's perceptions of China as well as specific areas affected.

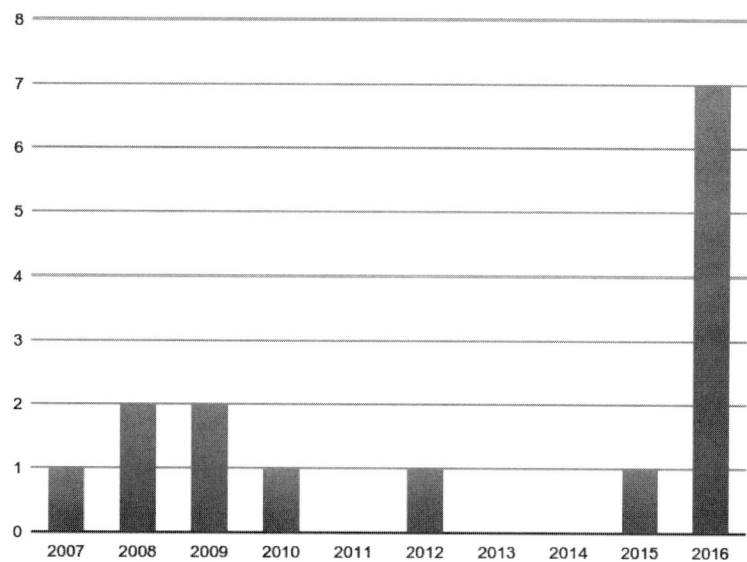

Figure 6　Number of documentaries based on Chinese history between 2007 and 2016.

Table 8　Number of Chinese historical documentaries between 2007 and 2016

Year	Number
2007	1
2008	2
2009	2
2010	1
2011	0
2012	1
2013	0
2014	0
2015	1
2016	7
Total	15

Tone

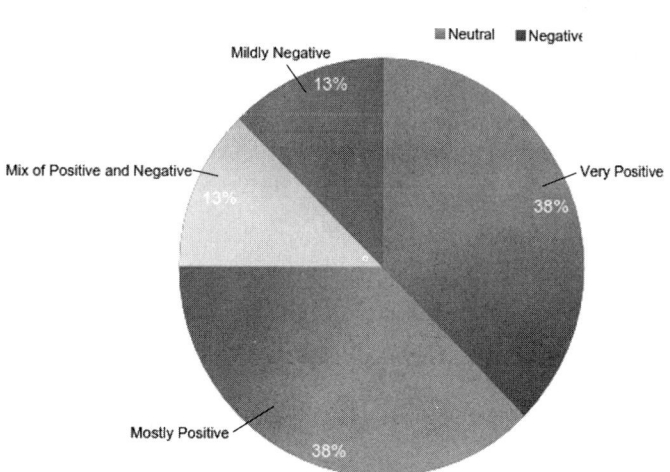

Figure 7　Tone of documentaries analysed in the Historical Documentary Category

Table 9 Number of documentaries analysed placed in each classification

Tone	Number
Very Positive	3
Mostly Positive	3
Mix of Positive and Negative	1
Neutral	0
Mildly Negative	1
Negative	0
Total:	8

Table 10 Number of documentaries from the Historical Documentary category in each classification based on tone

Year	Number of "Very Positive"	Number of "Mostly Positive"	Number of "Mix of Positive and Negative"	Number of "Neutral"	Number of "Mildly Negative"	Number of "Negative"	Total number
2007	1	0	0	0	0	0	1
2008	0	0	0	0	1	0	1
2009	0	1	0	0	0	0	1
2010	0	0	0	0	0	0	0
2011	0	0	0	0	0	0	0
2012	0	0	1	0	0	0	1
2013	0	0	0	0	0	0	0
2014	0	0	0	0	0	0	0
2015	0	0	0	0	0	0	0
2016	2	2	0	0	0	0	4

Content

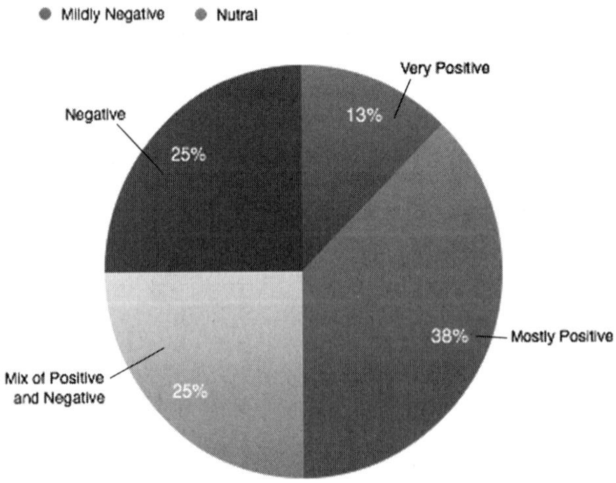

Figure 8 Content of documentaries analysed in the Historical Documentary Category

Table 11 Number of documentaries from the Historical Documentaries Category in each classification

Content	Number
Very Positive	1
Mostly Positive	3
Mix of Positive and Negative	2
Neutral	0
Mildly Negative	0
Negative	2
Total	8

Table 12 Number of documentaries assessed from the Historical Documentaries category in each classification

Year	Number of "Very Positive"	Number of "Mostly Positive"	Number of "Mix of Positive and Negative"	Number of "Neutral"	Number of "Mildly Negative"	Number of "Negative"	Total number
2007	0	1	0	0	0	0	1
2008	0	0	0	0	0	1	1
2009	0	0	1	0	0	0	1
2010	0	0	0	0	0	0	0
2011	0	0	0	0	0	0	0
2012	0	0	0	0	0	1	1
2013	0	0	0	0	0	0	0
2014	0	0	0	0	0	0	0
2015	0	0	0	0	0	0	0
2016	1	2	1	0	0	0	4

History documentaries made up the second largest category; and with 76% of the Documentaries analysed in this category classified as either "Very Positive" or "Mostly Positive" in tone, giving an overall favourable presentation of Chinese History through the tone of the presenter/director, the sentiment presented on this topic was largely positive. Notable exceptions occurred in documentaries on more recent historical events, such as the boxer rebellion and on the topics of the opium trade in China. These two events contain heavy Western involvement in China and the tone of the presenter is often mixed or negative toward both China and the West. However while a majority of the documentaries in this category were classified as "Very Positive" or "Mostly Positive", just 51% hold the same classification in content. This can be attributed to documentaries such as China's Capitalist Revolution (2009), as, while the tone taken by the presenter was overall positive, hailing China's developments as an overwhelming success and necessary to bring China up to date with the rest of the world, the content it displayed was rather mixed; showing the human cost for this development. Despite these disparities between tone and content, the analysis again shows an overall positive image of China through its history.

Furthermore the number of documentaries in this category has increased over recent years with over half of the documentaries found released in 2015 and 2016 alone. This may reflect the growing interest and importance we place on China, particularly in recent years. As these documentaries, like the CSL category, are overwhelmingly positive in both tone and content, they perhaps also help to influence their audience to see China in a more positive light, and improve their audience's understanding of the country. This could, again, result in a more favourable public opinion by allowing large audiences to gain access and potentially understanding to China's history in a positive light and may potentially have a small impact on increasing China's soft power abroad (Nye. 2004), (Li.2009).

Results Analysis: Political Documentaries

Within this section we analyse our sample documentaries that fit within the Political Documentaries Category. We also analyse this information to predict the results this may have upon the viewing public's perceptions of China as well as specific areas affected.

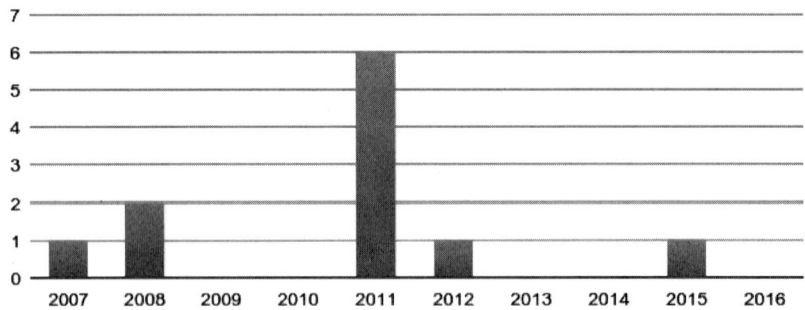

Figure 9　Number of documentaries about Chinese Politics between 2007 and 2016

Table 13 Number of Chinese Politics Documentaries between 2007 and 2016

Year	Number
2007	1
2008	2
2009	0
2010	0
2011	6
2012	1
2013	0
2014	0
2015	1
2016	0
Total	11

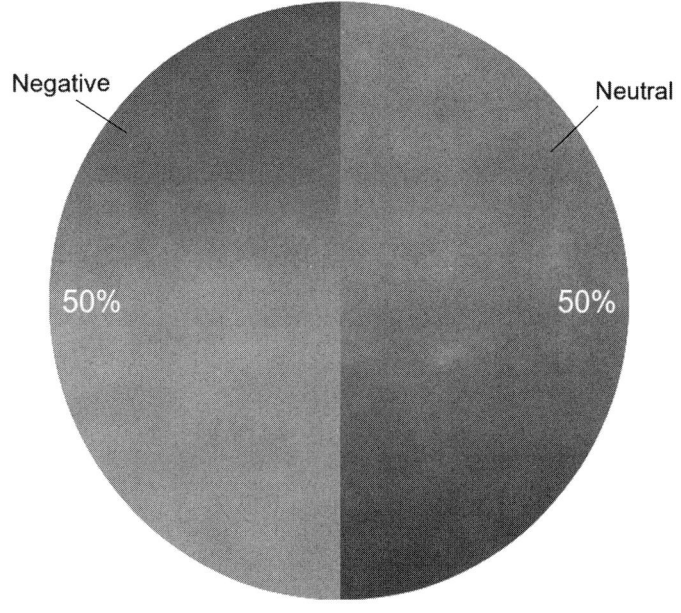

Figure10 Tone in the Political Documentary Category.

Table 14 Number of documentaries analysed in this category placed in each classification

Tone	Number
Very Positive	0
Mostly Positive	0
Mix of Positive and Negative	0
Neutral	3
Mildly Negative	0
Negative	3
Total	6

Table 15　Number of documentaries from the Political Documentary category in each classification based on tone

Year	Number of "Very Positive"	Number of "Mostly Positive"	Number of "Mix of Positive"	Number of "Neutral" in tone	Number of "Mildly Negative"	Number of "Negative"	Total number
2007	0	0	0	1	0	0	1
2008	0	0	0	0	0	1	1
2009	0	0	0	0	0	0	0
2010	0	0	0	0	0	0	0
2011	0	0	0	2	0	1	3
2012	0	0	0	0	0	0	0
2013	0	0	0	0	0	0	0
2014	0	0	0	0	0	0	0
2015	0	0	0	0	0	1	1
2016	0	0	0	0	0	0	0

Content

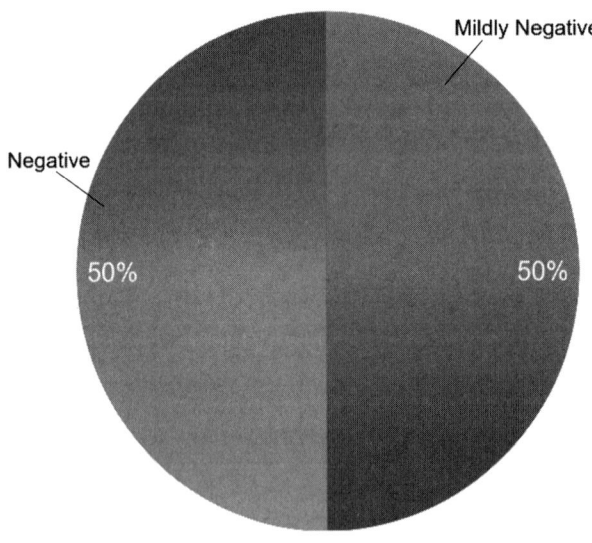

Figure 11　Content of documentaries analysed in the Political Documentary Category

Table 16　Number of documentaries analysed in this category placed in each classification

Content	Number
Positive	0
Mostly Positive	0
Mix of Positive and Negative	0
Neutral	0
Mildly Negative	3
Negative	3
Total	6

Table 17 Number of documentaries assessed from the Political Documentaries category in each classification based on content

Year	Number of "Very Positive"	Number of "Mostly Positive"	Number of "Mix of Positive and Negative"	Number of "Neutral"	Number of "Mildly Negative"	Number of "Negative"	Total number
2007	0	0	0	0	1	0	1
2008	0	0	0	0	0	1	1
2009	0	0	0	0	0	0	0
2010	0	0	0	0	0	0	0
2011	0	0	0	0	2	1	3
2012	0	0	0	0	0	0	0
2013	0	0	0	0	0	0	0
2014	0	0	0	0	0	0	0
2015	0	0	0	0	0	1	1
2016	0	0	0	0	0	0	0

The tone taken by presenters and directors in the Political Documentary category is overwhelmingly Neutral or Negative, producing a 50/50 split between the two over the six documentaries analysed in this category. In many cases presenters represent China's politics as something to be wary and suspicious of, as well as highlighting corruption and injustices caused by its system. Where the tone has been considered neutral is when the presenter has simply presented the facts of a situation and allowed the content of the documentary to speak for itself, as is the case for the 2007 Documentary "*Why Democracy? Please Vote for Me*" and "*Law of the Dragon: Storyville, Mother and Son*" (BBC. 2011).

Overall documentaries in this category are generally negative, usually this is about the impact China's growing economy has had in other continents such as Africa and Latin America. However it does upon occasion cover issues within China such as the lack of social mobility perpetrated by the economic state. The overall impression given to viewers is that China's growing economy, while powerful and an incredible feat, is dangerous in the long term, damaging both Chinese citizens and other countries and that Chinese politics are corrupt and ineffective.

The content of these documentaries showed a similar pattern of suspicion toward those in authority while ordinary people in China suffered. These themes remained consistent across almost every documentary analysed in this category. The frequency and numbers of these documentaries produced each year have varied immensely with some years producing none and others as many as six creating a sporadic but consistently unfavourable view of Chinese politics and politicians.

Wanta, Golan and Lee (2004) point out, the more negative coverage a country received, the more viewers thought negatively of said nation. Following this line of argument, the coverage China has received on this topic could only damage the country's reputation. As Zhang (2010) has argued, both the public and policymakers use the media as a mapping reference in forming their perceptions and world view on international affairs, this means these documentaries have the potential to impact various areas of UK-China relations from personal reactions to President Xi, China's current ruler, to human rights negotiations as Chinese citizens are seen suffering under the bureaucracy of the Party.

Moreover, such a negative portrayal could potentially have an impact on China's international "status" (Deng, 2008). Should populations and policymakers continue to see China and Chinese governance in a negative way, or indeed perceive them to worsen, it may have an impact on China's status in the world and the recognition it is given (Ibid). This recognition and status is important as it affords China the ability to create an international environment that allows it to pursue core interests such as economic development and an increase of influence globally (Ibid). As such, negative coverage of China's government, is likely to impact the country's ability to pursue many of its core interests (Ibid).

While the BBC documentaries in this category have been overwhelmingly negative across all aspects of Chinese governance covered, they are quite sporadic in their frequency and perhaps not consistent or numerous enough to play a large role in reducing China's status in the UK's collective perception; however these documentaries appear to sit in line with a great deal of other media in the UK reporting on Chinese politics, which may have a striking effect should a policy or decision maker frequently view this type of media and utilise it to form their worldview as it may have a personal impact on their perceptions and impact policy decisions and actions toward China as a whole (Zhang. 2010).

Results Analysis: Economic Documentaries

Within this section we analyse our sample documentaries that fit within the Economic Documentaries Category. We then work on the implications this may have upon the viewing public's perceptions of China as well as specific areas affected.

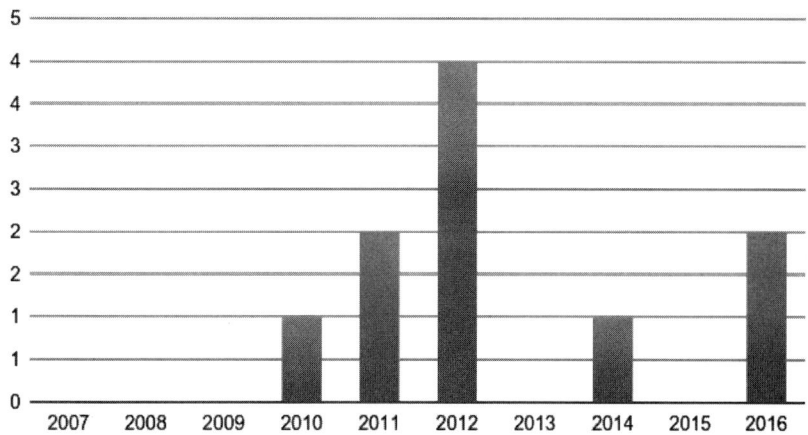

Figure 12　Number of Chinese business and economic documentaries between 2007 and 2016

Table 18　Number of Chinese Economic Documentaries during this period

Year	Number
2007	0
2008	0
2009	0
2010	1
2011	2
2012	4
2013	0
2014	1
2015	0
2016	2
Total	10

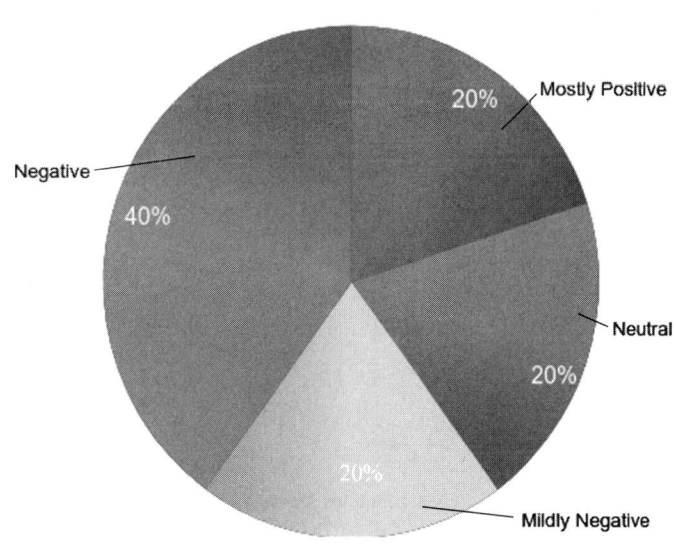

Figure 13　Tone in the Economic Documentary Category

Table 19　Number of documentaries analysed in this category placed in each classification

Tone	Number
Very Positive	0
Mostly Positive	1
Mix of Positive and Negative	0
Neutral	1
Mildly Negative	1
Negative	2
Total	5

Table 20　Number of documentaries from the Economic Documentary category in each classification based on tone

Year	Number of "Very Positive"	Number of "Mostly Positive"	Number of "Mix of Positive and Negative"	Number of "Neutral" in tone	Number of "Mildly Negative"	Number of "Negative"	Total number
2007	0	0	0	0	0	0	0
2008	0	0	0	0	0	0	0
2009	0	0	0	0	0	0	0
2010	0	0	0	1	0	0	1
2011	0	0	0	0	0	1	1
2012	0	1	0	0	1	0	2
2013	0	0	0	0	0	0	0
2014	0	0	0	0	0	0	0
2015	0	0	0	0	0	0	0
2016	0	0	0	0	0	1	1

Content

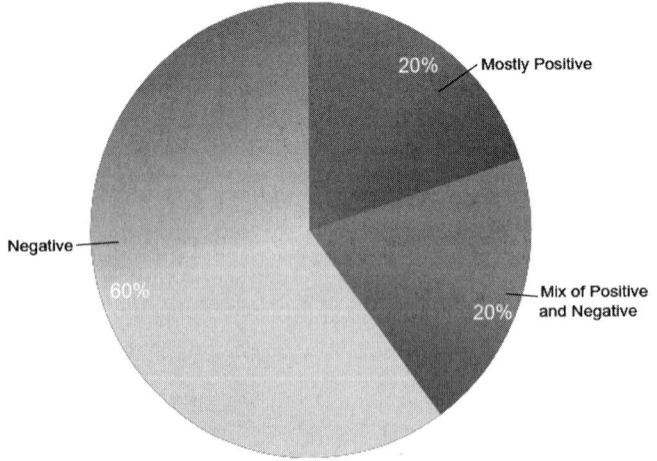

Figure 14　Content in the Economics Documentary Category

Table 21　Number of documentaries analysed in this category placed in each classification

Content Rating	Number
Very Positive	0
Mostly Positive	1
Mix of Positive and Negative	1
Neutral	0
Mildly Negative	0
Negative	3
Total	5

Table 22 Number of documentaries assessed from the Economic Documentaries category in each classification based on content

Year	Number of "Very Positive"	Number of "Mostly Positive"	Number of "Mix of Positive and Negative"	Number of "Neutral"	Number of "Mildly Negative"	Number of "Negative"	Total number
2007	0	0	0	0	0	0	0
2008	0	0	0	0	0	0	0
2009	0	0	0	0	0	0	0
2010	0	0	1	0	0	0	1
2011	0	0	0	0	0	1	1
2012	0	1	0	0	0	1	2
2013	0	0	0	0	0	0	0
2014	0	0	0	0	0	0	0
2015	0	0	0	0	0	0	0
2016	0	0	0	0	0	1	1

The Economic Documentaries category focuses on more controversial topics, and as such, also portrays a more negative view of China. While at times the coverage on the Chinese economy in these documentaries has swayed to the positive, notably in 2012 with the Documentary series China on Four Wheels (2012), overall during the period the coverage was monitored, it has remained negative in its reporting of Chinese economy. Overall, common themes explored in this category of documentaries focused on China's growing economy, that while powerful, is dangerous in the long term, damaging to both Chinese citizens and other countries' natural resources and local populations. Curiously, coverage on this category did not begin until 2010.

While these documentaries often focused on negative results of China's booming economy, they were not critical of China as a place to do business. Indeed, often while condemning the impact the growth in economy has had, presenters would talk of China as a place of increasing growth where businesses succeed. Thus while the impact of the growing economy was presented as morally reprehensible, the perceptions of China as a safe place to do business were not necessarily negatively impacted. In addition, individual Chinese actors in the documentaries were shown to be hardworking and efficient, making China seem if not an ideal place to do business, then not necessarily a bad option, if one could excuse the moral implications. As previously mentioned, representations of China as a safe business environment are vital for foreign companies to invest as a great deal of risk is involved (Fan et al. 2009). Thus while the documentaries analysed in this category are overall quite negative, they may not necessarily have a negative impact on those wishing to do business in China as it has been portrayed as a relatively safe environment, one which has had an impact around the world, but also one that is economically thriving and exporting across the globe; something that potential investors are likely to bear in mind.

However, while these documentaries do often on some level, signal China as a safe place to conduct business, they also show, at the foreground, the human and environmental cost of the growth of the Chinese economy. This may in turn impact the general public's perceptions of Chinese businesses and goods as morally questionable and of poor quality. As scholars such as Yoon, Gürhan-Canli & Schwarz (2006) argue, a variety of research throughout many years has shown that consumers across the world are willing to give incentives to corporations that show themselves to be socially responsible. The documentaries in this category focus on the lack of social environment and legal responsibility Chinese companies have taken when trading worldwide, potentially having a negative impact on the amount of trade that China does with the UK as citizens increasingly become educated on Chinese business practices and perceive them and their products to be irresponsible.

The documentaries in this category, while small in number have the potential to play a role in impacting the relationship between the UK and China in terms of business links. On the one hand, China is portrayed as an efficient place to invest and to business as its economy thrives; This is likely to appeal to the business community on one level as it is signalled to be a safe place to invest and trade. On the other hand, the documentaries show Chinese businesses to lack corporate social responsibility and cause adverse effects to the environment and the lives of others across the globe. Should the content of these documentaries mirror and support the attitudes of other media on this topic, as it appears to, this creates the possibility for a rather strange situation whereby the business community potentially shows more interest in investing in China, while the general population reacts negatively to the perceptions of Chinese corporations shown in the media and attempts to avoid awarding such actions by seeking other companies to purchase from, potentially reducing the amount of goods exported from China to the UK.

Concluding Remarks

We have assessed the types of messages the UK public has been receiving on China through these documentaries over the past ten years, the effect this may have upon the perceptions of the population and the implications.

We found the message in the media to be somewhat mixed with a great deal of positive and negative media available. While there was a mixture of positive and negative media, each of the main four categories assessed clearly swayed toward one or another; the Cultural and Slice of Life as well as the Historical Documentaries are overwhelmingly positive, while in the case of the Political and Economic category, the tone was much more negative. Each category also repeated key themes, rarely changing from year to year, arguing that China has a rich cultural heritage; that it is one of oldest civilizations in the world, troubled by recent times; that its corruption and lumbering political system are dangerous to its civilians; that China's impressive economic growth spells danger to the rest of the world. Such messages have stayed constant over the period studied, as has their tone, with no category slipping from overall positive to overall negative or visa versa. Thus the UK public has been receiving a relatively consistent message from these four categories over the past ten years: Chinese culture, lifestyle and history are to be viewed positively, Chinese politics and its growing economy are a threat.

This study looks at a small section of a greater media body that may influence a great deal over coming years, and while this study is small, it does allow one to start examining and speculating upon the role of the media in various aspects of UK-China perspectives. We have shown the potential for an impact on areas from a change in personal beliefs and perceptions, to potentially a change in consumer habits and perhaps even the potential for governments themselves to be impacted by the media we view. It seems apparent that the media can impact our lives on almost every level and the better we, as scholars, understand that impact, the better we may predict social, business and indeed political outcomes.

Bibliography:

Why democracy? Please vote for me [EB/OL]. (2007-10-10) [2017-03-13]. https://learningonscreen.ac.uk/ondemand/index.php/prog/0071C26C.

China's capitalist revolution [EB/OL]. (2009-06-20) [2017-06-28]. https://learningonscreen.ac.uk/ondemand/index.php/prog/0103BCB6.

Law of the dragon: storyville, mother and son [EB/OL]. (2011-09-28) [2017-03-21]. https://learningonscreen.ac.uk/ondemand/index.php/prog/01CC700A.

Law of the dragon: storyville, love thy neighbour [EB/OL]. (2011-09-15) [2017-03-21]. https://learningonscreen.ac.uk/ondemand/index.php/prog/01F86942.

China on four wheels [EB/OL]. (2011-09-09) [2017-03-22]. https://learningonscreen.ac.uk/ondemand/index.php/prog/02CB9674.

Desperate for love: secrets of China [EB/OL]. (2015-09-02) [2017-03-23]. https://learningonscreen.ac.uk/ondemand/index.php/prog/0ABB021C.

GROOSE D T, DOUGLAS T, MCGOLPHIN D, ROBINS P. Broadcasters' audience research board: the viewing report [EB/OL]. (2016-04) [2017-04-06]. http://www.barb.co.uk/download/?file=/wp-content/uploads/2016/04/BARB-Viewing-Report-2016.pdf.

DENG Y. China's struggle for status: the realignment of international relations [M]. Cambridge: Cambridge University Press, 2008.

DINNIE K. Nation branding: concepts, issues, practice [M]. London: Routledge, 2015.

FAN, et al.. Institutions and foreign direct investment: China versus the rest of the world [J]. World development, elsevier. 2009, 37(4): 852-865.

GILL B, HUANG Y. Sources and limits of Chinese "soft power" [J]. Survival: global politics and strategy, 2006, 48(2): 17-42.

gov.co.uk. The BBC [EB/OL]. [2017-07-28]. https://www.gov.uk/government/organisations/bbc.

HERRON C, DUBREIL B, CORRIE C, COLE S P. A classroom investigation: can video improve intermediate-level french language students' ability to learn about a foreign culture? [J]. The modern language journal, 2002, 86(1): 36－53.

KIOUSIS S,WU X. International agenda-building and agenda-setting:exploring the influence of public relations counsel on US news media and public perceptions of foreign nations[J].International communication gazette,2008,70(1):58-75.

LI M.Soft power:China's emerging strategy in international politics[M].Plymouth: Lexington Books,2009.

MCCOMBS M. Setting the agenda:mass media and public opinion:2nd ed[M].Cambridge: Polity Press,2014.

NYE J S.Soft power:the means to success in world politics[M].New York: PublicAffairs,2004.

SOROKA S N.Media,public opinion, and foreign policy[J].The international journal of press/ politics,2003,8(1):27-48.

BELLE V D A,et al..Media,bureaucracies, and foreign aid:a comparative analysis of the United States, the United Kingdom, Canada, France and Japan[M].New York: Palgrave Macmillan,2004.

VASTERMAN P L M.Media-hype:self-reinforcing news waves,journalistic standards and the construction of social problems[J].European journal of communication,2005,20(4):508-530.

VUKOVICH D F. China and orientalism:western knowledge production and the PRC[M]. Oxon:Routledge,2012.

WANTA W, GOLAN G, LEE C. Agenda setting and international news:media influence on public perceptions of foreign nations[J].Journalism and mass communication quarterly,2007,81(2): 364-377.

YOON Y, GÜRHAN-CANLI Z, SCHWARZ N. The effect of corporate social responsibility (CSR) activities on companies with bad reputations[J].Journal of consumer psychology,2006,16 (4):377-390.

ZHANG L.The rise of China:media perception and implications for international politics[J]. Journal of contemporary China,2010,19(64):233-254.

Appendix:list of BBC documentaries on China in date order children of the Chinese circus: storyville[EB/OL].(2007-08-15)[2017-03-12].https://learningonscreen.ac.uk/ondemand/index. php/prog/006B576E.

China's terracotta army[EB/OL].(2007-09-15)[2017-03-12].https://learningonscreen.ac.uk/ ondemand/index.php/prog/00706764.

Why democracy? Please vote for me [EB/OL]. (2007-10-10) [2017-03-13]. https:// learningonscreen.ac.uk/ondemand/index.php/prog/0071C26C.

China close Up 1—6,[EB/OL].(2007-11-20)[2017-06-28].https://learningonscreen.ac.uk/ ondemand/index.php/prog/00751F6A.

Real Chinese 1—10,[EB/OL].(2007-11-20)[2017-06-28]. https://learningonscreen.ac.uk/ondemand/index.php/prog/004C436D.

Xiao's long march[EB/OL].(2007-11-27)[2017-03-13]. https://learningonscreen.ac.uk/ondemand/index.php/prog/001D1A35.

Around the world in 80 days, oriental express[EB/OL].(2007-12-28)[2017-06-28]. https://learningonscreen.ac.uk/ondemand/index.php/prog/00008693.

Extreme pilgrim, China, the Mountain [EB/OL].(2008-01-04)[2017-03-14]. https://learningonscreen.ac.uk/ondemand/index.php/prog/00795D3A.

What the ancients did for Us, the Chinese[EB/OL].(2008-01-30)[2017-03-13]. https://learningonscreen.ac.uk/ondemand/index.php/prog/005125D2.

A year in Tibet, the visit[EB/OL].(2008-03-06)[2017-03-14]. https://learningonscreen.ac.uk/ondemand/index.php/prog/008049A2.

A year in Tibet, three husbands and a wedding[EB/OL].(2008-03-14)[2017-03-14]. https://learningonscreen.ac.uk/ondemand/index.php/prog/008117D0.

A year in Tibet, faith, hope and charity [EB/OL].(2008-03-20)[2017-03-14]. https://learningonscreen.ac.uk/ondemand/index.php/prog/0085F499.

A year in Tibet, monks behaving badly [EB/OL].(2008-03-27)[2017-03-14]. https://learningonscreen.ac.uk/ondemand/index.php/prog/00876548.

A year in Tibet, a tale of three monks [EB/OL].(2008-03-04)[2017-03-14]. https://learningonscreen.ac.uk/ondemand/index.php/prog/008898A9.

Chinese school, the year of the golden pig[EB/OL].(2008-04-08)[2017-03-14]. https://learningonscreen.ac.uk/ondemand/index.php/prog/008A8BF8.

Chinese school, young pioneers[EB/OL].(2008-04-15)[2017-03-14]. https://learningonscreen.ac.uk/ondemand/index.php/prog/008B8A79.

Chinese school, hard beginnings, [EB/OL].(2008-04-24)[2017-03-14]. https://learningonscreen.ac.uk/ondemand/index.php/prog/008D112F.

Chinese school, Olympic fever[EB/OL].(2008-01-05)[2017-03-14]. https://learningonscreen.ac.uk/ondemand/index.php/prog/008EBD5E.

Chinese school, loved ones[EB/OL].(2008-05-08)[2017-03-14]. https://learningonscreen.ac.uk/ondemand/index.php/prog/008FEB1C.

Wild China, heart of the dragon[EB/OL].(2008-05-11)[2017-03-14]. https://learningonscreen.ac.uk/ondemand/index.php/prog/0092E7D6.

Wild China, Shangri-La[EB/OL].(2017-02-23)[2017-03-14]. https://learningonscreen.ac.uk/

ondemand/index.php/prog/0B67144E.

Wild China, Tibet[EB/OL].(2008-05-25)[2017-03-14].https://learningonscreen.ac.uk/ondemand/index.php/prog/00996F82.

Wild China, beyond the Great Wall,[EB/OL].(2008-06-01)[2017-03-14].https://learningonscreen.ac.uk/ondemand/index.php/prog/009A930E.

Wild China, land of the panda[EB/OL].(2008-06-08)[2017-03-14].https://learningonscreen.ac.uk/ondemand/index.php/prog/009C6478.

Wild China, tides of change[EB/OL].(2008-06-15)[2017-03-14].https://learningonscreen.ac.uk/ondemand/index.php/prog/0098D485.

The biggest Chinese restaurant in the world:storyville,enterprise[EB/OL].(2008-05-27)[2017-04-01].https://learningonscreen.ac.uk/ondemand/index.php/prog/00998CA1.

The biggest Chinese restaurant in the world:storyville, a good match[EB/OL].(2008-06-03)[2017-04-01].https://learningonscreen.ac.uk/ondemand/index.php/prog/009A4F6C.

The biggest Chinese restaurant in the world:storyville, family duties[EB/OL].(2008-06-10)[2017-04-01].https://learningonscreen.ac.uk/ondemand/index.php/prog/009B84FA.

The biggest Chinese restaurant in the world:storyville, bright future[EB/OL].(2008-06-17)[2017-04-01].https://learningonscreen.ac.uk/ondemand/index.php/prog/009D4A8E.

Panorama, China's secret war[EB/OL].(2008-07-14)[2017-04-06].https://learningonscreen.ac.uk/ondemand/index.php/prog/00A4152F.

The culture show goes to China[EB/OL].(2008-08-04)[2017-04-06].https://learningonscreen.ac.uk/ondemand/index.php/prog/00A853ED.

Panorama[EB/OL].(2008-08-04)[2017-04-06].https://learningonscreen.ac.uk/ondemand/index.php/prog/00A77D52.

China stories, Xiao Dweand Jiang Fen Gui[EB/OL].(2008-09-15)[2017-04-06].https://learningonscreen.ac.uk/ondemand/index.php/prog/00B0E9BF.

China stories, Dr Hao and Tian Tian[EB/OL].(2008-09-22)[2017-04-06].https://learningonscreen.ac.uk/ondemand/index.php/prog/00B2A29D.

Timewatch—the boxer rebellion[EB/OL].(2008-10-11)[2017-04-06].https://learningonscreen.ac.uk/ondemand/index.php/prog/00B87F05.

Being Chinese[EB/OL].(2009-03-17)[2017-06-28].https://learningonscreen.ac.uk/ondemand/index.php/prog/00E54F13 (28 Jun 2017)

Kate Adie returns to Tiananmen Square[EB/OL].(2009-06-03)[2017-06-28].https://learningonscreen.ac.uk/ondemand/index.php/prog/00FE38BB.

China's capitalist revolution[EB/OL].(2009-06-20)[2017-06-28].https://learningonscreen.ac.uk/ondemand/index.php/prog/0103BCB6.

China stories,director Feng and Yang Xi Wen[EB/OL].(2009-10-16)[2017-06-28].https://learningonscreen.ac.uk/ondemand/index.php/prog/011F0332.

China stories,Cao Fei,Tong Yan and Liu Hong Liang[EB/OL].(2009-10-23)[2017-06-28].https://learningonscreen.ac.uk/ondemand/index.php/prog/0120F36D.

Getting our way,prosperity,[EB/OL].(2010-02-22)[2017-06-28].https://learningonscreen.ac.uk/ondemand/index.php/prog/01442757.

When China met Africa:storyville[EB/OL].(2010-06-21)[2017-06-28].https://learningonscreen.ac.uk/ondemand/index.php/prog/015E1922.

ShanghaweTales,children of the Chinese circus[EB/OL].(2010-07-01)[2017-06-28].https://learningonscreen.ac.uk/ondemand/index.php/prog/016007F7.

ShanghaweTales,all about my friends[EB/OL].(2010-07-08)[2017-06-28].https://learningonscreen.ac.uk/ondemand/index.php/prog/015F2ADE.

ShanghaweTales,first period—The war of growing up[EB/OL].(2010-07-15)[2017-06-28].https://learningonscreen.ac.uk/ondemand/index.php/prog/01615EEC.

Marriage Chinese style—When my child is born:storyville[EB/OL].(2010-09-06)[2017-06-28].https://learningonscreen.ac.uk/ondemand/index.php/prog/0169C8C3.

Imagine…,AweWeiwewe—Without fear or favour[EB/OL].(2015-09-27)[2017-06-28].https://learningonscreen.ac.uk/ondemand/index.php/prog/0B039119.

Natural world special:panda makers,panda pakers[EB/OL].(2010-12-07)[2017-06-28].https://learningonscreen.ac.uk/ondemand/index.php/prog/018580DC.

The Chinese are coming[EB/OL].(2011-02-10)[2017-03-21].https://learningonscreen.ac.uk/ondemand/index.php/prog/01A0CD63

The Chinese are coming[EB/OL].(2011-02-15)[2017-03-21].https://learningonscreen.ac.uk/ondemand/index.php/prog/01A3D481.

China's bleak house:storyville[EB/OL].(2011-04-05)[2017-06-28].https://learningonscreen.ac.uk/ondemand/index.php/prog/01B68717 (28 Jun 2017)

Treasures of Chinese porcelain[EB/OL].(2011-10-11)[2017-03-21].https://learningonscreen.ac.uk/ondemand/index.php/prog/0206967B.

Law of the dragon:storyville,husband and wife[EB/OL].(2011-09-07)[2017-03-21].https://learningonscreen.ac.uk/ondemand/index.php/prog/01CBB5AF.

Law of the dragon:storyville,love thy neighbour[EB/OL].(2011-09-15)[2017-03-21].https://

learningonscreen.ac.uk/ondemand/index.php/prog/01F86942.

Law of the dragon: storyville, death of an only child[EB/OL]. (2011-09-21)[2017-03-21]. https://learningonscreen.ac.uk/ondemand/index.php/prog/01CC6FE9.

Law of the dragon: storyville, mother and son[EB/OL]. (2011-09-28)[2017-03-21]. https://learningonscreen.ac.uk/ondemand/index.php/prog/01CC700A.

Meet britain's Chinese tiger mums: a wonderland film[EB/OL]. (2012-01-05)[2017-03-22]. https://learningonscreen.ac.uk/ondemand/index.php/prog/023768B6.

Cash in China's attic: a culture show special[EB/OL]. (2012-01-27)[2017-03-22]. https://learningonscreen.ac.uk/ondemand/index.php/prog/0246B3FF.

This world: the fastest changing place on earth[EB/OL]. (2012-03-05)[2017-03-22]. https://learningonscreen.ac.uk/ondemand/index.php/prog/0261E1B4.

Wild about pandas[EB/OL]. (2012-02-10)[2017-03-22]. https://learningonscreen.ac.uk/ondemand/index.php/prog/02487378.

Blindsight: storyville, [EB/OL]. (2012-03-12)[2017-03-22]. https://learningonscreen.ac.uk/ondemand/index.php/prog/00FE9748.

This world: interviews before execution[EB/OL]. (2012-03-12)[2017-03-22]. https://learningonscreen.ac.uk/ondemand/index.php/prog/026E7282.

China close up, image is everything[EB/OL]. (2012-06-08)[2017-03-22]. https://learningonscreen.ac.uk/ondemand/index.php/prog/02A22929.

China close up, mama Chen's printing press[EB/OL]. (2012-06-08)[2017-03-22]. https://learningonscreen.ac.uk/ondemand/index.php/prog/02A229F5.

China close up, to mountains far away[EB/OL]. (2012-06-08)[2017-03-22]. https://learningonscreen.ac.uk/ondemand/index.php/prog/02A22A6F.

China close up, forever Shanghai[EB/OL]. (2012-06-08)[2017-03-22]. https://learningonscreen.ac.uk/ondemand/index.php/prog/02A22BE3.

China close up, the people's diva[EB/OL]. (2012-06-08)[2017-03-22]. https://learningonscreen.ac.uk/ondemand/index.php/prog/02A2298B.

China close up, monkey man[EB/OL]. (2012-06-08)[2017-03-22]. https://learningonscreen.ac.uk/ondemand/index.php/prog/02A22A94.

Exploring China: a culinary adventure[EB/OL]. (2012-08-05)[2017-03-22]. https://learningonscreen.ac.uk/ondemand/index.php/prog/02BF07BB.

Exploring China: a culinary adventure[EB/OL]. (2012-08-12)[2017-03-22]. https://learningonscreen.ac.uk/ondemand/index.php/prog/02C18F41.

Exploring China: a culinary adventure [EB/OL]. (2012-08-19) [2017-03-22]. https://learningonscreen.ac.uk/ondemand/index.php/prog/02C4250C.

Exploring China: a culinary adventure [EB/OL]. (2012-08-26) [2017-03-22]. https://learningonscreen.ac.uk/ondemand/index.php/prog/02C70953.

China on four wheels [EB/OL]. (2012-09-09) [2017-03-22]. https://learningonscreen.ac.uk/ondemand/index.php/prog/02CB9674.

China on four wheels [EB/OL]. (2012-09-16) [2017-03-22]. https://learningonscreen.ac.uk/ondemand/index.php/prog/02CDA080.

In my shoes: China, China [EB/OL]. (2012-03-30) [2017-06-29]. https://learningonscreen.ac.uk/ondemand/index.php/prog/02708F47.

imagine... Do or Die: Lang Lang's story [EB/OL]. (2012-11-12) [2017-03-22]. https://learningonscreen.ac.uk/ondemand/index.php/prog/02DC2EE1.

In my shoes: China, China [EB/OL]. (2012-11-13) [2017-03-22]. https://learningonscreen.ac.uk/ondemand/index.php/prog/02708F47.

Addicted to pleasure, opium [EB/OL]. (2012-12-03) [2017-03-22]. https://learningonscreen.ac.uk/ondemand/index.php/prog/02DF96CA.

Why poverty?: China's ant people [EB/OL]. (2012-12-05) [2017-03-22]. https://learningonscreen.ac.uk/ondemand/index.php/prog/02DF9526.

Lang Lang: the art of being a virtuoso [EB/OL]. (2012-01-11) [2017-03-22]. https://learningonscreen.ac.uk/ondemand/index.php/prog/02D7BA99.

In my shoes plus: China [EB/OL]. (2013-03-07) [2017-06-29]. https://learningonscreen.ac.uk/ondemand/index.php/prog/02FC3A41.

China in six easy pieces [EB/OL]. (2013-07-09) [2017-06-29]. https://learningonscreen.ac.uk/ondemand/index.php/prog/057D9CF3.

China in six easy pieces, [EB/OL]. (2013-07-10) [2017-03-22]. https://learningonscreen.ac.uk/ondemand/index.php/prog/0580A38C (22 Mar 2017)

In my shoes plus: China [EB/OL]. (2013-06-19) [2017-06-29]. https://learningonscreen.ac.uk/ondemand/index.php/prog/02FC3A41.

The culture show, the art of Chinese painting [EB/OL]. (2013-10-23) [2017-06-29]. https://learningonscreen.ac.uk/ondemand/index.php/prog/05DC961B.

How China fooled the world—with robert peston [EB/OL]. (2014-02-18) [2017-03-23]. https://learningonscreen.ac.uk/ondemand/index.php/prog/069E6B16.

A hundred million musicians: China's classical challenge [EB/OL]. (2014-07-27) [2017-03-23].

https://learningonscreen.ac.uk/ondemand/index.php/prog/076FBEA7.

Art of China[EB/OL].(2014-07-31)[2017-03-23].https://learningonscreen.ac.uk/ondemand/index.php/prog/077655E0.

Art of China[EB/OL].(2014-08-06)[2017-03-23].https://learningonscreen.ac.uk/ondemand/index.php/prog/077941FA.

Art of China[EB/OL].(2014-08-13)[2017-03-23].https://learningonscreen.ac.uk/ondemand/index.php/prog/0782EEFE.

Storyville:web junkies—China's addicted teens[EB/OL].(2014-09-15)[2017-03-23].https://learningonscreen.ac.uk/ondemand/index.php/prog/07AEA2EE.

Sacred rivers with Simon Reeve, the yangtze[EB/OL].(2014-10-19)[2017-06-29].https://learningonscreen.ac.uk/ondemand/index.php/prog/07E689C7.

The mekong river with sue perkins[EB/OL].(2014-11-23)[2017-03-23].https://learningonscreen.ac.uk/ondemand/index.php/prog/0833D3FA (23 Mar 2017)

The Hairy Bikers' asian adventure, Hong Kong[EB/OL].(2014-12-27)[2017-03-23].https://learningonscreen.ac.uk/ondemand/index.php/prog/06968562 (23 Mar 2017)

My Chinese New Tear[EB/OL].(2015-03-01)[2017-06-29].https://learningonscreen.ac.uk/ondemand/index.php/prog/08CC7EB9.

Are our kids tough enough? Chinese school[EB/OL].(2015-08-04)[2017-03-23].https://learningonscreen.ac.uk/ondemand/index.php/prog/0A8659FD.

Are our kids tough enough? Chinese school[EB/OL].(2015-08-13)[2017-03-23].https://learningonscreen.ac.uk/ondemand/index.php/prog/0A90FE32.

Are our kids tough enough? Chinese school[EB/OL].(2015-08-18)[2017-03-23].https://learningonscreen.ac.uk/ondemand/index.php/prog/0A9F6771.

Genius of the ancient world, confucius[EB/OL].(2015-08-19)[2017-03-23].https://learningonscreen.ac.uk/ondemand/index.php/prog/0A9717F6.

Fit in or fail:secrets of China[EB/OL].(2015-08-25)[2017-03-23].https://learningonscreen.ac.uk/ondemand/index.php/prog/0AAEC2E6.

Desperate for love: secrets of China[EB/OL].(2015-09-02)[2017-03-23].https://learningonscreen.ac.uk/ondemand/index.php/prog/0ABB021C.

How to get rich: secrets of China[EB/OL].(2015-09-09)[2017-03-23].https://learningonscreen.ac.uk/ondemand/index.php/prog/0ACDBF56.

The XweFactor - Panorama[EB/OL].(2015-10-19)[2017-04-02].https://learningonscreen.ac.uk/ondemand/index.php/prog/0B38B8F8.

The story of China, silk roads and China ships[EB/OL].(2016-01-28)[2017-06-29].https://learningonscreen.ac.uk/ondemand/index.php/prog/0BE7A973.

The story of China,ancestors[EB/OL].(2016-01-21)[2017-04-02].https://learningonscreen.ac.uk/ondemand/index.php/prog/0BE5343D.

The story of China, silk roads and China ships[EB/OL].(2016-01-29)[2017-04-02].https://learningonscreen.ac.uk/ondemand/index.php/prog/0BE7A973.

The story of China, the golden age [EB/OL].(2016-02-04)[2017-04-02].https://learningonscreen.ac.uk/ondemand/index.php/prog/0BF130F1.

The story of China,the Ming[EB/OL].(2016-02-11)[2017-04-02].https://learningonscreen.ac.uk/ondemand/index.php/prog/0BFB81E1.

The story of China, the last empire [EB/OL].(2016-02-18)[2017-04-02].https://learningonscreen.ac.uk/ondemand/index.php/prog/0C04F944.

The story of China, the age of revolution[EB/OL].(2016-02-25)[2017-04-02].https://learningonscreen.ac.uk/ondemand/index.php/prog/0C0EA8B7.

Rick Stein's taste of Shanghai[EB/OL].(2016-02-08)[2017-04-02].https://learningonscreen.ac.uk/ondemand/index.php/prog/0BF975DD.

Chinese New Year:the biggest celebration on earth, Migration[EB/OL].(2016-02-14)[2017-04-02].https://learningonscreen.ac.uk/ondemand/index.php/prog/0C051197.

Chinese New Year:the biggest celebration on earth, Reunion[EB/OL].(2016-02-15)[2017-04-02].https://learningonscreen.ac.uk/ondemand/index.php/prog/0C051479.

Chinese New Year:the biggest celebration on earth, Celebration[EB/OL].(2016-02-16)[2017-04-02].https://learningonscreen.ac.uk/ondemand/index.php/prog/0C0515A6.

The great Chinese crash? With robert peston[EB/OL].(2016-02-17)[2017-04-02].https://learningonscreen.ac.uk/ondemand/index.php/prog/0BF4AA6A.

Handmade on the silk road, the weaver [EB/OL].(2016-05-04)[2017-06-29].https://learningonscreen.ac.uk/ondemand/index.php/prog/0C75F663.

The greatest tomb on earth: secrets of ancient China[EB/OL].(2016-11-12)[2017-04-02].https://learningonscreen.ac.uk/ondemand/index.php/prog/0DCA7E5A.

〔Ms Kodelia Chatfield, School of Politics and International Relations, University of Nottingham, UK; Dr Xiaoling Zhang, School of Politics and International Relations, University of Nottingham, UK〕

〔特约编辑:崔　林〕

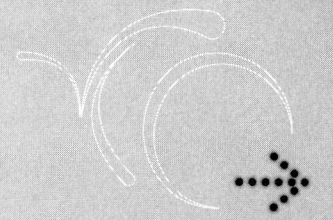

青年视点

ICANN@十字路口：IANA职能管理权移交纪实	徐培喜
情绪传播视角下的网络群体极化研究	付晓光　宋子夜
国外经由社交媒介进行健康传播研究的知识图谱	
——基于Citespace的计量分析	程飒
中国纪录片国际传播的路径探索与理念创新	李艾珂
融媒体实验室：新闻传播实践教学的创新与进路	郑志亮　吴昊
行政发布中的框架建构：北京大兴"11·18"火灾事故	
舆情视角演变引发的思考	郑丹琪

ICANN@十字路口：IANA 职能管理权移交纪实*

ICANN@Crossroads: A Record of the Transfer of IANA Functions Stewardship

◎ 徐培喜

Xu Peixi

摘要：从 2014 年 3 月 14 日美国商务部宣布计划移交 IANA 职能管理权，到 2016 年 10 月 1 日移交成功完成，美国商务部跟 ICANN 签署的合同自动失效，ICANN 向独立自主和全球化的目标迈出了关键一步。这个为期两年半的过程成为极有价值的研究样本，有助于看清各方在互联网治理这个核心问题上的博弈方式。本文第一部分描述了美国移交 IANA 职能管理权的三大背景原因，第二和第三部分各自阐述了围绕移交问题所进行的全球辩论和美国国内争议，第四部分指出后移交时代需要关注的四个问题。

关键词：美国商务部电信与信息管理局，IANA 职能管理权，移交，ICANN，多方模式

Abstract: From U.S. Department of Commerce's announcement of transferring the stewardship of IANA functions on 14 March 2014 to the realization of a successful transfer on 1 October 2016, ICANN has moved a tremendous step towards independence and globalization. This process is of great research value and is helpful to observe how different stakeholders interact on a key Internet governance topic in a sample of two and a half years. Part One of the article examines three major reasons for the transfer of stewardship. Part Two and Three describe respectively the global process and U.S. internal disputes regarding the transfer. Part Four points out four important aspects for future attention.

Keywords: NTIA, IANA Functions Stewardship, transfer, ICANN, multi-stakeholder model

---

* 本文是北京青年英才计划成果，项目号 YETP0619。

互联网治理辩论拥有多条线索，涉及多个论坛，围绕 IANA（Internet Assigned Numbers Authority）职能管理权移交和 ICANN 改革问题，各国各方进行了长达两年半的辩论，构成了一条完整线索。IANA 职能是指 IP 地址、域名/域名系统根区管理以及协议参数等技术内容。

从 2014 年 3 月 14 日美国商务部电信与信息管理局（NTIA）宣布计划移交 IANA 职能管理权，到 2016 年 3 月 10 日"全球多利益相关方社群"（Global Multi-stakeholder Community）完成移交报告，再到 2016 年 3 月 17 日和 9 月 14 日美国参众两院召开听证会，最后到 2016 年 10 月 1 日移交成功完成，整个过程一波三折，充满悬念。

交不交？何时交？立即移交？延迟移交？稍微延迟？长期延迟？这些悬念并没有随着时间的推移变得明朗，而是一直扑朔迷离，在不同的阶段以不同的方式占据着公众注意力，支持和反对移交派之间的博弈日趋激烈，直到合同即将到期的最后一天，方才云开雾散，揭晓最后答案。

这场辩论将各界都带进倒计时的语境，让人们看清了各方在网络空间政策问题上的利益所在与博弈方式，认清了互联网治理的未来走向。互联网治理议题继续不断拓展，成为涉及政治、经济、外交、军事、安全等多重属性的核心领域，关乎万亿数字经济产业，关系国家安全，影响政治稳定。

一、2014 年 3 月 14 日：美国商务部宣布移交的三大背景原因

（一）1998 年：初衷——私有化

私有化本来就是 ICANN 于 1998 年成立之时的初衷。

互联网的全球治理方式跟传统方式迥然不同。丹麦奥尔胡斯大学教授、ICANN 前董事克莱恩沃彻特（Wolfgang Kleinwachter）总结了 200 年跨境通信谈判的线索，从历史角度呈现了多边和多方治理模式的差异，认为两者属于不同的时代。他将书籍、电报、卫星电视等归入"前互联网时代"，认为在这个时代所有谈判和条约都是在政府间进行的，没有市场和民间力量的参与，是双边和多边时代；而到了"互联网时代"，则呈现出新局面，多方模式、自下而上、非政府力量是互联网技术社群的主流。[1]

---

[1] KLEINWACHTER W. 200 years of negotiation on cross-border communications[M]//Towards equity in global communications? Vincent and Nordenstreng, eds.. New York: Hampton Press, 2016: 128.

互联网的技术演进遵循独特的路径。互联网关键技术的诞生,与美国军方存在一定关联,但是民间和市场力量居功至伟。1969年,在美国军方的资助下,四台计算机实现联网;1974年,瑟夫(Vint Cerf)和卡恩(Bob Kahn)创制TCP/IP协议;20世纪80年代中期,帕斯特(Jon Postel)和莫卡派乔斯(Paul Mockpatris)发明域名系统;1991年,伯纳斯-李(Tim Berners-Lee)发明万维网。

互联网标准、代码的制定流程跟传统立法程序存在本质差异。全球互联网社群以RFCs("请求评论")这种自下而上的方式形成互联网技术标准。一旦某个机构、团体开发出了一套标准,或提出对某种标准的设想,就会以RFC的方式来征求外部意见。RFC程序在1969年发源于互联网工程任务组(IETF),至今已经形成了七千多个RFC。

美国南加州大学科学家帕斯特作为域名系统的创始人,在此领域广受尊敬。ICANN成立之前,域名系统的管理由帕斯特一人承担。帕斯特以一人之力分配了100多个国家代码顶级域(ccTLDs),以握手的方式交给他认为可靠的人管理。互联网以这种非正式的方式实现了全球扩散,在各国政府尚未做出反应之前,得到广泛普及。

IANA是"互联网数字分配机构"的简称,IANA服务曾由帕斯特独立提供。帕斯特在去世之前曾建议成立非营利机构承担他所承担的责任。1998年6月3日,美国政府接受了建议,发布了白皮书(White Paper),表示支持互联网社群自行组织起来,成立一家非营利机构,负责制定互联网技术政策,并在4个月之内向美国政府提交建议。因此便有了1998年7月互联网社群召开的"雷斯顿会议"(Reston Meeting)。ICANN民间团体社群领袖、佐治亚理工大学教授穆勒(Milton Mueller)称这次会议为"宪法时刻",将ICANN模式的缔造过程比喻为网络空间宪法的诞生。雷斯顿会议是"白皮书国际论坛"系列会议的第一场。会议的目标是"准备一个模式,一系列共同的原则,一个机制和总体条款",以此成立一家互联网名称与地址全球治理机构。参会人士中既没有外交官,也没有国会议员,只有商业、学术、技术人士。[①] ICANN机制因此诞生。

1998年12月24日,NTIA跟ICANN签署IANA职能合同,此后一直以协议方式授权ICANN管理IANA职能。美国政府从一开始便将自身定义为一个临时客串的角色。当时美国商务部发表政策陈述,承诺将最终放弃协议,移交管理权,让私有部

---

① MUELLER M.Ruling the root[M].MIT:The MIT Press,2002:1-3.

门在域名系统管理中完整承担领导作用。私有部门主导、大市场小政府历来是美国的立国之本,更是克林顿时代的经典药方。

美国政府这个客串角色持续时间太长,一直延续了16年,直到2014年3月14日,美国商务部才正式将移交问题提上全球议程,NTIA宣布计划有条件放弃监管职能。是继续更新IANA职能合同,还是让这个协议自然失效,是2014年3月14日以来IANA职能管理权移交问题的辩论焦点。

(二)2012年:倾覆点——WCIT 2012

2012年国际电信世界大会成为美国网络政策的倾覆点。

从20世纪90年代到21世纪初,随着互联网的日益普及,互联网经济有了长足的发展,并日益承载其他社会属性,各国政府开始重视互联网及其治理。因为美国政府和ICANN之间的合同关系,所有ICANN成为各国政府批评美国网络政策的着眼点和发力点。

到了2003—2005年信息社会世界峰会(WSIS)期间,互联网治理成为最突出的议题。美国做出一定的让步,承认各国对国家代码顶级域(ccTLDs)的主权,但拒绝就ICANN地位问题做出任何其他让步。ICANN地位问题悬而未决,联合国成立互联网治理论坛,让各国继续讨论互联网治理议题。

2012年12月3—14日,国际电信世界大会(WCIT)在阿联酋召开,对ICANN的地位形成了巨大威胁。世界各国公开挑战美国,互联网治理问题导致世界各国分裂为两大阵营,这是冷战之后首次发生此类情况。

国际电信世界大会讨论缔结新版《国际电信条约》,各国的分歧集中于是加强政府与政府间组织在全球互联网治理方面的作用,还是弱化它们的角色。多数发展中国家主张加强政府的作用,而多数西方国家主张削弱政府的作用,由市场力量主宰网络空间。

美国未雨绸缪。2012年8月3日,美国递交了"关于大会工作"的提案,事先警告世界各国和国际电信联盟(ITU),勿将互联网治理问题纳入新条约,尤其警告ITU不要有试图接管ICANN的任何想法。美国认为互联网产业的繁荣主要是业界和民间力量努力的结果,是市场力量主导的结果,政府在其中扮演的角色有限,如果将ICANN的职能转移到ITU这个政府间国际组织,那将扩大政府的力量,破坏互联网的本质特点。

美国在提案中警告道:"……互联网已发展成为一种在独立环境中运行的网络,这种环境超出了《国际电信条约》和国际电信联盟的范围……互联网是分散的网络之网络,在不需要任何国际监管机制的情况下实现了全球互联……美国不支持任何旨在加大对互联网管理和内容控制的提案。不管任何人和国家,如果要扩大《国际电信条约》范围,试图借此赋予相关方面权力,对互联网内容进行审查,阻碍信息自由流动,那么美国都将积极反对。"[①]

俄罗斯针锋相对。2012年11月3日,俄罗斯提交提案,要求在新版《国际电信条约》中全面增加关于互联网治理的核心内容,用ITU架空ICANN在互联网治理上的作用。俄罗斯提案直接要求新条约涵盖ICANN的核心职能,其提案指出:"互联网寻址和命名系统是一个确保地址和名称的分配、指定和分布的组织性技术基础设施,同时也要维护各种数据库,以确保它们之间具有一致性……因此,地址和名称属于互联网关键资源,所以,寻址和命名系统是一套管理互联网关键资源的系统。"[②]

新版《国际电信条约》的14个正式条款丝毫没有体现俄罗斯提案,只字未提"互联网"这个美国心目中的禁忌词。但作为一个妥协方案,国际电信世界大会起草了"培育有利环境,实现互联网更大发展"的决议草案,要求各成员国在国际电信联盟的多个论坛,阐明其在ITU职权内的与国际互联网相关的技术、发展和公共政策问题上的立场。

决议草案邀请ITU在互联网治理领域发挥自己的作用,正是针对这个决议草案的表决过程分裂了大会。美国与其铁杆盟友加拿大、澳大利亚等风声鹤唳,不允许在条约中出现任何关于互联网治理的内容,强烈要求删除该决议草案。

针对该草案的去留,出现了中国等89个国家签署新条约,而美国等55个国家拒绝签署的分裂局面。这次会议成为美国单边主义互联网政策的倾覆点。美国意识到仅靠自己已经难以单枪匹马地主导互联网事务,必须改变此前的单边主义的做法,安抚各国各方,尤其是中间的摇摆国家。

(三)2013年:加速器——斯诺登泄密事件

2013年斯诺登泄密事件造成了以ICANN为代表的互联网技术社群和美国政府之间的矛盾,加深了美国信息技术产业界和美国安全部门之间的裂痕,加速了IANA职能管理权的移交。这些矛盾和裂痕主要体现在美国九家信息技术公司和十大互联网组织各自发表的声明中。

[①] 国际电信世界大会筹备文件,文件9-C,2012年8月3日。
[②] 国际电信世界大会筹备文件,文件27-C,2012年11月3日。

2013年6月5—6日,美国国家安全局(NSA)前雇员斯诺登(Edward Snowden)通过《华盛顿邮报》和英国《卫报》曝光美国"棱镜"项目和"上游"项目。这是美国政府情报部门收集通信情报的两种方式。棱镜项目(PRISM)是指"从美国服务提供商的服务器上直接收集情报",涉及"微软、雅虎、谷歌、脸书、PalTalk、美国在线、Skype、YouTube以及苹果"九家信息技术公司。跟"棱镜"项目有关的幻灯片上大都标记了这九家公司的名字。"上游"项目(Upstream)是指"从数据流经的光缆和基础设施上收集情报"。

美国国家安全局对全球互联网基础设施进行肆无忌惮的监控,严重损害了美国信息技术产业界的利益,引爆了两者矛盾。信息技术产业界要求美国政府全面整顿监控体系,并且"率先垂范",限制政府在网络空间的行为,带动其他国家政府做出类似的举动。

美国信息产业界的首要担忧是,各国政府以斯诺登泄密事件为由开展数据本土化,这会极大增加美国信息产业的全球运营成本。2013年12月9日,美国九家信息技术公司签署给美国总统和国会议员的公开信,敦促美国政府做出表率,改革监控体系,确保监控活动获得严格法律限制,监控行为不能超过风险所需,保证公开透明,并接受独立监管。①

以ICANN为代表的互联网技术社群做出反应的时间比美国信息技术产业界早两个月。2013年10月7日,十家互联网组织在乌拉圭首都发表《蒙得维的亚声明》,表达对互联网未来合作的看法。在这十家互联网组织中,有一半是主要技术组织,另一半是地区互联网注册管理机构(RIRs)。

五家主要技术组织及其领导者包括:(1)互联网名称与数字地址分配机构(ICANN)总裁兼首席执行官法迪(Fadi Chehadé);(2)互联网工程任务组(IETF)主席阿尔科(Jari Arkko);(3)互联网协会(ISOC)总裁兼首席执行官阿穆尔(Lynn St. Amour);(4)互联网架构委员会(IAB)主席豪斯利(Russ Housley);(5)万维网联盟(W3C)首席执行官贾菲(Jeff Jaffe)。

五家地区互联网注册管理机构及其领导者包括:(1)非洲互联网络信息中心(AfriNIC)首席执行官阿普洛冈(Adiel A. Akplogan);(2)美国互联网号码注册局(ARIN)首席执行官柯伦(John Curran);(3)亚太互联网络信息中心(APNIC)总干事威尔逊(Paul Wilson);(4)拉丁美洲和加勒比海地区互联网地址注册局(LACNIC)首

---

① https://www.reformgovernmentsurveillance.com.

席执行官艾彻维利亚(Raúl Echeberría);(5)欧洲网络协调中心(RIPE NCC)总经理帕夫利克(Axel Pawlik)。

十位负责全球互联网基础设施协调的领导者表示,互联网和万维网为全球社会和经济发展带来了巨大福祉,两者的建立和治理符合公共利益,独特的全球多利益相关方互联网合作机制是它们取得成功的内在原因。他们明确表示,互联网各利益主体当下面临新的挑战,需要采取实质的行动,继续加强和改善这些机制。十位负责人主要强调四方面内容:

(1)强调全球互联网流畅运营的重要性,警惕互联网在国家层面上发生分裂的可能性,表示近期曝光的大规模监控行为动摇了互联网用户的信任和信心,并对此表达深切担忧;

(2)表示需要继续应对互联网治理的挑战,一致同意要促进社群的共同努力,推动全球多利益相关方互联网合作的进步。

(3)号召加快互联网名称与数字地址分配机构(ICANN)和互联网号码分配机构(IANA)的全球化进程,建立所有利益相关方,包括各国政府,均能平等参与的平台环境。

(4)号召继续将向IPv6迁移作为全球首要任务。要求互联网内容提供商必须同时提供适用于IPv4和IPv6服务的内容,使这些内容能够在全球互联网上得到访问。①

在这四方面内容中,第(1)条明确点名斯诺登泄密事件,第(2)条强调多方机制的重要性,第(3)条直接提出了IANA职能管理权的移交问题,第(4)条强调向Ipv6的迁移问题。

2012年国际电信世界大会和2013年斯诺登泄密事件具有分水岭的性质,煮沸了互联网治理和网络安全这锅水,成为美国商务部NTIA移交决策的催化剂。加之美国政府1998年本来就有私有化IANA的初衷,2014年3月14日,NTIA最终宣布将放弃互联网关键职能的管理权,准备将其移交给"全球多利益相关方社群"。

NTIA要求ICANN制订移交计划,设定了四个移交条件:(1)要支持并强化多利益相关方模式;(2)要确保互联网域名系统的安全性、稳定性和灵活性;(3)要满足IANA所服务的全球用户和合作伙伴的需求和期望;(4)要保持互联网的开放性。NTIA尤其强调,移交计划要强化多利益相关方模式,不能以政府间组织或政府领导

---

① https://www.icann.org/news/announcement-2013-10-07-en.

的组织取代当前 NTIA 扮演的角色。①

二、2016 年 3 月 10 日:"全球多利益相关方社群"完成移交方案

2016 年 3 月 10 日,全球多利益相关方社群完成了移交建议。移交建议由两部分组成:《IANA 管理权移交方案》和《加强 ICANN 问责制的建议》。前者由"IANA 管理权移交协调小组"(以下简称"管理权小组")起草,后者由"加强 ICANN 问责制跨社群工作组"(以下简称"问责制工作组")起草。

(一)管理权小组和问责制工作组两个起草小组的流程和建议

从 2014 年 3 月 14 日到 2016 年 3 月 10 日,各国各方对此进行了为期两年的辩论,最终向 NTIA 提交了由管理权小组起草的《IANA 管理权移交方案》和由问责制工作组起草的《加强 ICANN 问责制的建议》。

1.管理权小组

对于管理权小组来说,这个为期两年的流程涉及"NTIA-ICANN-ICG-OC"四道程序,即从美国商务部电信与信息管理局,到互联网名称与数字地址分配机构,再到管理权小组,最后到运营社群。

首先,NTIA 要求 ICANN 召集全球各个利益相关方提出移交计划。为了满足 NTIA 的移交条件,ICANN 协调 13 个社群,由各个社群选出自己的代表,共产生 30 名代表,成立了管理权小组。例如,政府咨询委员会(GAC)选出了 5 位代表,国家和地区代码名称支持组织(ccNSO)选出了 4 位代表,通用域名支持组织(GNSO)选出了 3 位代表,互联网工程任务组(IETF)选出了 2 位代表。中国 CNNIC 前主任李晓东代表 ccNSO 参加管理权小组。②

其次,IANA 管理权小组动员三大运营社群献计献策,三大运营社群指的是"域名社群"(ICANN 的支持组织和咨询委员会,SO 和 AC)、"号码资源社群"(地区互联网注册管理机构),以及"协议参数社群"(互联网工程任务组)。

最后,各个社群根据各自职能通过自身流程响应管理权小组的要求,编制提案。三大社群在各自编制提案的过程中,又重新复制这个征询意见的流程。例如,"域名社

---

① http://www.ntia.doc.gov/press-release/2014/ntia-announces-intent-transition-key-internet-domain-name-functions.
② https://www.ianacg.org/coordination-group/icg-members/.

群"设立了跟域名有关的跨社群工作组,提议成立一个新的独立法律实体——"移交后 IANA"(Post-Transition IANA),作为 ICANN 旗下的附属机构,跟 ICANN 订立合同,负责跟域名有关的运营。

2.问责制工作组

问责制工作组也大致经历了相似的流程。问责制工作组针对 ICANN 本身,解决"如果 ICANN 出了问题,该怎么办"的问题。正因为如此,ICANN 董事会本身并不喜欢这个流程。问责制工作组成员包括地址支持组织(ASO)4 人、一般会员咨询委员会(ALAC)5 人、国家和地区代码名称支持组织(ccNSO)5 人、通用域名支持组织 5 人、政府咨询委员会 5 人、安全性与稳定性咨询委员会(SSAC)2 人以及其他部门 2 人,共选出 28 名代表,此外还有其他 175 位登记参与人。[①]

2014 年 12 月,问责制工作组召开了第一次会议。到了 2016 年 3 月,工作组已经开过 209 次会议,打过 404 小时的电话,写过 12 430 封邮件。在最后的建议中,工作组提议成立新的法律实体——赋权社群(Empowered Community)。根据加州法律,赋权社群将拥有任免 ICANN 董事会成员或重组董事会的权力。

赋权社群由 ICANN 五个支持组织和咨询委员会组成:地址支持组织、一般会员咨询委员会、国家和地区代码名称支持组织、通用域名支持组织,以及政府咨询委员会。ICANN 的章程将被修改,使赋权社群具有以下权力:(1)拒绝 ICANN 董事会提出的运营计划、战略计划以及预算方案;(2)批准对基本章程的修改;(3)拒绝对标准章程的修改;(4)启动具有约束力的独立审核程序;(5)拒绝董事会关于 IANA 职能审核的决策。[②]

此外,问责制工作组进一步限定了 ICANN 的自身使命,使之尽量避开意识形态、内容管理等最具争议的话题。美国最担心 ICANN 在脱离美国政府的直接监管之后会扩大自己的责任范围。工作组建议限定 ICANN 的使命为保证互联网的独特标识符系统的稳定和安全运行,并且必须严格按此执行,不能对使用这些独特标识符的服务和内容进行管制。

在核心价值观部分,ICANN 将依靠市场机制和民间力量来促进和维护域名系统市场的健康竞争环境。在关于 ICANN 价值观的陈述中,第 5 条严格限制公共部门的权力,将民间组织、技术社群、学界、用户跟企业一起归入到私有部门当中。ICANN

[①] https://community.icann.org/pages/viewpage.action?pageId=50823968.
[②] http://docs.house.gov/meetings/IF/IF16/20160317/104682/HHRG-114-IF16-20160317-SD003.pdf.

核心价值观第 5 条:"ICANN 植根于私有部门,包括企业利益相关方、民间团体、技术社群、学界以及用户,同时也应该注意政府和公共机构负责公共政策,适当考虑政府和公共机构的公共政策建议。"①

(二)政府咨询委员会在 ICANN 地位被清晰化、边缘化

在 2016 年 3 月 ICANN 第 55 届马拉喀什会议中,关于政府咨询委员会权力的辩论最为激烈。

1.问责制工作组关于政府咨询委员会的建议

在移交之前,ICANN 章程第 11 条第 2 节第 J 款这样论述政府咨询委员会和 ICANN 董事会的关系:在政策的制定和采纳期间,应该适当考虑政府咨询委员会在公共政策问题上的建议。如果 ICANN 董事会想要采取行动的事项跟政府咨询委员会的建议相冲突,那么 ICANN 董事会应该告知政府咨询委员会和相关政府不采纳建议的原因。此后,政府咨询委员会和 ICANN 董事会应该开展及时有效的沟通,寻求双方皆可接受的办法。②

为了满足美国 NTIA 提出的进一步限制政府权力的要求,问责制工作组对上述条款做了修改。工作组主要采用一升一降的方法。"升"是指升高政府咨询委员会向 ICANN 董事会提出建议的门槛,"降"是指降低 ICANN 董事会拒绝建议的门槛。问责制工作组在原有论述的基础上加了两部分内容:一是,政府咨询委员会向 ICANN 董事会提出的任何建议都需要事先在委员会内部达成共识,即不存在任何正式的反对意见。二是,董事会只需要达到 60% 的票数就能抵制政府咨询委员会的建议。③

这个建议几乎封杀了政府咨询委员会正式提出任何建议的可能性。毕竟,一旦出现极具争议的问题,在当下政府咨询委员会 162 个成员内部达成共识的可能性微乎其微,甚至完全属于天方夜谭。所以,工作组里的产业界代表戴尔比安科(Steve DelBianco)宣布:"毫无疑问,政府或政府咨询委员会,在移交过程中失去了权力。"④

这个提议引来了广泛的抗议。巴西政府的提议正好相反,要求降低政府咨询委员会提出建议的门槛,由委员会内部界定究竟获得多少票数可以算作共识。另外,巴西

---

① The CCWG-Accountability's Findings and Recommendations,2016-03-10.
② https://www.icann.org/resources/pages/governance/bylaws-en#XI.
③ Annex 11-Recommendation #11:Board Obligations with Regard to GAC Advice.
④ https://energycommerce. house. gov/hearings-and-votes/hearings/privatizing-internet-assigned-number-authority.

政府要求提高 ICANN 抵制政府咨询委员会意见的门槛,要达到三分之二以上的票数才能抵制。

ICANN 政府咨询委员会中的欧盟成员则提出了一个折中建议。如果政府咨询委员会内部以全体共识的方式提出了建议,那么 ICANN 董事会需要达到三分之二以上的多数赞同才能抵制这项建议。如果政府咨询委员会以大多数共识的方式提出了建议,即仅有极少数委员会成员不赞同,那么 ICANN 董事会要抵制这项建议,只需要达到多数票即可。

巴西和欧盟的建议均未被问责制工作组采纳。可以看到,问责制工作组为了争取让美国政府移交管理权,不允许改动,工作组所提出的建议不仅符合 NTIA 设定的框架,即不能以政府领导的组织或政府间组织取代当前 NTIA 扮演的角色,而且还完全吻合美国参议院提出的细节要求。

这源自美国桑恩(John Thune)和卢比奥(Marco Rubio)两位参议员在 2014 年 7 月 31 日给 ICANN 董事会主席克罗克(Steven Crocker)写的一封信。信件从三个方面具体指出如何限制政府在 ICANN 的权力:(1)不允许政府代表进入 ICANN 董事会;(2)政府的作用限定为咨询角色,通过政府咨询委员会落实;(3)修改 ICANN 章程,建议只有在政府咨询委员会获得共识的情况下方能进入 ICANN 董事会。①

2.十六国松散阵线的抵制

问责制工作组的建议引起不少政府代表的激烈反弹。在通向马拉喀什 ICANN 第 55 次会议的过程中,涌现出来一个由俄罗斯、巴西、阿根廷等 16 个国家组成的准联盟,共同抵制这个会削弱政府权力的条款。俄罗斯指责 ICANN 改革并无新意和诚意,仍是一个西方的组织。中国大致采取了战略模糊的方法,没有加入这个阵线,而是保持作壁上观的态度。

十六国松散阵线指责"多利益相关方社群"对各国政府的敌视态度,认为政府在当前 ICANN 治理结构中所起的作用太小,主要列举了四点让他们非常不满的内容:

(1)政府通过政府咨询委员会在 ICANN 只能扮演咨询的角色,而其他实体则可以通过起草政策建议来扮演决策角色。

(2)政府无法参加 ICANN 提名委员会(NomCom)来决定 ICANN 董事会、国家和地区代码名称支持组织、通用域名支持组织、一般会员咨询委员会的领导职位,而 ICANN 内部的其他咨询委员会(AC)和支持组织(SO)却可以这样做。

---

① https://www.icann.org/en/system/files/correspondence/thune-rubio-to-crocker-31jul14-en.pdf.

(3)政府不能进入ICANN董事会,而所有其他咨询委员会(AO)和支持组织(SO)可以直接或通过提名委员会的方式选举董事会成员。政府咨询委员会仅有权在ICANN董事会任命一个不具有投票权的联系人。

(4)ICANN董事会可以轻易地抵制政府咨询委员会的建议(董事会内部60%的多数票即可抵制政府咨询委员会已达成全体共识的建议)……相较而言,通用域名支持组织(GNSO)仅以66%多数票通过的决策建议(PDP)需要在董事会获得高达三分之二的多数票方能抵制。①

由此可见,各国政府和政府咨询委员会在ICANN的权力极为有限。法国政府代表对此表示失望和不满,认为这将导致政府在ICANN被彻底边缘化,从而为"GAFA"(谷歌、苹果、脸书、亚马逊)等美国产业利益集团让路。② 法国与ICANN之间的矛盾积攒已久,法国认为自己在"wine"或"vin"(酒)等顶级域名上拥有巨大产业利益,而ICANN在落实这些域名时拒绝认可它们的地域性。③

这种种抵制最终还是虚张声势、半真半假,因为不管结果如何,各国都乐见美国政府交出管理权,所以都尽量控制批评的调门,屏息等候美国国内各派博弈的结果,生怕搞砸了整盘游戏。

三、2016年9月4日:施特里克林与克鲁兹在参议院"保护互联网自由"听证会上的较量

美国国会就IANA职能管理权移交召开过多场听证会。冲突和争议主要凝聚在两个人身上。一个是美国商务部助理部长、电信与信息管理局局长施特里克林(Lawrence Strickling),他代表奥巴马政府,是正方,是主张移交派,是民主党派,是全球化的坚定支持者。他背后的支持力量是奥巴马政府和由大、中、小、微一系列企业组成的美国信息产业界。

另一个人是美国得克萨斯州共和党参议员克鲁兹(Ted Cruz),他是反方,是共和党人,是反对移交派,是国家主权派,对全球化持有怀疑态度,是美国军事和安全力量的代言人。在他的背后,是诸如传统基金会智库等强硬派。后来当选的特朗普总统也属于这一阵营。

2016年6月9日,收到移交计划不到三个月,NTIA公布审核意见,表示ICANN

---

① https://community.icann.org/display/acctcrosscomm/Minority+Statements?preview=/58726353/58727370/Olga-MinorityStatement-Revised%2025Feb.pdf.
② http://www.theregister.co.uk/2016/03/24/france_slams_us_govt_internet_transition/.
③ http://www.ft.com/cms/s/0/828ad97c-f94a-11e3-bb9d-00144feab7de.html.

提交的移交计划满足了此前设定的条件,如果贯彻并完成移交,有助于确保私有部门在跟互联网技术结构有关的决策中继续保持领导地位,避免一些外国政府以美国政府的特殊地位为借口,主张由政府控制互联网域名系统。①

2016年8月16日,NTIA宣布不再延期现有合同。在写给ICANN新任总裁兼CEO马跃然(Göran Marby)的信中,施特里克林表示:"如果不出现重大阻碍,NTIA将允许IANA职能合同在2016年10月1日到期后自动失效。"②重大阻碍暗指美国国会休会期结束之后有可能采取阻挠移交的新举动。

2016年9月8日,从总统竞选中失意退出的共和党参议员克鲁兹(Ted Cruz)果然腾出手来,宣布将升级他此前的抵制行为,全力阻挠移交。以施特里克林为代表的主张移交派和以克鲁兹为代表的反对移交派之间的冲突日益激化。

2016年9月14日,在美国参议院司法委员会(Senate Judiciary Committee)听证会上,主张移交派和反对移交派彻底摊牌,施特里克林和克鲁兹之间的冲突达到顶峰。克鲁兹当场表示,按照联邦法律可以将施特里克林送进监狱,施特里克林也忍无可忍,表示对克鲁兹指控的莫须有的罪名感到"义愤填膺"。③ 共有9位证人参加了这次听证会,辩论主体发生在几个关键的当事人之间。由于美国大选的加持作用,这次听证会开得充满火药味。

听证会的主题是"保护互联网自由:终止美国互联网监管权的影响",因此,主要争议在于移交会保护还是削弱互联网自由,会壮大还是削弱所谓"互联网敌人"的力量。克鲁兹信奉网络空间国家主权论,而且是最糟糕的那种主权论,只提倡美国的国家主权,不尊重别国的主权,是美国单边主义和例外主义的典型表现。在美国保守势力、鹰派人士中,克鲁兹这种人物其实极为常见。

克鲁兹认为,只有将互联网置于美国国家主权的保护下,才能真正维护互联网和言论自由,缺少美国政府的背书,自由便沦为空谈。克鲁兹认为,如果美国交出IANA职能管理权,等于将ICANN拱手让给世界各国。

克鲁兹对俄罗斯、中国、伊朗三国抱有极深的成见与敌意,由于ICANN跟中国的交集颇多,克鲁兹尤其针对中国。他联合俄克拉荷马州兰克福特(James Lankford)和犹他州迈克尔·李(Michael S. Lee)两位共和党参议员,在2016年2月4日、3月3

---

① http://www.ntia.doc.gov/press-release/2016/iana-stewardship-transition-proposal-meets-criteria-complete-privatization.
② http://www.ntia.doc.gov/files/ntia/publications/20160816marby.pdf.
③ http://www.judiciary.senate.gov/meetings/protecting-internet-freedom-implications-of-ending-us-oversight-of-the-internet.

日、4月4日三个月连续给ICANN总裁写信,并设定回信期限,有时要求三天内必须回复。克鲁兹要求ICANN解释其前总裁法迪(Fadi Chehadé)担任世界互联网大会乌镇峰会高级别专家咨询委员会联合主席的情况和法迪的一些言论。

克鲁兹跟法迪对中国社群的看法截然不同。克鲁兹本人认为ICANN前总裁跟中国打交道本身就是一种十恶不赦的行为。法迪曾在2013年4月8日于北京召开的ICANN第46届会议上表示:"中国正成为互联网社群的核心地带……从ICANN的角度来看,根本不存在应不应该跟中国打交道的问题,ICANN必须在社群的每个层面跟中国积极打交道,否则会损害ICANN自身的全球合法性。"①克鲁兹极其厌恶法迪的这种观点,要求ICANN新领导层必须表态是否赞成法迪的观点。

在9月14日听证会上,克鲁兹质问ICANN新总裁马跃然是否赞同法迪的观点,并连续六次提问马跃然,是否认为中国是互联网的首要敌人。马跃然表示,中国有数量巨大的互联网用户,ICANN是一个非政治性的技术社群,如果这次移交不能顺利进行,那么中国极有可能跟其他国家一道推动将ICANN置于联合国的监管之下。

在反驳克鲁兹的观点时,施特里克林表示,将美国管理权移交给"全球多利益相关方社群",是保护互联网自由的最优选项。继续更新IANA职能管理权合同会伤害美国的信誉,伤害互联网自由。施特里克林将世界各国在域名管理上的立场分为两类,一些国家主张由政府控制域名管理,主张多边控制,由联合国下属组织ITU接管ICANN;另一些国家赞成多方模式,即私有部门、民间团体以及政府共同治理。

施特里克林在证词中说道,以2012年国际电信世界大会为例,当时支持政府控制域名管理的国家有89个,支持多方模式的国家包括美国在内只有55个。但是,由于后来美国宣布移交IANA职能管理权,主动切割掉美国政府在域名管理上的特殊角色,将美国政府置于跟其他国家政府在ICANN政府咨询委员会平起平坐的地位,加上美国国务院开展了具体的外交行动,这89个国家当中有30个国家明确表态支持多方模式。因此,施特里克林认为,移交管理权有利于壮大真正多方模式支持者的阵营,保护互联网自由。

除了互联网自由这个争议点之外,听证会还辩论了移交是否会造成美国政府财产的流失,是否因此违宪。参议院司法委员会主席、爱荷华州共和党参议员格拉斯利(Chuck Grassley)认为这个问题在听证会召开时还没有得到解答。对此,施特里克林提供了两点证据证明这次移交不会造成美国政府财产的流失:一是NTIA跟ICANN

---

① https://dotsub.com/view/9ca09e0e-40ec-4738-bce2-5041c10b2f99.

所签订的IANA职能合同均没有要求美国政府为ICANN提供政府财产,所有人员、材料、设备、服务、设施都由ICANN自备。二是美国审计总署(General Accounting Office)在9月12日发布报告,认为根区文件和互联网域名系统"不大可能"(unlikely)属于宪法二十二条规定的美国财产,移交并不能造成这方面的损失。

支持移交派和反对移交派还就其他议题进行了辩论。例如,这次移交是奥巴马民主党政府的党派议题,还是超越两党政治并获美国国会支持的历史问题;ICANN新订立的章程未来能否被修改;ICANN总部有无可能被挪出加州;ICANN有无可能变成一个不受美国法律约束的、位于日内瓦的机构;移交是否会影响美国政府继续独占.gov和.mil顶级域;美国政府是否应该设置移交试验阶段,保留收回成命的权力,等等。

参议院听证会之后,两大势力之间的斗争不仅没有减弱,反而升级。为了阻止移交,克鲁兹使出了浑身解数,施特里克林背后的力量也见招拆招。2016年9月16日,两派又进行了一场交锋。克鲁兹为首的11位共和党参议员发表联合声明,要求民主党参议员加入他们,阻止10月1日即将发生的移交。声明表示:"在国会尚未首肯的情况下,奥巴马政府一意孤行,试图放弃美国对关键互联网职能的监管权,这种行为让人深感遗憾,许多关键问题尚未达到解答,这些问题涉及威权政府在互联网治理方面的影响、言论自由、国家安全、消费者等各个方面,在这些问题得到解答之前,奥巴马政府交出管理权是一件不负责任的事情。"①

同一天,美国国务院三位高官——国际通信与信息政策协调员塞普尔维达(Daniel A. Sepulveda)、网络事务协调员佩恩特(Christopher Painter)以及民主、人权与劳工事务副助理国务卿布斯比(Scott Busby)联合发表文章,支持马上移交。三位高官表示:"如果移交失败,会给对手提供可乘之机,伤害多方模式,给互联网的未来带来最严峻的短期威胁。"②

克鲁兹在国会的游说并未成功,跟行政部门的斗争更缺乏抓手,但他仍未灰心。9月28日,克鲁兹发动了最后一场战役,战火最终燃烧到了司法领域。亚利桑那、得克萨斯、俄克拉荷马、内华达四个州的总检察长向联邦地区法院(得克萨斯州南区联邦法院)提起诉讼,状告商务部部长普利兹克(Penny Pritzker)和商务部NTIA局长施特里克林,列举了这次移交将导致美国资产流失等一系列罪状,要求法院发出临时禁令阻

---

① https://www.thedomains.com/2016/09/16/gop-senators-issue-statement-icann-october-1-oversight-transition/.
② http://www.circleid.com/posts/20160916_internet_stewardship_transition_critical_to_internets_future/.

止移交。①

2016年9月30日,支持移交的技术和商业力量也登场干预,提交《IANA法庭之友意见书》(IANA Amicus Brief),要求法院驳回诉讼,不要发出临时禁令——美国法院允许案件的利益相关者以这种形式提交意见。互联网协会(Internet Association)、互联网基础设施联盟(Internet Infrastructure Association)、国际互联网学会(Internet Society)、计算机与通信工业协会(Computer & Communication Industry Association)、电商协会(NetChoice)等多家机构和个人在意见书上签字。②

得克萨斯州南区联邦法院法官汉克斯(George Hanks)最终听取了法庭之友的意见,驳回了四州总检察长的诉讼,拒绝发出临时禁令。参议员克鲁兹穷尽了所有手段施加阻挠,坚持到了最后一刻,最终败下阵来。2016年10月1日,ICANN社群成员终于等来期盼已久的消息:美国放弃IANA职能管理权。美国政府跟ICANN签订的IANA职能合同如期失效。ICANN社群成员弹冠相庆,将此作为《网络空间独立宣言》得到落实的坚实证据。

2016年11月3—9日,ICANN第57次会议在印度海德拉巴召开,这是移交之后的第一次ICANN会议,并于当地时间11月8日晚上召开了移交庆功会。然而,欢呼的声音尚在耳边萦绕,11月9日上午便从美国传来特朗普当选总统的消息。特朗普的政治理念跟克鲁兹相似,同属保守派,都是美国国家主权的推崇者,对于信奉全球化的信息技术产业界与崇尚理想主义的技术社群来说,这无疑是当头一棒。旧的战争刚刚结束,新的战端又将开始,新的战争围绕数据本地化、网络空间军事化等议题进行,战火与硝烟已经遍布全球。

四、后移交时代需要关注的四个问题

从2014年3月14日开启的移交过程具有高度的仪式感,宛如一场好莱坞电影。作为核心观众,ICANN社群成员身在其中,感同身受,持续观看了两年半的时间。尽管各国在IANA职能管理权移交过程中发表了各种看法,但是大都乐见移交成功。后移交时代,可在以下四个方面继续关注ICANN机制和全球互联网治理。

第一,各国各方需要进一步消除对ICANN机制和IANA职能管理权移交的误

---

① https://www.icann.org/en/system/files/files/litigation-states-various-complaint-application-tro-injunction-28sep16-en.pdf.
② https://www.internetsociety.org/news/statements/2016/iana-amicus-brief/.

解,加大参与 ICANN 会议与机制的力度。在 IANA 职能管理权移交这场长达两年半时间的马拉松赛跑中,各国对移交的最大误解是认为 ICANN 的未来是私有化、商业化的,不是真正的国际化、全球化。这种说法忽视了 ICANN 技术社群和民间团体的参与。

美国信息技术产业的代言人在 ICANN 的影响力确实很大,但是从 ICANN 章程、机制、程序以及历史来看,ICANN 的私有化跟传统上所理解的私有化完全不同。ICANN 章程实际上虽然明确规定 ICANN 植根于私有部门,但私有部门的定义是"商业利益相关方、民间团体、技术社群、学界以及终端用户"。

导致这种误会的根本原因多种多样,典型的原因有两个:一是欧洲和亚洲等地缘政治领域的紧张形势影响了总体氛围,导致不少国家持续质疑美国政府这次移交背后的动机。二是美国人自己用词不妥。2016 年 3 月 17 日,美国众议院曾直接以"私有化 IANA"作为题目召开听证会,在无数其他场合,美国直接以想当然的方式使用"私有化"这种措辞,而没有对私有化的含义做出具体解释。

总体来说,ICANN 的私有化不单是商业化和产业化,而是将 ICANN 置于非政府主体的机制之下。这为全球多个利益主体的参与留下了广泛的空间。民间力量借势崛起,并巩固了自己的地位,这是最大的成果,标志着一个信息传播技术支持下的新乌托邦理想的诞生。但是,显然,市场力量在这个过程中也扩大了权力,未来 ICANN 需避免走进私有化的藩篱。

第二,需要全面辩证理解和梳理多方模式和多边模式之间的关系。多边模式和多方模式并不矛盾,而是相互补充、相得益彰。不管是在 ICANN 机制本身中,还是在 ICANN 所主管的域名体系内,国家主权的介入范围和范畴实际上非常广泛且深入。

在 ICANN 所管辖的域名体系中,各国都认可".cn"(中国)、".de"(德国)、".ru"(俄罗斯)、".jp"(日本)等国家代码顶级域的主权属性。同时,顶级域名的注册已经向省份和城市开放,".Helsinki"(赫尔辛基)、".London"(伦敦)、".NYC"(纽约)等城市名称也成为顶级域名,获得跟".fi"(芬兰)、".uk"(英国)、".us"(美国)等国家级域名同样的待遇。它们都属于各国行政区划内的城市,完整携带主权属性。

关于 WHOIS 域名注册信息查询,也可以较大程度上包容各国隐私法的差异,尊重各国国家主权。通过使用 WHOIS 数据库(https://whois.icann.org/en),任何人都可以查询某个网站的注册信息,包括域名所有人、注册商、注册地、创建和更新日期、联系电话、传真、邮箱等将近 60 行标准格式的信息。但是具体到各个国家层面,所公布的内容亦可根据本国隐私法决定公开内容的完整程度。

更何况，ICANN 机制下的域名注册商、注册局也均属于各国法律管辖范畴。所以，从 ICANN 机制本身来看，虽然奉行的是多方原则，但是从更广的实践层面来看，ICANN 却是多边和多方融合绽放的万花筒。

第三，需要充分认识多方模式在未来全球治理中的生命力和影响力。ICANN 机制所代表的多方模式实际上是一种全球治理模式的创新之举，挑战了所有传统的、工业时代的治理模式。多方模式的影响力已经扩散到全球治理的各个平台上，未来将继续蔓延。

有人说，太阳照常升起，互联网仍将像以前那样运转。从技术视角来看，这句话可能并无不妥之处。但是，从全球治理政策创新的视角来看，美国放弃了对 ICANN 的单边控制，标志着多方模式在 ICANN 机制中得到了更多的贯彻落实。该模式将对未来的全球互联网治理乃至全球治理产生分水岭性质的影响。

这个模式的影响力早已开始释放，虽然多方决策尚未成为主流，但是多方参与已成共识。2003 年和 2005 年信息社会世界峰会以来，民间团体和市场力量已经作为一种合理的利益相关方登上国际舞台。联合国平台下的互联网治理论坛奉行多方参与原则，从第一届峰会开始，中国的世界互联网大会乌镇峰会便是多方参与的会议。

多方模式是一种政府、市场和民间团体的共同治理模式。移交之后，这个模式在未来的潜力不可低估。这个模式在 ICANN 获得成功，有可能更多地反哺传统空间，冲击欧盟、美国、中国等国的既有的公共治理模式。ICANN 前董事会成员克莱恩沃彻特甚至将互联网经济认作一种新的经济基础，将多利益相关方模式认作一种新的意识形态。

眼下，多方模式当然存在巨大的弊端，它只在程序上保障了多方，保障了面向各方参与的开放性和决策透明度，但在结果和实践层面仍有极多不如意之处。程序正义和结果正义如何同时保障？连一张参加 ICANN 会议的机票也买不起的不少发展中国家社群成员如何跟发达国家社群成员共同商量互联网政策？这些都是具体的问题。

但是，可以肯定地说，多方模式具有极高的吸引力和扩散潜力，在一定程度上贯彻落实了全球共同体的理想，实现了全球互联网治理制度创新，距离全球共同体理想又近了一步，为网络安全领域的讨论积累了宝贵经验，提供了一种另类的制度设计蓝本。

第四，移交暴露了美国信息产业界和安全军工界之间的深刻利益冲突。在互联网治理问题上，美国争取的双赢从来都不是与世界各国的双赢，而是美国信息产业界和安全军工界的双赢。美国安全军工界和产业界在互联网治理问题上存在极大的利益冲突。美国政府充当两大利益集团之间的协调者，在互联网治理外交方面，试图平衡并最大化两大集团的利益。

移交问题反映出美国国内两党政治零和博弈、不择手段的特点。美国两大势力在这方面的博弈涉及行政、立法、司法各个层面,体现出多样的套路,折射出完整的政治光谱,呈现出结构性的矛盾。

这次移交得到美国信息技术产业界与民间团体的大力推动。主张移交派背后的支持者是奥巴马政府、美国信息产业界、大多数民间团体以及全球用户社群。反对移交派是美国的保守势力,背后是许多共和党参议员、传统基金会等强硬派智库以及军工和安全界的势力。前者虽然获得了胜利,但是美国大选的结果随后表明,战争远未结束。围绕互联网治理问题,未来的线索和辩论将更多、更复杂。

〔徐培喜,中国传媒大学新闻传播学部副教授〕

〔特约编辑:崔 林〕

情绪传播视角下的网络群体极化研究

A Study on Group Polarization Online from a Perspective of Emotion Communication

◎ 付晓光　宋子夜

Fu Xiaoguang　Song Ziye

摘要：对群体极化的既往研究，大多基于群体属性、组织形态等事实性的信息传播领域。但在网络空间的事实性信息、情绪性信息之间，网民往往选择后者。人们对于"情绪"作为一种特殊的信息形态的认知较少，其在群体极化中起到的作用也尚未做深入研究。本文主要采用案例分析法，从情绪传播的角度研究了情绪对群体极化现象的作用，并进一步探讨了群体极化中事实与情绪的关系。

关键词：群体极化，情绪传播，事实信息，心理定式，意见领袖

Abstract: Previous group polarization researches mainly focus on the nature and appearance of groups from a information and communication perspective. However between objective information and subjective information, online users always tend to choose the later one. Studies related to emotions as subjective information are rare, as well as its affect in group polarization. The essay studied emotional effects of group polarization, and discussed the relations between emotions and information using case study approach.

Keywords: group polarization, emotion communication, objective information, stereotype, opinion leader

群体极化这一现象，最早是由詹姆斯·斯托纳在群体决策实验中偶然发现的：当一个群体在进行讨论并作出决策时，其结果总是偏向于某个极端，保守的更保守，冒险的更冒险。而将群体极化作为一个概念并正式提出的是凯斯·桑斯坦，他在其著作《网络共和国：网络社会中的民主问题》中将群体极化定义为："团队成员一开始即有某

---

* 本文为国家社科基金重大招标项目"互联网群体传播的特点、机制与相关理论问题"阶段性项目成果，项目编号 15ZDB143。

种偏向,商议之后,它们朝偏向的方向继续移动,后形成极端的观点。"[①]并且桑斯坦认为,网络群体极化所发生的比例是现实面对面讨论的两倍多。

在既往研究中,更多视角侧重于基于客观事实性信息引发的观点本身的极化,而对于情绪在群体极化中所起到的作用研究较少。《牛津词典》在 2016 年度将 Post-truth era(后真相时代)选为年度词汇,指的是"客观事实对公众意见的影响没有感性诉求产生的影响大"[②]。值得注意的是,在群体传播时代,网络上观点和情绪的多元化导致了群体观点有时并不会完全朝着一个方向行进,面对同样一条事实信息,网民由于身份背景、个人经历、知识架构的不同,对信息的解读往往是多角度多方位的。因此网络群体极化可能以单极化(观点一致)、两极化(观点对立)甚至多极化(观点多元)的形式出现。

一、群体中情绪与事实的二元关系

无论群体极化的表现形式是单极还是多极,是常态还是异变(如网络暴力),情绪作用于群体极化总是会通过一些内在和外在的途径:一是,事实的模糊性与多义性为公众对其进行联想猜测和多向解读提供了契机,这其中不免夹带情绪信息;二是,公众的心理定式会产生情绪暗示,影响群体决策方向。

(一)契可尼效应下的情绪酝酿与延留

所谓契可尼效应,也称蔡加尼克记忆效应,是指相比于已完成的工作,人们对未完成的工作印象会更加深刻。这是因为未完成的工作会引起人们情绪上的震动,造成心理的紧张感,因而占用大脑较大的回忆量。契可尼效应反映出人们天生有着办事有始有终的驱动力和对残留工作的深刻记忆,这与当今许多烂尾新闻所引发的公众情绪状态十分类似。事实上信息的空白能够为情绪传播创造空间,并为情绪的解读提供多种可能。

在网民的潜意识中,无尾新闻相当于被搁置的"未完成事件",事实信息虽停滞不前,情绪信息却依然延留于脑海中。并且此后每发生一次类似事件,网民就会联想到之前的烂尾新闻,并对其再次评论与猜测一番,延留在网民潜意识中没有得到合理宣

[①] 桑斯坦.网络共和国:网络社会中的民主问题[M].上海:上海人民出版社,2003:15.
[②] Post-truth era 当选牛津词典年度词汇[EB/OL].(2016-11-17)[2017-10-10].http://news.china.com.cn/live/2016-11/17/content_37349344.htm.

泄的焦虑情绪,会通过联想效应得以宣泄。

如2017年6月22日发生的杭州保姆纵火案以及8月31日的陕西产妇坠楼事件,前者由于事实信息的不完整而延期审理;后者由于院方与家属各执一词,真相陷入"罗生门",导致调查进展困难。两起事件在发生时都曾在微博上引起网民热议,随后事件热度逐渐消退,淡出公众视野。然而在2017年11月江歌案由于暂未开庭、事实不明晰而在网上引起争议与猜测时,杭州保姆纵火案与陕西产妇坠楼事件再登微博热搜,重回公众视野。三起事件在事实上并无关联,但给公众带来的情绪效应却是同质的。江歌案的进展过程就是网民的等待过程,同时也是网民的焦虑与恐慌情绪在碎片化的事实信息冲击下酝酿与蔓延的过程,在这一过程中,公众潜意识里对未完成事件的延留情绪被调动,极易通过联想效应将未完成事件重新拉回人们的视野。

虽然情绪信息相比于事实信息在传播上更加快速、便捷和广泛,但公众情绪不能凭空产生,而是要基于事实产生和传播。因此情绪如何影响群体极化,也要取决于事件的性质,如重要性、争议性、完整性等。越是重要的、争议性强的、完整度低的社会事件,越能够引发网民的广泛讨论,尤其当事实信息不完整时,网民的焦虑情绪很容易在接收碎片化的事实信息的过程中被激发并快速达到饱和。当今社会上许多颇具争议的烂尾新闻就是由于事实信息不完整、调查进展缓慢、真相模糊不清,为负面情绪(如焦虑、愤怒、恐慌)的酝酿、群体极化的产生提供了契机,网民在焦虑中等待事实,也在焦虑中放大情绪。

同常规新闻一样,烂尾新闻也会随着时间推移渐渐淡出公众视野,一是因为网络群体极化的爆发与消解具有周期性和时效性,当事件迟迟得不到回应,网民情绪也会随之淡化。二是因为网络信息迭代快速,当前事件被新的热点所覆盖,网民的注意力也会随之转移。但在事件冷却的过程中,网民所积累的情绪并未得到有效释放,反而会在潜意识中加深对事件的记忆。

(二)心理定式导致的实证性偏差

在情绪作用于群体传播的过程中,公众的心理定式起着十分重要的作用。公众对某事件、某人物的成见会导致其对事件信息进行选择性接收,更加倾向于接受符合其心理定式的事实而忽略反向信息。甚至有时,网民为支持自己所相信的真实,还会花费更多时间与资源去抨击与他们认知相左的观点。

2017年11月8日,针对携程幼儿园事件,其公关部门在网上回应时并未做出自我检讨,而是把矛头指向了第三方管理机构,被网民质疑是在"撇清责任"。一时间舆论指向从对事实的深入追究转移到了谴责携程的公关能力上。

网民之所以如此选择,是因为携程曾在其他涉及公众利益事件上有过过失。2017年10月9日,演员韩雪曾发文对携程的"捆绑销售"进行控诉并登上了微博热搜,这在一定程度上对携程公共形象产生了不良影响。携程幼儿园事件虽与捆绑消费无关,但网民对其公关能力及公共形象已有固定认知,且事隔仅短短一个月。根据近因效应,公众对携程的不满情绪还未完全平息,对于其印象也更多地停留在"捆绑销售"的负面阴影中。也就是说,公众的情绪此时仍处于非常敏感并很容易被激化的状态。因此,在这种心理定式的驱使下,携程再次发生不良事件后,公众会对携程的公关能力更加不满。一旦其作出的回应未达到期待水平,公众会将之前的不满情绪转移到这一点上进行发泄。

对比之下,一直以服务优良著称的海底捞在被曝出卫生问题后,表现出了不推卸责任的诚恳态度。公众之所以对其夸赞,首先,海底捞一直以来的"无差评"服务在公众心目中树立了良好的企业形象,公众对于海底捞的心理定式是正面的,对于携程则是负面的;其次,其真诚的回应符合受众的心理预期,正是这种心理定式所产生的固有偏见导致了受众对二者截然不同的态度。

在群体中,人们会将自己的意见与他人进行比较并试图与他人达成一致。利昂·费斯廷格的社会比较论指出:团体中的个体具有将自己与他人进行比较,以从中确定自我价值的心理倾向。在向群体逐渐靠拢的过程中,人们会对外界的信息进行"偏颇吸收",只相信和肯定那些群体意见所需要的部分。

如今网络信息更加偏向个人化、定制化,越来越注重公众的需求,这也推动了舆论的群体极化。携程公关能力弱,在网络上搜索携程,关联词条多是其负面事件;关晓彤和鹿晗恋爱引发粉丝不满,她之前的"不礼貌""没教养"就要再被指责一番;人们同情王宝强,就要把马蓉之前暴露在公众面前的所有细节加以"审视",并试图找出能够佐证其出轨的蛛丝马迹。确切答案不得而知,重要的是网民在当时当刻的激愤情绪需要一些"看似合理"的证据来为之声援,本该服务于事实的证据却成了煽动情绪的托辞,正如勒庞所言:"在理智与永恒的冲突中,感情从未失过手。"[①]

二、情绪传播对群体极化的作用

法国社会心理学家勒庞在《乌合之众:大众心理研究》一书中曾提出揭示群体行为

---

① 勒庞.乌合之众:大众心理研究[M].北京:中央编译出版社,2005:18.

扩散效应的"感染理论",认为"群体行为是人们情绪感染的结果"①。在书中,勒庞将"有名称群体"(陪审团、议会等)与"无名称群体"(街头群体)进行了对比分析,惊奇地发现这些群体都有着相似的特征:"首先,群体成员在作出判决时,其智力水平无关紧要;其次,他们受着情感因素的影响,很少被证据打动;再次,他们也受到名望的影响,极易被权威左右。"②在群体传播时代,情绪往往能够左右群体决策并且影响群体极化的形成。

(一)网络群体的情绪生产与消费

再复杂的社会事件,其事实信息都是有限的,事实只有一个。如果说大众传播是事实的扩散,那群体传播更多则是情绪的交流。相比于事实传播的静态性和单一性,情绪传播具有反复性和多变性,事实信息的发起者是事实本身,情绪信息的发起者却是我们自己。事实需要我们去吸收和接受,情绪却需要交流和排遣。

作为群体传播的核心,"意见领袖"在群体极化中的意见引领作用毋庸置疑。在情绪传播的视域下,"意见领袖"们所拥有的庞大的链接数、链接强度依然存在。只是在同一社交图谱上,"意见领袖"们的意见表达并不像传统新闻那般中立客观,且经由社交媒体放大,个体情绪很容易蔓延为群体情绪。

新榜统计的关于江歌案点赞量最高的几篇公众号文章依次为:"咪蒙"《刘鑫江歌案:法律可以制裁凶手,谁来制裁人性?》、"她刊"《江歌,你替刘鑫去死的100天,她买了新包包染了新头发》、"视觉志"《江歌遇害一周年:刘鑫,你能不能说句实话!?》、"东七门"《刘鑫,江歌带血的馄饨,好不好吃?》、"新闻哥"《为闺蜜挡刀而死的江歌,你妈妈终于当面问了那个人:还有良心吗?》。上述内容呈现如下特点:发布主体均为平日就有广泛影响力的自媒体;内容中并不包含关于事件的客观新闻性报道,但含有极强的价值导向和情绪煽动性。与之相似,2017年3月23日,《南方周末》发表的《刺死辱母者》引起了社会的广泛关注。2017年3月26日,知名学者易中天在微博上发声:"血性男儿哪有罪?刺死辱母者既是正当防卫,更是见义勇为!"这条微博点赞量高达30万,远远超出了他之前单纯传播知识的微博。

如果将"意见领袖"作为内容生产主体看待,那么从生产流程上看,自媒体偏向情绪传播符合现阶段互联网的生存法则。新媒体竞争的实质仍是争夺注意力。在竞争

---

① 勒庞.乌合之众:大众心理研究[M].北京:中央编译出版社,2005:58.
② 勒庞.乌合之众:大众心理研究[M].北京:中央编译出版社,2005:56.

的路径上,社交媒体内容生产的业务性变得越来越强。自媒体善于把握粉丝特性、理解网络阅读习惯。在现阶段的媒介环境中,自媒体很难获取一手信息,且即便拥有一手信息,粉丝接受起来也需要更多时间,有些深入讨论还需要一定的专业门槛。业务性体现为,感性情绪远比理性思考更容易引爆传播。以公众号"咪蒙"为例,文章将"陈世峰—江歌案"变成了"刘鑫—江歌案"。整个文章的逻辑是因为大家痛恨刘鑫,所以应该集体请愿判陈世峰死刑。还有很多内容从道德上看没错,但其结论大多指向了灰暗的伦理边缘,其初衷更不一定是理性追问,且客观上极大地放大了社会负面情绪。

"意见领袖"们不仅引领意见,更引领情绪。[①] 经由"意见领袖"的放大,在整个互联网对于江歌案的讨论中,痛斥刘鑫的道德审判远远多于对凶手陈世峰的法律审判。从网民端来看,情绪的消费同样具有合理性。从群体的角度来讲,单一个体在面对社会热点事件时会产生个人情绪,但当普通网民的情绪与一个公认的有权威性的人达成一致时,便会在心理上产生一种安全感和预设的群体归属感。[②] 反之,群体归属感又会对其成员形成群体压力,压制不同声音。

群体传播中的群体压力与群体归属感的双重作用,使得不同情绪等同于不同意见,甚至不同身份,促使社会热点事件中的网络情绪容易协同进而极化,例如引发众怒。但问题就在于,虽然众怒是真实的,源自对公序良俗的维护,但愤怒的原点却不一定是百分之百的真实。很多人是从碎片化的阅读中获悉部分事实,就下了全部结论。而且,即便这部分"真实"也可能源自某些自媒体裹挟大量情绪的炒作演绎。

(二)情绪对群体极化的推动

群体极化现象能否发生,首先在于信源本身散布的信息是否具有潜在"极化性",这与信源的性质有着密不可分的关系。在 Web2.0 时代,互联网传播最大的特点就是"去中心化"。西蒙斯曾在其关联主义著作中,描述了网络时代知识的"去中心化"现象,即网络时代的知识不再是由权威的学者和编辑来提供的、高度结构化的完整体系,而是由众多网友提供的、数量庞大的信息与知识的碎片。在 Web2.0 的"去中心化"时代,网络上的内容不再只由专业网站或精英人群产生,许多热点事件的信息源都是身份未经认证的普通用户。如 2016 年和颐酒店女生遇袭事件,就是源于化名为"弯弯"的女网友在微博上的自曝,随后引发了广泛的群体讨论,成为 2016 年微博十大热点事件之一。

[①] 马晓杰.自媒体时代意见领袖研究——以微博为例[D].哈尔滨:黑龙江大学,2012.
[②] 杨帆.论网络传播中的群体心理——以"铜须门事件"为案例[D].成都:四川大学,2007.

与媒体发布信息公正、客观、强调事实的目的不同,普通网民发布信息时往往会站在主观的角度,以宣泄情绪、寻求认同与回应为目的。即便两条信息来自同一信源,情绪信息也往往比事实信息更容易引发关注和探讨。① 受害女生"弯弯"在 2016 年 4 月 5 日发布的一条遇袭视频在微博上评论量 1 万多,点赞量 1 万多。在当事人与责任方协调未果后,当事人又在 4 月 6 日发布了一条微博,内容为:"太失望。"这条微博得到了 4 万多的评论量和 8 万多的点赞量。对比两条微博,第一条中当事人并未表达任何个人主观情绪,而是单纯地在传递事实信息;第二条微博传递的则是纯粹的情绪信息。

　　之所以获得了更大的关注度,从文本的角度看,是因为"太失望"这三个字本身就是一种情绪上的"召唤结构"。接受美学的代表人物伊瑟尔曾提出"召唤结构"这一概念,他认为文本因充满了未定点而呈现出一种开放性的结构,这种结构随时召唤着接收者的能动性参与。因此,它能够吸引其他网民对这种情绪加以解读并进行"二度创作"。据统计,在"太失望"这条微博下方点赞量超过 1 万的 12 条评论中,11 条都带有不同程度的情绪色彩,且消极情绪占多半,包括气愤、质疑、恐慌、失望等,如"拉黑如家旗下所有品牌""我是个女孩子,我真的害怕""别担心,我们会帮你主持公道"等。

　　除此之外,相较于事实传播,情绪传播更具有感染力并且更加快速。② 《社会心态蓝皮书》的调查显示,网民对热点事件的讨论期一般为 24—72 小时,信息发布后的 1—9 小时是讨论的最高峰,③群体极化往往也在这短短的几小时内形成。为何具有不同社会经历、文化背景、观念行为并且互不相识的网民,能在如此短的时间内达成共识,形成强大的极化力量? 这是因为网络群体的集结具有临时性和时效性,组建得快、消散得也快。群成员在社会经历、文化背景、观念行为上也许大相径庭,彼此之间不需要也很难达到理性上的认同,他们所达到的认同仅仅是针对某一事件在观点上的一致。换句话说,群成员之间所达到的认同并非理性上的认同,而是在情绪上受到感染并最终达到的情感上的认同(情感共鸣)。因此在群体极化的过程中,其他成员可以通过模仿—回馈机制或联想—学习等机制产生同理心,最终群体的每个成员都携带了信源的初始情绪,形成个人情绪的群体化传播。

　　在这个过程中,个体信源的情绪是群体极化的方向,信源的文本具有情绪"召唤

---

① 隋岩,曹飞.互联网群体传播中的信息选择与倾向[J].编辑之友,2013(6).
② 隋岩,李燕.论群体传播时代个人情绪的社会化传播[J].现代传播,2012(12).
③ 王俊秀,陈满琪.社会心态蓝皮书:中国社会心态研究报告(2016)[M].北京:社会科学文献出版社,2016.

性",这是达成极化的必要条件,而群体成员在情绪上达成共识则是群体极化现象产生的根本推动力。

(三)情绪传播造成群体极化的不稳定性

值得注意的是,受制于情绪的不稳定性,即便极化现象已经达到看似不可逆的程度,极化结构的不稳定因素依然存在。极化现象的消解,可能是源于事件得到了合理解释,公众情绪得到了安抚;或事件虽未得到合理回应,但已过讨论高峰,网民的情绪又被新的话题吸引等。与此同时,反向情绪或观点的出现也会使当前极化方向发生改变,甚至形成新的两极对立。本文仅从反转新闻和网络粉丝群体"骂战"两个方面加以分析。

在反转新闻所引发的群体极化现象中,舆论常常会呈现出一方压倒另一方的态势。反转新闻的存在,是事实信息的不完整和新闻报道的碎片化所导致的,尤其当"新闻报道者"是普通网民而非专业记者时,出于自我保护的心理,首条消息的内容常常会避重就轻,只叙述局部甚至偏离事实,看似在客观叙述事件,实则充满情绪暗示。如2016年末掀起讨论热潮的"罗尔事件"。罗尔为给患病的女儿罗一笑募捐,在朋友圈发文求助。文中满溢着父女深情,一时间博得了许多网友的同情并筹集到大量善款。然而剧情却很快反转,相继有人爆料罗尔家境殷实,有三套房,医疗费也不是文中所说的每天上万元。网民瞬间被激怒,从集体声援转变为集体声讨。一方面,事实的反转摧毁了网民之前建立起的本不稳定的情感认知;另一方面更是因为最初捏造的事实已经对网民的情绪起到了绝对引领作用,并使其达到高度一致的群体极化。因此当原有事实被彻底推翻时,网民的愤怒情绪才会更加高涨,并迅速地将其推向另一极化。

情绪改变极化方向的另一方式是在群体之间形成对峙状态。不同于反转新闻的"一方压倒另一方",这种对峙状态体现为两种群体朝着两个不同甚至对立的方向发生极化,双方形成的极化力量都十分强大并且难以逆转。这种现象最常见于明星粉丝间的群体"骂战"。北京师范大学的陶东风教授曾指出:"粉丝文化所折射的价值观和时代心理,或许可以从粉丝文化和宗教文化的比较中获得启示。"①

粉丝行为的"类宗教化",主要体现为不同群体情感归属的冲突。2017年9月5日,"靳东王凯"词条登上了微博热搜榜,内容却是靳东的粉丝在夸赞偶像,因

---

① http://news.enorth.com.cn/system/2011/11/27/008214663.shtml.

"靳东收视称王凯旋而归"一句中带有"王凯"二字,引起了王凯粉丝的强烈不满,纷纷指责靳东"捆绑"王凯进行营销,靳东粉丝激烈回应,双方骂战因此而起,并呈现出"两极分化"的状态。从情绪传播的角度来分析,王凯粉丝指责靳东捆绑营销这一点并无事实依据,而是在一种愤怒情绪的驱使下的主观臆想。粉丝价值观中有属于自己的逻辑,这种逻辑并非我们常言的理性逻辑,而是基于对偶像"类宗教式"的坚固信仰。① 在群体极化的过程中,各家粉丝内部达成共识,完成情绪的输出和自我价值观的认同。这种坚固信仰带有强烈的排他性,使粉丝产生一种"非我即敌"的心理,把其他"非我"个体或群体当作假想敌和潜在威胁。一旦这种偏见得到证实,他们就会表现出强烈的攻击性。也就是说,粉丝骂战的起因只是导火索,真正原因是粉丝情绪中固有的排他心理找到了宣泄口,因此谁对谁错并不重要,站对立场才是关键。

在上述粉丝"骂战"愈演愈烈的过程中,一些极端的言论随之出现,如王凯粉丝诅咒靳东的家人、靳东粉丝恶意揣度王凯性取向等。这时的群体极化已与初始事实毫无瓜葛,而是被彻底异化成一次疯狂的、极端的、无法控制的"口水战"。伦敦城市大学社会学教授克里斯·罗杰克认为,粉丝的崇拜行为是一种世俗化的集体欢腾宣泄形式。那么反之,粉丝的"骂战"是否可以被理解为一种极端化的集体情绪宣泄形式?在这种情绪宣泄中,非理性战胜了理性,情绪的发泄战胜了对真相的追溯。

结　语

如前文所述,情绪是网络空间群体极化的重要影响因子,网络群体构成及群体间关系则是情绪传播的具体路径。如果说跨群体传播存在知识壁垒,那么情绪的快速感染力则可以让多数人在短时间内达成共识。对普通网民而言,如何提高新媒体的基础素养,进而增强识别能力和自主意识,避免盲目参与到情绪和极化之中,应该在更广泛的意义上被强调并执行。这不仅涉及个体或群体的信息真伪,也涉及互联网产业的持久发展。现阶段虽然情绪传播呈现出了初级阶段特质,但其凝聚社群、无障碍沟通等优点也值得鼓励探索。对传统媒体而言,有必要从情绪与极化的角度思考如何协调情绪与事实,通过主动发布信息、引领正能量

---

① 刘伟,王新新.粉丝作为超常消费者的消费行为、社群文化与心理特征研究前沿探析[J].外国经济与管理,2011(7).

情绪打造更好的网络文化。自媒体则需要自律与他律相结合,市场行为与行政规制相结合。特别是情绪所引发的群体极化,不应仅看所谓的"情绪正确",就将无责任感的流量变现合理化。

〔付晓光,中国传媒大学新闻传播学部电视学院副教授;宋子夜,中国传媒大学新闻传播学部电视学院硕士研究生〕

〔特约编辑:崔　林〕

国外经由社交媒介进行健康传播研究的知识图谱
——基于 Citespace 的计量分析

Knowledge Map of Overseas Research on Health Communication via Social Media: A Study Based on Citespace

◎ 程　飒

Cheng Sa

摘要： 近年来社交媒体越来越广泛地参与到健康传播中来，带来了新的议题。本研究采用科学计量学的方法，选择 web of science 核心合集数据库中 2009—2017 年间发表的经由社交媒体进行健康传播研究的论文为研究对象，使用 Citespace 软件对其进行知识图谱绘制，结果显示：国外经由社交媒体进行的健康传播研究呈逐年增长的态势，融合了卫生保健科学、公共健康学、计算机科学、传播学等多个学科，研究课题涉及社交媒体在临床医学、公共卫生危机等中的使用，错误信息风险与病人信息保密等伦理问题。研究者和研究机构形成了一定的合作，形成了一批有一定影响力的文献，对我国经由社交媒体进行的健康传播研究产生一定的借鉴意义。

关键词： 社交媒介，健康传播，国外，知识图谱，Citespace

Abstract: In recent years, social media has become more and more involved in health communication and brought new issues. Based scientometrics method, this study selected overseas research papers on health communication via social media from 2009 to 2017 in the database of web of science. Using Citespace software to draw knowledge map, the results show: (1) The number of paper has increased year by year; (2) Health Care Science & Services, Public, Environmental & Occupational Health, Computer Science、Communication are the most closely related subjects; (3) The topics contains diversification; (4) Authors and research institutions have formed a certain cooperation; (5) There has formed a lot of literature with influence.

Keywords: social media, health communication, overseas, Knowledge Map, Citespace

一、研究缘起

健康传播作为传播学的一个新兴分支,从20世纪70年代才开始正式进行学术研究。1971年,"斯坦福心脏病预防计划"被认为是现代健康传播研究的开端,这个由传播学家主导的研究让研究者意识到健康传播不仅是医疗照顾,更重要的是培养个人的健康观念和素养。之后,国际传播学会成立了"健康传播学会(Health Communication Divison)",并首次使用了"健康传播"这一概念。20世纪80年代,另一场健康运动——"预防艾滋病运动"使健康传播成为传播学的一个重要分支。

但健康传播这个概念至今并没有定论。20世纪90年代,一些学者试图定义"健康传播"这一概念。杰克逊·L.D(Jackson L.D)认为,健康传播就是以大众传媒为信道来传递与健康相关的资讯以预防疾病、促进健康。① 伯贡(Burgoon)从人际传播的角度定义健康传播是患者和医疗提供者之间的互动关系和诊疗室里无数的人际传播活动。② 传播学中引用最多的是罗格斯(Rogers)的定义,1994年他将健康传播定义为:一种将医学研究成果转化为大众的健康知识,并通过态度和行为的改变,以降低疾病的患病率和死亡率、有效提高一个社区或国家生活质量和健康水准为目的的行为。③ 但他很快又补充了自己的定义,1996年他提出:凡是人类传播的类型涉及健康的内容,就是健康传播。健康传播是以传播为主轴,借由四个不同的传递层次将与健康相关的内容发散出去的行为。这四个层次是:自我个体传播、人际传播、组织传播和大众传播。自我个体的层次,如个人的生理、心理健康状况;人际层次,如医患关系、医生与患者家属的关系;组织层次,如医院与患者的关系、医护人员的在职训练;大众层次,如媒介议题设置、媒介与受众的关系等。这个定义非常广泛,基本涵盖了健康传播的所有议题。④

---

① JACKSON L D.Information complexity and medical communication: the effects of technical language and amount of information in a medical message[J].Health communication,1992,4(3):197-210.
② BURGOON M.Strangers in a strange land: the Ph.D. in the land of the medical doctor[J].Journal of language and social psychology,1992,11(1):101-106.
③ ROGERS E M.The field of health communication today[J].American behavioral scientist,1994,38(2):208-214.
④ ROGERS E M. The field of health communication today: an up-to-date report [J]. Journal of health communication,1996,1(1):15.

自 2004 年脸书(Facebook)上线,2006 年推特(Twitter)开启以来,社交媒体在近十多年来被广泛使用,进一步深刻影响了健康传播的研究。有研究者认为,社交媒介给健康传播带来了新的维度,为公共卫生部门、公众、病患和医疗专家提供了沟通健康问题的平台,具有促进健康成果的潜在可能性。① 而且社交媒体除了提供健康信息,还有另一重属性,即基于戈夫曼的自我呈现,很多患者在社交媒体上发表自己的故事、个人经历等,并得到相关人群的情感支持,这也给社交媒体和健康传播的研究带来新的角度。

本研究利用科学计量学的方法,对经由社交媒体进行健康传播的研究文献进行全面的可视化研究,诠释经由社交媒体进行健康传播研究的演进历程,描绘国外经由社交媒体进行健康传播研究的学科类型、研究热点、重要作者和机构及合作网络,为我国经由社交媒体进行健康传播的研究发展提供参考对照。

二、研究设计

(一)研究方法

本研究采用知识图谱(Knowledge Map)方法。科学知识图谱是将文献中的关键信息用定量分析的方法,进行可视化处理,目的是检测和监视某知识领域的演进。② 这种可视化的处理可以显示复杂的知识网络,也可以显示知识元和知识群之间的网络、结构、互动、交叉、演化或衍生等诸多复杂关系。③ 本文运用美国德雷塞尔大学(Drexel University)陈超美教授开发的 Citespace 最新版软件,对 2009—2017 年美国科学信息情报研究所 web of science 数据库中关于社交媒体和健康传播的 2 320 条文献进行了学科类型分析、关键词共现分析、作者和机构合作网络分析、文献共被引分析以及前沿探测等。

(二)数据来源

本研究选用的数据库是 web of science 核心合集数据库,该数据库包含了 1.2 万

---

① MOORHEAD S M, HAZLETT D E, HARRISON, CARROLL J K, IRWIN A. A new dimension of health care: systematic review of the uses, benefits, and limitations of social media for health communication[J]. Journal of medical internet research, 2013,15(4):85.
② CHEN C. Mapping scientific frontiers: the quest for knowledge visualization[J]. Journal of the american society for information science and technology, 2004,55(4):363-365.
③ 刘泽渊,陈悦,侯海燕.科学知识图谱:方法与应用[M].北京:人民出版社,2008:2.

多种期刊,其中包括《美国公共健康杂志》(*American Journal of Public Health*)、《美国医学会杂志》(*Journal of the American Association*)、《英国医学期刊》(*British Medical Journal*)等医学顶级期刊,还包括《健康传播》(*Health Communication*)和《健康传播杂志》(*Journal of Health Communication*)两个美国主要的健康传播期刊,以及《传播学季刊》(*Communication Quarterly*)、《传播学年鉴》(*Communication Yearbook*)等传播学研究国际权威期刊等,该数据库收录的研究成果足以代表国外经由社交媒体进行的健康传播研究的最新进展和最高水平。

为了保证研究数据选取的准确性和完整性,本研究进行了多次检索策略实验:在 web of science 核心合集数据库中,把检索词 social media 和 health communication 限定在"主题"字段中进行检索,发现搜索结果准确率较低;把检索词限定在"标题"字段中,仅搜索到 15 篇文章,可见搜索结果缺失过多。考虑到健康传播的概念包含比较广泛,还包括健康促进、健康教育等一切与健康有关的传播活动,所以本研究确定将"social media"和"health"放置于"主题"字段中进行检索,检索式为"Topic = 'social media' AND health",并把文献类型限定在"学术论文(article)"、"会议论文(proceedings paper)"和"综述(review)"这三种中,共检出相关文献 2 320 篇。由于检索出的文献最早的是 2009 年,所以本研究把时间限定在 2009—2017 年,检索时间是 2017 年 12 月 9 日。

在将检索出的文献数据导入 Citespace 中进行分析之前,首先利用该软件的数据去重功能对所获得的数据进行预处理。经去重处理后,文献数据仍为 2 320 篇,表明目标数据无重复现象。

(三)参数设置

本研究在运行 Citespace 生成可视化图谱时,如无专门说明,各项参数阈值均按以下步骤进行设置:将文献数据导入软件,在"Time Slicing(时间分区)"中选取研究时段起止年(2009—2017),"Years per Slice(设置时间切片)"的值设定为 3,即每 3 年为一个时间分区;"Term Source(主题词来源)"项下默认全部勾选;"Pruning(修剪算法)"项下选取"Pathfinder(寻径算法)","Node Type(节点类型)"则根据研究主题灵活选取。

Citespace 提供了 7 种控制节点取舍的数据抽取标准(Selection Criteria),本文节点数据抽取标准设定为"Top30",即选择每个时间段(Time Slice)内被引频次或出现频次最高的 30 个节点数据作为分析对象。

三、研究结果与分析

（一）发文数量和态势分析

国外经由社交媒体进行健康传播研究的发文量呈明显的增长态势。2009年和2010年仅6篇和20篇，一直到2012年发文量都偏低。但2012—2013年发文量呈激增态势。2016年，国外经由社交媒体进行健康传播研究的发文量达到峰值，为588篇，2017年依旧保持了较高的发文量（见表1、图1）。这与国外社交媒体的发展和影响以及对社交媒体的研究热潮有直接关系。

表1 国外经由社交媒体进行健康传播研究的发文量年度变化

年份	发表数量（篇）	年份	发表数量（篇）
2009	6	2014	328
2010	20	2015	437
2011	46	2016	588
2012	99	2017	577
2013	219		

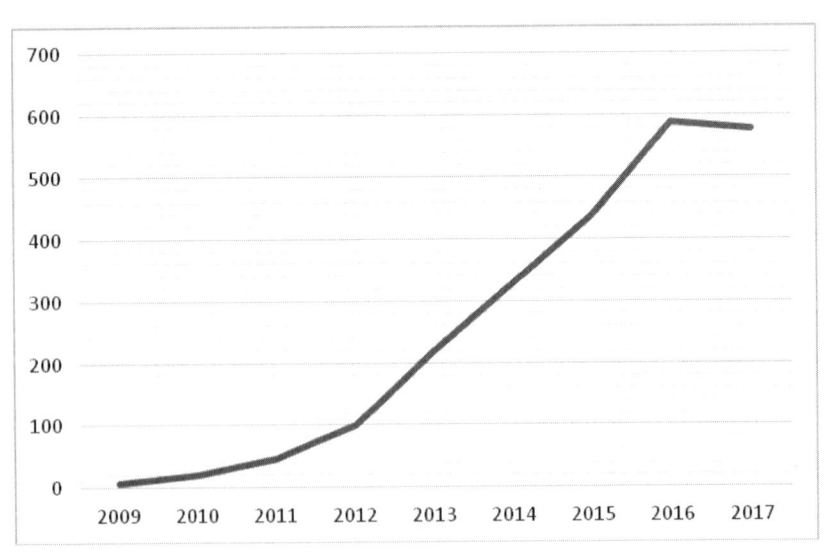

图1 国外经由社交媒体进行健康传播研究的发文量年度变化

(二)学科结构

把从 web of science 数据库下载到的数据导入到 Citespace 软件中,选择 category,绘制学科类别的图谱,如图 2 所示。

图 2 经由社交媒体进行的健康传播研究涉及的学科类别图谱

从图 2 中可以看出,经由社交媒体进行健康传播研究的学科类别包含了医学、心理学、传播学和计算机科学四个门类。引文环最大的三个类别分别是 Public,Environmental&Occupational Health(公共健康、环境健康和职业健康),Health Care Science&Services(卫生保健科学与服务),以及 Medical Informatics(医学信息学)。可见社交媒体与健康传播研究主要是以公共卫生和保健科学为基础的。保健科学和公共健康学都是旨在通过预防和减少疾病来保障人类健康,满足社会利益的,[①]是健康传播的立足点。现在计算机技术发展迅速,社交媒体的普及率越来越高,医学信息学和新媒体都在改变健康传播的研究和实践。从图 2 中可以看出,传播学有一定的影响力,其影响力弱于公共健康学和心理学。

---

① 董维真.公共健康学——西方人文社科前沿述评[M].北京:中国人民大学出版社,2009:前言.

(三)重要作者及合作网络分析

按照上述知识图谱的绘制方法,节点类型选择"author",绘制国外社交媒体与健康传播研究作者及其合作网络的知识图谱。在图3中,部分节点之间存在一些共现关系,可见形成了一些研究团队。但也有一些节点之间不存在或者存在较弱的共现关系,可见作者属于自己独自做研究的类型。从图3中可见,国外已经形成了一些研究团队,有利于资源共享,研究创新。

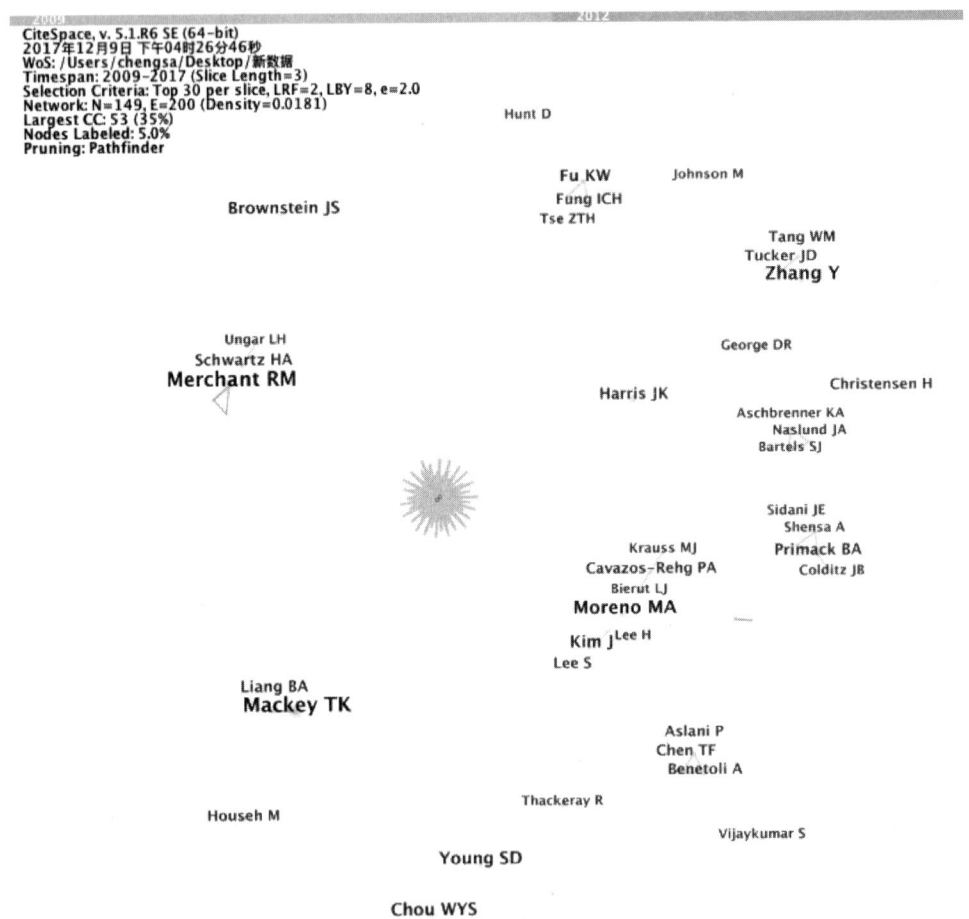

图3 社交媒体与健康传播研究涉及的作者分布知识图谱

在作者方面,发文多于10篇的共有7位,可见国外相关研究者开始形成核心作者。发文量超过10篇的作者的学科背景中,大部分是医学背景,传播学背景的作者还需进一步的介入,见表2。

表2 国外经由社交媒体进行健康传播研究的重要作者发文分布(发文量≥10)

作者	总发文量	单位
Mackey TK(Tim Ken Mackey)	15	加州大学圣地亚哥分校
Merchant RM(Raina M Merchant)	14	宾夕法尼亚大学
Moreno MA(Megan A. Moreno)	12	威斯康星大学麦迪逊分校
Liang BA(Bryan A Liang)	11	加州大学圣地亚哥分校
Chou WYS(Wen-ying Sylvia Chou)	11	美国国家癌症研究所
Harris JK(Jenine Kinne Harris)	10	华盛顿大学圣路易斯分校
Zhang Y(Zhang Yan)	10	新加坡国立大学

(四)国外研究机构及合作网络分析

按照上述知识图谱的绘制方法,节点类型选择"institute",绘制国外社交媒体与健康传播研究机构及其合作网络的知识图谱。从图4中可以看出,国外的研究机构结成了较为普遍的合作关系,这样更有利于信息互通和理论创新。

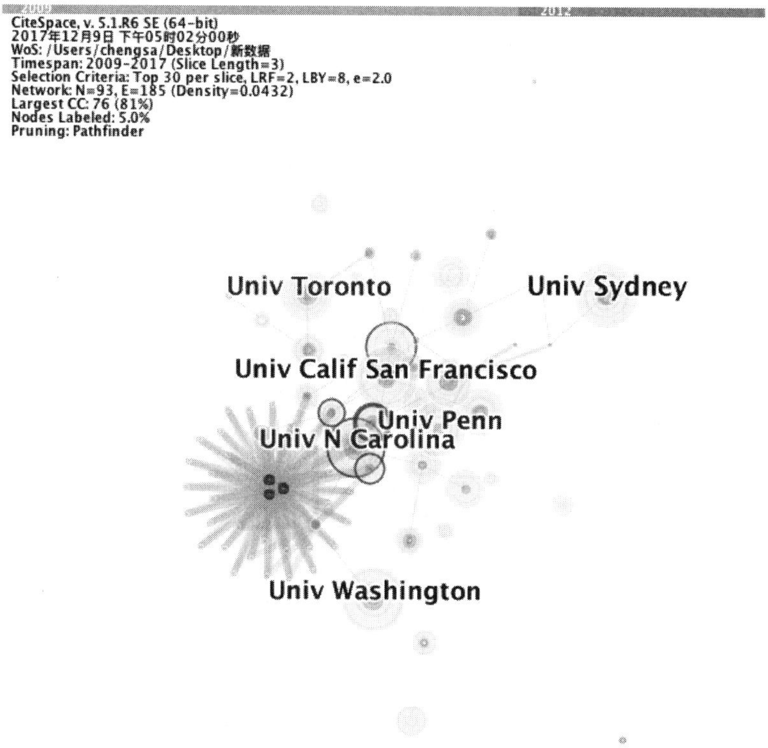

图4 国外经由社交媒体进行健康传播研究涉及的机构分布知识图谱

表 3 国外经由社交媒体进行健康传播研究的机构发文分布(发文量≥40)

机构名称	发文量	合作机构	国别
悉尼大学	50	宾夕法尼亚州立大学、圣地亚哥州立大学	澳大利亚
加州大学旧金山分校	49	加州大学洛杉矶分校、斯坦福大学、哥伦比亚大学	美国
华盛顿大学	49	杜克大学、威斯康星大学	美国
多伦多大学	44	渥太华大学、牛津大学、不列颠哥伦比亚大学	加拿大
宾夕法尼亚大学	44	悉尼大学、哈佛大学、北卡罗来纳大学	美国
北卡罗来纳大学	44	杜克大学、印第安纳大学、加州大学洛杉矶分校、加州大学圣地亚哥分校、密歇根大学、宾夕法尼亚大学、香港中文大学	美国

具体来看,发文机构最多的国家是美国和加拿大。发文量超过40篇的有6所重要的机构,这些机构之间基本上都有不同程度的合作关系,这也为经由社交媒体进行健康传播的研究起到了推动作用。

(五)国外核心期刊分布

按照上述知识图谱的绘制方法,节点类型选择"cited journal",绘制国外经由社交媒体进行健康传播研究的期刊共引知识图谱。在期刊的共引图谱中起关键作用的节点是那些中心度和被引频次都相对较高的节点。从期刊共引网络图谱中可以看出那些具有学术影响力的关键节点,被引频次较高的可以认为是社交媒体与健康传播研究的核心期刊。表4中是被引频次排名前30位的核心期刊。

表 4 国外经由社交媒体进行健康传播研究的期刊分布(排名前30位)

出版期刊	国家	被引频次	中心度	研究领域
J MED INTERNET RES (Journal of Medical Internet Research)	美国	1 038	1.23	卫生保健
PLOS ONE	美国	596	0.21	生物学
JAMA-J AM MED ASSOC (Jama-journal of the American Medical Association)	美国	524	0.29	医学
AM J PUBLIC HEALTH (American Journal of Public Health)	美国	427	0.16	公共卫生
BRIT MED J (British Medical Journal)	英国	375	0.39	医学
AM J PREV MED (American Journal of Preventive Medicine)	美国	371	0.29	公共卫生
NEW ENGL J MED (The New England Journal of Medicine)	美国	367	0.07	医学

续表

出版期刊	国家	被引频次	中心度	研究领域
LANCET	英国	356	0.02	医学
J HEALTH COMMUN（Journal of Health Communication）	美国	351	0.13	健康传播
COMPUT HUM BEHAV（Computers in Human Behavior）	美国	350	0.01	心理学
SOC SCI MED（Social Science & Medicine）	美国	349	0.03	公共卫生
BMC PUBLIC HEALTH	英国	319	0.10	公共卫生
J ADOLESCENT HEALTH（Journal of Adolescent Health）	美国	306	0.10	公共卫生
J GEN INTERN MED（Journal of General Internal Medicine）	美国	291	0.09	卫生保健
J AM MED INFORM ASSN（Journal of the American Medical Informatics Association）	美国	275	0.11	医学信息学
PEDIATRICS	美国	274	0.44	医学
J COMPUT-MEDIAT COMM（Journal of Computer-Mediated Communication）	美国	274	0.08	信息系统
PATIENT EDUC COUNS（Patient Education and Counseling）	爱尔兰	253	0.04	公共卫生
HEALTH COMMUN（Health Coummunication）	美国	237	0.10	健康传播
SCIENCE	美国	219	0.00	综合
HEALTH AFFAIRS	美国	213	0.00	卫生保健
NATURE	英国	191	0.00	综合
HEALTH PROMOT PRACT（Health Promotion Practice）	美国	170	0.04	公共卫生
CYBERPSYCH BEH SOCN（Cyberpsychology Behavior and Social Networking）	美国	145	0.04	心理学
PREV MED（Prevention Medicine）	美国	129	0.04	公共卫生
BMJ-BRIT MED J（BMJ-British Medical Journal）	英国	128	0.00	医学
COCHRANE DB SYST REV（Cochrane Database of Systematic Reviews）	英国	126	0.00	医学
BMJ OPEN	英国	122	0.00	医学
PLOS MED	美国	118	0.00	医学
J BIOMED INFORM（Journal of Biomedical Informatics）	美国	117	0.00	医学信息学

在这些被引频次高的期刊中,包含了医学、公共健康学、医学信息学、健康传播学等多种学科的期刊。其中,《美国公共健康杂志》(American Journal of Public Health)、《美国医学会杂志》(Journal of the American Association)、《英国医学期刊》(British Medical Journal)和《柳叶刀》(Lancet)是世界著名的四大医学临床期刊,《健康传播》(Health Communication)和《健康传播杂志》(Journal of Health Communication)是两本美国最重要的健康传播期刊,Science 和 Nature 是世界上顶级的两本综合类科学期刊。

共被引频次最高的《医学互联网研究杂志》(Journal of Medicine Internet Research),是一本由同行评议的开放获取医学杂志,于 1999 年创刊,是基于医学和计算机科学两个学科的期刊,主要发表内容是 e-Health 和"互联网时代的医疗保健",说明计算机的发展对医学以及公共健康学产生了巨大的影响,以后也势必在此方向继续发展。

(六)经由社交媒体进行健康传播研究的关键词共现分析

按照之前的操作,节点类型选择"Keywords",绘制关键词共现知识图谱,如图 5 所示。图中展示了频次超过 20 次的关键词,关键词结点的大小表示频次的高低,关键词之间的连线表示它们之间的共现关系。表 5 中列出了国外经由社交媒体进行健康

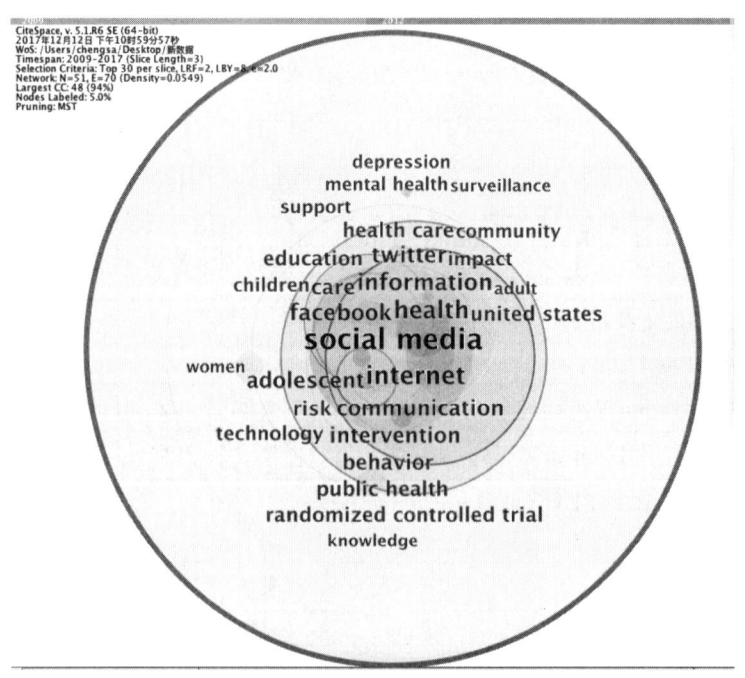

图 5　国外经由社交媒体进行健康传播研究涉及的关键词共现图谱

传播研究的高频关键词,以及它们的中心度。

表5 国外经由社交媒体进行健康传播研究的重要关键词(词频≥20)

关键词	词频	中心度
Social media(社交媒体)	1 099	1.19
Internet(网络)	479	0.21
Health(健康)	375	0.20
Information(信息)	271	0.10
Twitter(推特)	236	0.16
Facebook(脸书)	233	0.10
Communication(传播)	215	0.01
Adolescent(青少年)	200	0.41
Intervention(干预)	170	0.14
Care(保健)	159	0.04
Behavior(行为)	154	0.17
Public health(公共健康)	144	0.02
Randomized controlled trial(随机对照实验)	128	0.00
United States(美国)	121	0.00
Risk(挑战)	119	0.01
Education(教育)	118	0.09
Technology(技术)	111	0.20
Impact(影响)	100	0.00
Children(儿童)	87	0.01
Community(社区)	80	0.00
Mental health(心理健康)	73	0.08
Depression(抑郁症)	69	0.00
Adult(成年人)	54	0.00
Women(女性)	54	0.00
Knowledge(知识)	53	0.00
Surveillance(监控)	53	0.00
Management(管理)	25	0.00
Obesity(肥胖)	22	0.00
Health promotion(健康促进)	20	0.00

从关键词共现图谱(图5)和关键词共现频次(表5)以及相关文献中可以看出,国外经由社交媒体进行健康传播的研究热点。

1.社交媒体中错误健康信息的风险研究

社交媒体现在被个人和组织用来进行健康传播,导致信息(information)鱼龙混杂,误导信息(misinformation)往往更受欢迎,[①]并会产生实际的影响。[②] 这对公众和病患来说都是有风险的。有研究者认为公共卫生组织有责任纠正错误信息,这种做法并不会损害其公信力,[③]也有研究者设计评估模型试图评估社交媒体中信息的可信度(credibility),减少对公众和病患的错误引导。[④]

2.社交媒体的"公众健康监测(survelliance)"研究

在公共卫生危机中,社交媒体可以用于监测公众对卫生危机的反应,追踪和监测疾病爆发情况,发布健康信息,有效降低公众的恐慌和担忧。[⑤] 在对特定疾病的日常监测中,健康专家和公共卫生部门可以从社交媒体积累相关疾病的病人数据,监测公众的健康意识和健康行为。

3.社交媒体的青少年健康传播

从关键词图谱中可以看出"青少年(adolescent)"是主要的研究对象。据研究者发现,尽管使用社交媒体进行健康传播的使用者的特点十分多元化,使用者的年龄从学校的学生到65岁的老人,甚至年纪更大的,但是多集中在11—34岁,这样可以保证信息的到达率。[⑥]

---

① SHARMA M,YADAV K,YADAV N,FERDINAND K C.Zika virus pandemic-analysis of Facebook as a social media health information platform[J].American journal of infection control,2017,45(3):301-302.
② PARK M,SUN Y,MCLANGLIN M L.Social media propagation of content promoting risky health behavior [J].Cyberpsychology behavior & social networking,2017,20(5):278.
③ VRAGA E K,BODE L.Using expert sources to correct health misinformation in social media[J].Science commnuication,2017,39(5):621-645.
④ VIVIANI M,PASI G.Credibility in social media:opinions, news, and health information-a survey[J].Wiley interdisciplinary reviews data mining & knowledge discovery,2017:e1209.
⑤ GUIDRY J P D,JIN Y,ORR C A,MESSNER M,MEGANCK S.Ebola on instagram and Twitter:how health organizations address the health crisis in their social media engagement[J].Public relations review,2017,43(3):477-486.
⑥ CHOU W Y S,HUNT Y M,BECKJORD E B,MOSER R P,HESSE B W.Social media use in the United States:implications for health communication[J].Journal of medical internet research,2009,11(4):48.

4.社交媒体对"行为(behavior)"的"健康干预(intervention)"

有研究者主要研究社交媒体如何提供社会支持来促进戒烟行为。[①] 另有研究显示社交媒体能为一些疾病的污名正名,比如癫痫。[②]

5.社交媒体中病患的自我书写

社交媒体给病患提供了分享自己的患病故事和个人经历的可能性,病人由于生理和心理的双方面压力,希望通过在社交媒体上分享经历来获得病友和公众情感上的"支持(support)"。

6.病患的隐私保密研究

社交媒体给医疗专家和病人提供了更加便利的"沟通(communication)"平台,方便病患远距离、随时咨询和问诊。但同时,病患信息的保密性成了一种风险。有研究者设计了隐私保护原则框架来保护病患的隐私。[③]

从图谱中还能看出经由社交媒体进行健康传播的主要渠道是脸书和推特。皮尤研究中心研究表明,美国使用互联网的成年人中,有79%都是脸书的活跃用户,这些人中又有76%表示自己每天都会登录。推特是美国另一个主要的社交媒体网站,这两种社交媒体也是国外健康传播最活跃的两个渠道。

社交媒体进行健康传播的主题热点是"心理健康(mental health)",其中主要是对抑郁症(depression)的研究,另外,对肥胖(obesity)的研究也是热点之一。

社交媒体还用来进行"健康促进(health promotion)"和"健康教育(health education)"工作,有研究者通过建立公开的健康数据源的通用模型来为公共卫生部门和卫生保健专家提供病人的健康数据。[④] 社交媒体的个人化的交流使得公共卫生部门和健康专家能更有效地进行健康教育。

---

① PHUA J.Participating in Health issue-specific social networking sites to quit smoking:how does online social interconnectedness influence smoking cessation self-efficacy[J].Journal of communication,2013,63(5):933-952.
② LO A S,ESSER M J,GORDON K E. YouTube:a gauge of public perception and awareness surrounding epilepsy[J].Epilepsy behavior,2010,17(4):541-545.
③ BENDER J L,CYR A B,ARBUCKLE L,FERRIS L E.Ethics and privacy implications of using the internet and social media to recruit participants for health research:a privacy-by-design framework for online recruitment[J].Journal of medical internet research,2017,19(4):e104.
④ XIANG J,CHUN S A,CAPPELLARI P,GELLER J.Linking and using social media data for enhancing public health analytics[J].Journal of information science,2017,43(2):221-245.

(七)关键文献分析

按照之前的方法,选择节点类型为"Cite Reference",绘制国外舆论学研究文献的共被引知识图谱。图6中节点大小代表被引频次的高低,节点之间的连线反映文献之间存在共被引关系。共被引是指若两篇文献被另一篇文献同时引用,则说明这两篇文献之间存在着密切的关系,经常一起被引用的著者表示他们在研究主题的概念、理论或方法上是相关的。[1]

共被引频次由于会随时间推移产生变动,所以基于共被引关系形成的文献网络是一个动态结构,基于此,文献的共被引分析也能用来分析一个研究领域的知识演进脉络和发展趋势。关键文献在 Citespace 中有两个指标,一个是中介中心性,一个是共被引频次,本文以中介中心性和共被引频次两个标准确定本研究领域的关键文献。

图6显示了2009—2017年经由社交媒体的健康传播研究的关键节点文献。本文综合考虑中介中心性和共被引频次两个因素,对其中的重要文献进行评述。

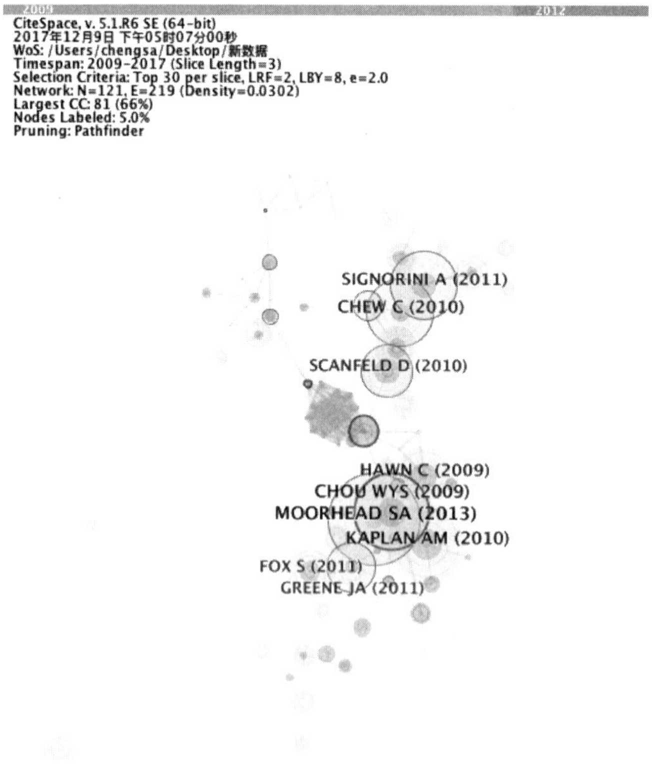

图6 国外经由社交媒体进行健康传播研究文献共被引知识图谱

---

[1] 罗式胜,范并思,吴永臻.文献计量学概论[M].广州:中山大学出版社,1994:218-220.

《卫生保健的一个新维度：社交媒体对健康传播的使用、益处和限制的文献综述》(*A New Dimension of Health Care：Systematic Review of the Uses，Benefits，and Limitations of Social Media for Health Communication*)一文通过对2002年到2012年相关文献的综述，确认了社交媒体的7个主要用途，包括加强与他人的互动，促进分享和获取健康信息等。社交媒体带来的6项好处包括与他人的互动增加，更多可用的量身定制的信息，增加健康信息的可访问性，社会支持，公共卫生检测以及影响卫生政策的潜力。同时社交媒体也带来了12个问题，包括健康信息的质量和可信性问题，使用者的隐私暴露问题等。总的来说，该文认为社交媒体提供了一种新的维度，需要进一步健全和评估社交媒体是否能在短期或长期内改善健康传播的实践。

《全世界的用户，团结起来！社交媒体面临的挑战和机遇》(*Users of the World，Unite！The Challenges and Opportunities of Social Media*)对社交媒体进行了概念的厘清和界定，把社交媒体的概念与Web2.0和用户生成内容等相关概念相区别，并对其进行分类，包括协作项目、博客、社交网站、内容社区、虚拟游戏世界和虚拟社会等，并对使用社交媒体的公司提出了10点建议，如谨慎选择，确保社交媒体的活动彼此一致；整合不同类型的社交媒体及传统媒体；社交媒体内容更有趣、更诚实等。

《美国的社交媒体使用：对健康传播的影响》(*Social Media Use in the United States：Implications for Health Communication*)对社交媒体用户的特征进行了测量。测量数据来自2007年美国健康信息国家趋势研究，结果显示年龄是社交媒体参与的唯一重要预测因素，较年轻的年龄、较差的健康自评、个人癌症经历都预示着会得到支持群体的参与。社交媒体的发展并不是均匀分布在各个年龄层，所以社交媒体的使用首先应考虑目标人群的年龄，以确保信息的到达率。另外，种族/民族和健康状况不会影响社交媒体的使用。

《在推特时代的流行病：2009年H1N1流感爆发期间的推特内容分析》(*Pandemics in the Age of Twitter：Content Analysis of Tweets during the 2009 H1N1 Outbreak*)对2009年禽流感爆发期间，超过200万条推特上的禽流感相关信息进行内容分析，结果认为错误信息并不是推特传播的，恰恰相反，推特可以被用来传播健康信息，但是，政府的消息来源却很少，禽流感的相关推文中，政府公共卫生机构发布的只占1%。推特的分析可能会让卫生部门在问题出现之前就意识到并对网络问题作出反应。

《在甲型H1N1流感大流行期间，使用推特追踪美国的疾病活动和公众关注程度》(*The Use of Twitter to Track Levels of Disease Activity and Public Concern in the U.S.*

during the Influenza a H1N1 Pandemic）也是对推特上 2009 年禽流感的信息进行追踪，结果认为社交媒体既能追踪用户对甲型 H1N1 流感的关注度，同时也可以实时估计疾病的活动情况。作者认为社交媒体可能为传统疾病监测系统提供了一种重要的、具有成本效益的补充，也可以作为公共卫生信息或公共卫生运动有效性的衡量指标。

《通过社交网络传播健康信息：推特和抗生素》（Dissemination of Health Information through Social Networks：Twitter and Antibiotics）是对推特上提到抗生素的推文进行随机选择，以进行内容分析和分类，结果表明推特可以提供一个平台，以确定潜在的对抗生素的滥用或误解，促进积极的行为改变，并传播有效信息。

《在公共卫生部门中采用和使用社交媒体》（Adoption and Use of Social Media among Public Health Departments）对国家公共卫生部门（SHDs）使用社交媒体的状况进行评估，是一项非实验性、跨部门的研究。结果认为，国家公共卫生部门每天在社交媒体网站上发布一篇文章，主要是为了发布信息，缺乏与受众的互动，几乎没有追随者，影响力有限。发布的多是有关健康、疾病的帖子和推文，但缺乏衡量标准。作者认为公共卫生机构要有效地使用社交媒体，必须制订一项战略沟通计划，促进互动和参与。

《糖尿病患者的在线社交网络：对与脸书的交流进行定性评估》（Online Social Networking by Patients with Diabetes：A Qualitative Evaluation of Communication with Facebook）选取了 15 个脸书上关注糖尿病管理的群体，对其讨论主题和评论进行分析。结果表明，糖尿病患者、家庭成员及其朋友使用脸书分享信息，内容包括疾病管理、信息反馈、对社区成员提供情感支持等。脸书提供了一个论坛，用于分享个人经历、提出问题，并为糖尿病患者提供直接反馈。然而，促销活动和个人数据收集也很常见，没有对真实性的考虑或检查。

《社交网站作为公共卫生信息的来源》（Social Internet Sites as a Source of Public Health Information）中认为患者越来越频繁依赖互联网，并分析了社交网站、推特、YouTube 等不同的社交媒体中健康信息是如何被传播的。作者认为年轻人是社交媒体中健康信息的主要使用者，但同时社交媒体中的健康信息也存在缺乏引用来源等弊端。

《医学学生在线发布不专业的内容》（Online Posting of Unprofessional Content by Medical Students）通过电子邮件从美国医学院学生协会向美国 130 所医学院的学生事务主任发送调查医学院学生发布不专业信息的问卷，结果 60％的学生在网上发布了不专业的在线内容，13％的学生对患者隐私进行了发布。作者认为医学院应该采取更多的措施来帮助学生建立专业精神。

《社交网络与医学专业主义的交叉点》(*The Intersection of Online Social Networking with Medical Professionalism*)通过脸书，评估了佛罗里达大学的所有医学院学生和居民的在线资料，评估这些医学生在社交网络上的不专业使用行为。结果表明，学生中大多数人选择将自己的资料向公众公开，而且个人信息也很容易获得，专业的教育需要解决这些问题。同时，由于学生和居民都参与了社交网络，医学教育者也需要检查学生能否积极地使用这些网站来发布专业知识。

表 6 和表 7 分别是中介中心性和共被引频次各排前 25 位的文献，能更广泛地看到经由社交媒体的健康传播研究的重要文献。

表 6　经由社交媒体的健康传播研究的共被引频次排名前 25 位的文献

序号	文献名称	作者	发表年份	共被引频次
1	A New Dimension of Health Care: Systematic Review of the Uses, Benefits, and Limitations of Social Media for Health Communication	Moorhead SA	2013	115
2	Users of the World, Unite! The Challenges and Opportunities of Social Media	Kaplan AM	2010	103
3	Social Media Use in the United States: Implications for Health Communication	Chou WYS	2009	92
4	Pandemics in the Age of Twitter: Content Analysis of Tweets during the 2009 H1N1 Outbreak	Chew C	2010	85
5	The Use of Twitter to Track Levels of Disease Activity and Public Concern in the U.S. during the Influenza a H1N1 Pandemic	Signorini A	2011	84
6	Take Two Aspirin And Tweet Me in the Morning: How Twitter, Facebook, And Other Social Media Are Reshaping Health Care	Hawn C	2009	79
7	Dissemination of Health Information through Social Networks: Twitter and Antibiotics	Scanfeld D	2010	67
8	Online Social Networking by Patients with Diabetes: A Qualitative Evaluation of Communication with Facebook	Greene JA	2011	65
9	The Movement Disorder Society Evidence-Based Medicine Review Update: Treatments for the Motor Symptoms of Parkinson's Disease	Fox S	2011	65

序号	文献名称	作者	发表年份	共被引频次
10	Adoption and Use of Social Media among Public Health Departments	Thackeray R	2012	58
11	Detecting Influenza Epidemics Using Search Engine Query Data	Ginsberg J	2009	56
12	Infodemiology and Inforeillance: Framework for an Emerging Set of Public Health Informatics Methods to Analyze Search, Communication and Publication Behavior on the Internet	Eysenbach G	2009	46
13	The Demographics of Social Media Users	Duggan M	2015	45
14	Harnessing Social Media for Health Promotion and Behavior Change	Korda H	2013	40
15	Are Health Behavior Change Interventions that Use Online Social Networks Effective? A Systematic Review	Maher CA	2014	39
16	Brand Reach and Targeted Recruitment Using Facebook for an Online Survey of Young Adult Substance Use	Ramo DE	2012	39
17	After Dr Google: Peer-To-Peer Health Care	Fox S	2013	38
18	Measuring School Contact Networks Using Wireless Sensor Technology	Salathe M	2011	38
19	Social Internet Sites as a Source of Public Health Information	Vance K	2009	38
20	Patients' and Health Professionals' Use of Social Media in Health Care: Motives, Barriers and Expectations	Antheunis ML	2013	37
21	Social Media: A Review and Tutorial of Applications in Medicine and Health Care	Grajales FJ	2014	36
22	A Social Media-Based Physical Activity Intervention: A Randomized Controlled Trial	Cavallo DN	2012	35
23	The Influence of Social Networking Sites on Health Behavior Change: a Systematic Review and Meta-analysis	Laranjo L	2015	31
24	Big Data. The Parable of Google Flu: Traps in Big Data Analysis	Lazer D	2014	28
25	Social Life of Health Information	Fox S	2009	28

表7 经由社交媒体的健康传播研究的中心性排名前25位的文献

序号	文献名称	作者	发表年份	中心度
1	Social Internet Sites as a Source of Public Health Information	Vance K	2009	0.35
2	Who's Using Social Media? Data from the Health Information National Trends Survey	Chou WYS	2009	0.24
3	Resident Uncertainty in Clinical Decision Making and Impact on Patient Care: a Qualitative Study	Farnan JM	2008	0.21
4	Pandemics in the Age of Twitter: Content Analysis of Tweets during the 2009 H1N1 Outbreak	Chew C	2010	0.19
5	Online Posting of Unprofessional Content by Medical Students	Chretien KC	2009	0.19
6	Social Uses of Personal Health Information Within Patients Like Me	Frost JH	2008	0.18
7	Dissemination of Health Information through Social Networks: Twitter and Antibotics	Scanfeld D	2010	0.15
8	The Intersection of Online Social Networking with Medical Professionalism	Thompson LA	2008	0.15
9	Online Social Networking by Patients with Diabetes: A Qualitative Evaluation of Communication with Facebook	Greene JA	2011	0.14
10	A New Dimension of Health Care: Systematic Review of the Uses, Benefits, and Limitations of Social Media for Health Communication	Moorhead SA	2013	0.13
11	The Use of Twitter to Track Levels of Disease Activity and Public Concern in the U.S. during the Influenza A H1N1 Pandemic	Signorini A	2011	0.11
12	Cancer Survivorship in the Age of YouTube and Social Media: A Narrative Analysis	Chou WYS	2011	0.11
13	Practicing Medicine in the Age of Facebook	Jain SH	2009	0.11
14	Measuring School Contact Networks Using Wireless Sensor Technology	Salathe M	2011	0.10
15	Youtube as a Source of Information on Immunization: A Content Analysis	Keelan J	2007	0.10
16	Online Professionalism and the Mirror of Social Media	Greysen SR	2010	0.09

续表

序号	文献名称	作者	发表年份	中心度
17	Social Network Sites：Definition，History，and Scholarship.	Boyd DM	2007	0.08
18	Seeking Support on Facebook：A Content Analysis of Breast Cancer Groups.	Bender JL	2011	0.08
19	Should I Be "Friends" with My Patients on Social Networking Web Sites?	Chretien KC	2011	0.08
20	Adoption and Use of Social Media among Public Health Departments	Thackeray R	2012	0.07
21	A Social Media-Based Physical Activity Intervention：A Randomized Controlled Trial	Cavallo DN	2012	0.07
22	Using Facebook and Text Messaging to Deliver A Weight Loss Program to College Students	Napolitano MA	2013	0.07
23	Harnessing Social Media for Health Promotion and Behavior Change	Korda H	2013	0.06
24	Use of Social Media in Health Promotion	Neiger BL	2012	0.06
25	Social Life of Health Information	Fox S	2009	0.05

四、研究前沿探测

在Citespace中,可通过两种方式进行研究前沿的探索,在关键词和文献共现网络知识图谱的基础上,基于Kleinberg的突现检测算法(Burst Detection Algorithm),可以得出高burst值的关键词,以及突现性关键文献,这些突现的关键词和突现性文献就用来检测本研究领域的热点和前沿。突现性包含突现度和突现时间两个维度,突现性高的文献意味着其在相应的时间区间里受到了格外的关注,一定程度上代表了所在研究领域在相应时间区间的研究前沿,其历时性演进则折射了一个学科或研究领域前沿热点的动态变化。

(一)高突现性的关键词

通过Citespace对这类词进行截取,得出突现性高的关键词,如表8所示。

表 8　国外经由社交媒体进行健康传播研究的突现性关键词

关键词	突现度	突现区间
social network	11.894	2009—2014
management	9.7551	2011—2014
obesity	9.012	2012—2014
health promotion	8.1888	2012—2014
surveillance	4.7491	2015—2017
Web2.0	3.9684	2009—2011
myspace	3.3062	2009—2011
professionlism	2.6532	2010—2011
student	2.6532	2010—2011
health communication	2.6443	2009—2011
mellitus	1.9894	2010—2011
care	1.7898	2009—2011

(二)突现性文献

表 9 为突现值较高的 10 篇文献。

表 9　国外经由社交媒体进行健康传播研究的突现性文献

高突现性文献	发表时间	突现值	突现时间区间
Social Internet Sites as A Source of Public Health Information	2009	11.1157	2012—2014
The benefits of Facebook "Friends": Social Capital and College Students Use of Online Social Network Sites	2007	9.6993	2012—2014
Social Life of Health Information	2009	7.3578	2010—2014
The Intersection of Online Social Networking with Medical Professionalism	2008	6.9305	2010—2013
The Delivery of Public Health Interventions via the Internet: Actualizing Their Potential	2009	6.5221	2011—2014
Online Professionalism and the Mirror of Social Media	2010	6.3319	2011—2013
Cancer Survivorship in the Age of YouTube and Social Media: A Narrative Analysis	2011	6.3045	2012—2014
Online Posting of Unprofessional Content by Medical Students	2009	6.0922	2010—2012
Intergrating Social Media into Emergency-preparedness Efforts	2011	5.5555	2012—2014
Youtube as A Source of Information on Immunization: A Content Analysis	2007	5.2941	2009—2014

结合突现性关键词和突现性文献可以看出，从现实背景看，国外社交媒体与健康传播研究最初的研究集中在 Web2.0 兴起后，Myspace、blog 等早期社交媒体异军突起，彻底改变了之前的网络形态，社交媒体的出现给各个研究领域都带来了全新的研究议题，同样也给健康传播带来了新的发展方向。从学理上看，健康传播虽然是多学科交叉的产物，目前也没有精确的界定，但健康传播的核心始终是说服公众采取健康行为，社交媒体兼具大众传播和人际传播双重属性，给健康传播带来了新的说服方式。这就是很多健康传播的研究学者开展社交媒体和健康传播研究的现实基点。

随着社交媒体的发展，"youth""information""management"等突现关键词成为研究热点。医生，尤其是医学院学生如何在社交媒体上发布正确健康信息，如何对病人的信息保密等是其专业精神的多维表现。健康传播旨在提升公众的健康水平，社交媒体上的虚假信息问题凸显出来后，公共卫生部门的管理问题也就随之而来，成为研究的重点。另外，癌症病人的自我书写也是目前研究的热点之一。

随着大数据的发展，"surveillance"成为最新的突现关键词。大数据技术使得对社交媒体上的健康信息的监测变得更加易得和准确。监测分为两大部分，一是对突发公共卫生事件的监测，包括对疾病的追踪和公众情绪的观察；另一个就是对日常健康习惯的监测，可以针对目标受众进行更有效的健康信息的推送。监测数据有利于公共卫生部门健康政策的制定和日常管理。

五、研究结论

笔者通过对 2009—2017 年国外社交媒体与健康传播研究的知识图谱的分析，发现社交媒体风生水起后健康传播研究出现新的特点。

(1)国外社交媒体与健康传播研究的学科基础以医学、公共健康学为主，并融合了心理学、图书情报学、计算机科学、传播学等，是一个综合性交叉学科。传播学在其中尽管占据了一席之地，但与公共健康、健康政策、心理学等学科还是有一定的差距，传播学者还有很大的研究空间。

(2)国外社交媒体与健康传播的研究热点包含了政府的健康政策研究，健康传播的效果研究，医疗专家与病人、病人与病人的交互关系研究，病人的情感支持研究，病人的隐私安全研究等，从大众传播角度到人际传播角度都有囊括，目前国内针对社交媒体进行健康传播的研究还处在初级阶段，还需要进一步的发展。

(3)国外社交媒体与健康传播的研究者与机构形成了一些研究团体，有利于研究发展和资源共享。研究者主要集中在大学中，可以有效地联手合作，进行理论创新。

结 语

本研究还存在一些局限性，主要有以下几点：(1)由于计量科学软件本身的问题，Citespace软件在各种参数设置下得出的结果会有不同程度的误差；(2)web of science上下载的数据也存在缺失的状况，导致结果可能会出现误差；(3)本研究只选择了web of science上的数据，并未涵盖国外所有的期刊数据库，数据难免有误差；(4)学术研究领域的演进是一个复杂的过程，知识图谱只能对关键路径进行宏观上的展现，无法展现全部的发展过程以及细节；(5)知识图谱主要是用可视化的方法展示知识网络、关键词共现、学科结构和作者之间的合作关系，与传统的文献综述的办法相比，不能看到论文内容，无法总结详细的议题，这是它的局限所在。

本研究聚焦国外经由社交媒体进行健康传播的演进路线，希望能为我国的健康传播研究提供一些启示。

〔程飒，西北大学新闻传播学院讲师〕

〔特约编辑：崔　林〕

中国纪录片国际传播的路径探索与理念创新
A Study on the Ways and Conceptual Innovation of the International Communication of Chinese Documentaries

◎ 李艾珂

Li Aike

摘要：本文主要探讨新时代中国纪录片国际传播的目标、体系与方法。作者结合理念探讨与案例分析指出，在全球化、信息化的新环境下，纪录片已经成为提升国家国际传播能力和文化软实力的重要载体。当下，以纪录片为主体的国际传播，要以讲好中国故事、弘扬中国文化为目标，创新视听表达，活跃国内外市场，努力打造新型传播平台、构建全球传播体系，不断强化中国纪录片在国际舞台的传播力、影响力和公信力，以纪实影像彰显中国特色、中国风格、中国气派。

关键词：纪录片，国际传播，中国故事，媒体融合，文化软实力

Abstract: This paper aims to investigate the missions and strategies of Chinese international communication through documentaries in the new era. Based on theoretical studies and empirical case analyses, the paper points out that documentaries have played an increasingly important role in the development of the country's international communication capacity and cultural soft power in the age of globalization and informatization. As the current main missions of Chinese international communication through documentaries are to tell Chinese stories well and to promote the Chinese culture globally, credibility of Chinese documentaries needs to be established and the global influence of Chinese documentaries should be enhanced. To achieve the goals, several strategies could be employed, including (1) to innovate the audiovisual expressions, (2) to actively participate in domestic and international markets, (3) and to create a new communication platform and build a global communication system.

Keywords: documentary, international communication, Chinese stories, media convergence, soft power

2017年,党的十九大提出了一系列新思想、新理念、新表述,不仅为党和国家绘制了蓝图,也为各行各业的创新发展指明了方向。针对新闻传播、文化艺术等方面,十九大报告指出,要坚定文化自信,推动社会主义文化繁荣兴盛。① 置身新的历史进程,文化建设被提升至更高的层面,被赋予了更重要的使命。

以视听传播领域为例,纪录片既是文化的高地,也是文化的使者,在国际传播中具有天然优势,是讲好中国故事、传播中国文化的重要载体。如今,随着中国国际化程度的日益加深,以"中国"为主题的纪录片引起国外观众的强烈兴趣,成为全球各大传播平台的主打资源。可见,纪录片的作用和意义不仅关系到创作本身,也关系到国家形象和国家利益,是国家软实力提升的重要标志。

迈入新时代,纪录片行业从内容到形式,从规则到流程,都在发生巨变,新格局、新秩序正在形成。在国际化、信息化的大背景下,如何以纪录片为载体,拓展多元平台、寻求广泛合作,对内满足人民日益增长的美好生活需要,对外提升中国作品、中国理念、中国文化的传播力、影响力和公信力,在国际传播中掌握话语权、把握主动权,成为纪录片学界、业界共同关注的重要议题。

一、弘扬文化、彰显自信,书写泱泱大国的华美篇章

文化是一个国家、一个民族的灵魂,文化自信,是更基础、更广泛、更深厚的自信,是更基本、更深沉、更持久的力量。② 党的十八大以来,随着综合国力和国际影响力的快速提升,中华民族走上了复兴与崛起之路,阐释中国理念、展现中华文化的纪录片不断涌现,纪录片行业的文化传播意识更加强烈。在"中国梦"美好愿景和"一带一路"国家倡议的背景下,如何以纪录片为载体,创造独树一帜的文化风格、彰显当代中国的文化自信,成为中国纪录片人的重要使命。

第一,介绍中国文化的历史传承。近几年来,越来越多的策划人、创作者开始从中华文化资源宝库中获取灵感、汲取养分,挖掘中国文化的有益思想和艺术价值。在纪录片创作中,运用灵活多样的视听语言,向全世界阐释华夏文明、展现文化瑰宝,介绍中国发展的历史进程,已经成为行业趋势之一。

从古至今,梳理中华文脉。长久以来,中国都以悠久的历史、独特的文化吸引外国

---

① 习近平提出,坚定文化自信,推动社会主义文化繁荣兴盛[EB/OL].(2017-10-18)[2017-10-21].http://www.xinhuanet.com/politics/19cpcnc/2017-10/18/c_1121820800.htm.
② 文化自信何以为更基础、更广泛、更深厚的自信[EB/OL].(2017-01-11)[2017-10-15].http://www.xinhuanet.com/politics/2017-01/11/c_1120285996.htm.

友人。通过纪录片创作,将泱泱大国各个时期的历史演变、文化发展娓娓道来,是中国纪录片"走出去"的重任之一。2016 年,纪录片《我在故宫修文物》立足"文物修复师"的视角,将镜头对准一砖一瓦、一器一物,在"文物修复"的过程中回溯历史、联系古今,梳理中国文化发展的筋骨脉络,不仅引发了行业热议,也成为 B 站上年轻人点击量颇高的"网红作品"。

以小见大,介绍华夏文明。诚然,中国文化的博大精深很难通过一部纪录片和盘托出,以纪录片讲述国家文明史、文化发展史,需要精心构思、精选视角,用通俗易懂、深入浅出的方式,达到"窥一斑而知全豹"的效果。以央视新近纪录片《如果国宝会说话》为例,创作者聚焦 100 件文物,以小见大,展示华夏文明的瑰宝、彰显中国古人的智慧,让厚重的历史、古老的文化跃然眼前、触手可及,用纪实影像诠释了"文化有脉动,万物有灵犀"的深刻含义。

第二,展示中国文化的当代风貌。正如习总书记所言,反映时代是文化艺术创作的重要使命。① 古今中外,任何作品都将遵循"因时而兴,乘势而变"的普遍规律。优秀纪录片不仅要回溯历史、传承文化,更要关注当下,随时代而行,与时代共振,成为新时代的记录者、新理念的思考者、新文化的践行者。

聚焦优秀文化的传承与发展。文化传承是新时代文化建设的重要任务,也是文化发展、文化繁荣的根基所在。通过纪录片勾连传统、观照现实,这一独特的创作视角在专业领域蔚然成风。2017 年,纪录片《记住乡愁》第三季登上央视国际频道,向国内外广泛传播。创作团队基于国家新农村建设的大背景,在祖国四方的田间村落寻找"孝悌忠信礼义廉耻"的文化传统,让西方受众通过纪录片,认知了一个个既古朴又现代、既传统又开放的中国新农村。

反映当代文化的朝气与活力。经过历史长河的文化洗礼,当代中国既保留了"自强不息""以和为贵"等文化特质,也在传统文化的影响之下,催生了以社会主义核心价值观为代表的当代文化。2017 年,《将改革进行到底》和《辉煌中国》等一大批主旋律纪录片亮相央视荧屏,回顾五年以来的成就与发展,总结创新、协调、绿色、开放、共享等国家发展的新理念,突出表现社会经济、文化思想等领域的新作为,全面展现了当代中国的经济硬实力和文化软实力。

第三,彰显中国文化的国际影响。长久以来,西方文化都是国际文化的主导力量,为世界所认知、所了解。今天,在经济全球化、文化多元化的发展进程中,纪录片行业

---

① 反映时代精神是文艺创作的神圣使命[EB/OL].(2017-01-11)[2017-10-15].http://theory.people.com.cn/n1/2017/0111/c143844-29015490.html.

敢于创新、善于探索，引领中国文化逐渐走向世界舞台的中心位置，实现了文化领域的"中西并跑"甚至达到了"中国领跑"。

转换文化传播的传统思维。提及文化类纪录片，往往离不开宏大的场景、深沉的叙事，或是将上下五千年的历史兴衰娓娓道来，或是对文物宝藏、文化遗址进行深入解读。实际上，在纪录片领域，不仅长城、故宫、京剧、昆曲代表了中国文化，以《我们诞生在中国》为代表的动物类纪录片从另一个生动有趣的视角，展示了中国人对自然环境、万物生灵的敬畏之心。今天，如何创新传统思维，不断丰富中国文化的视觉符号，应该成为新时代纪录片人的目标和方向。

拓展中国文化的输出渠道。纪录片是传播的载体，也是交流的纽带，不仅受到中外观众喜爱，也在更广泛的外交领域发挥了重要作用。2015 年，五洲传播中心与美国国家地理频道联合拍摄了纪录片《鸟瞰中国》，展示中国的自然之美、历史之美、人文之美。该片于 2015 年 9 月 24 日在腾讯视频播出，截止到 2015 年 10 月 9 日播放量就已突破 1.3 亿次。① 同时，在习主席访美期间，这部作品更以"伴手礼"的形式，在美国频道首播，为国家外交增添了文化色彩。②

二、提升品质、讲求方法，讲好生动鲜活的中国故事

故事化叙事、细节化表达，是纪录片的魅力所在，也使之成为不同国家和地区之间沟通情感、凝聚共识的重要载体。迈入新时代，提升中国纪录片的国际传播能力，要以"讲好中国故事"为目标，选取恰当新颖的主题内容，凭借灵活多样的叙述手段，将源远流长的中国文化、高度凝练的政策理念转化为可知可感、扣人心弦的细节和情节，使中国故事深入人心、暖人心田，唤起各国人民的情感共鸣，赋予中国故事更广阔的空间和更深远的意义。

第一，恰当选择故事题材与内容。在多手段聚合、多平台传播的新时期，无论媒介终端如何变化，"内容为王"是永恒的真理。先有一个"好故事"，才能创新观念、变换手段，进而做到讲好故事。因此，如何适应国际传播市场，契合国际受众心理，选择恰当的题材和内容，成为纪录片讲述中国故事的首要前提。

拓展思维，重塑传统题材。长久以来，论及中国纪录片的国际传播，主要内容离不

---

① 国家地理纪录片《鸟瞰中国》火爆中美 腾讯视频独播破 1.3 亿[EB/OL].(2015-10-10)[2017-10-15].http://www.cctime.com/html/2015-10-10/201510101432429331.htm.
② LU QIANWEN.Seeing "China from Above"[N/OL].Global times，2015-09-24[2017-10-13].http://www.globaltimes.cn/content/944305.shtml.

开长城、故宫、中国功夫等常见选题,虽然受到外国观众喜爱,但也面临创新难题。近几年来,针对传统题材的纪录片创新层出不穷。如国家地理频道对《故宫》等极富中国特色的纪录片进行改编,让外国人用第三者视角讲述中国内容,获得了较好的收视成绩。尽管作品的素材相同,但改编之后,内容的侧重、故事的质感发生了变化,达到了换个角度看中国的效果。

更新观念,挖掘新兴题材。中国故事如何赢得国际市场?在传统题材之外,新题材和新内容值得深入挖掘。据国家地理频道统计,在近一年播出的中国主题纪录片中,野生动物类纪录片取得了较好的收视成绩;而在 YouTube 上,诸如讲述三峡大坝建筑壮举的科技工程类纪录片也深受观众喜爱。[①] 可见,在国际传播领域,中国题材具有广阔空间,展示和谐发展理念和创新发展成就的中国内容值得关注。

第二,精心设计叙事手段与方法。在国际传播中,纪录片的叙事必须知己知彼、换位思考,一方面先要了解中国故事的深刻内涵,另一方面也要揣摩西方受众的接受心理,用对方易于理解的方式讲述中国故事,以期达到"听得进、听得懂"的传播效果。

注重个体性与个性化。由于历史和文化差异,来自中国的观念和主张很难通过"讲道理"的方式为西方受众所接受。反之,从细节入手、用情感说话,却能达到事半功倍的良好效果。以央视著名纪实类栏目《远方的家》为例,创办七年来,摄制团队走遍"边疆""沿海""一带一路"等具有战略意义的地点,从中国藏族老阿妈到新加坡的华人华侨,通过一张张鲜活的面孔、一个个感人的故事,让外国人对中国发展了然于胸,对中国主张感同身受。

强化思辨性与开放性。从古至今,西方人一向非常注重"辩论"这一技巧,遵循"真理越辩越明"的思维模式和交流原则。当下,以《看丝绸之路如何改变世界》等纪录片为代表,面对西方受众开展国际传播,中国纪录片已经逐渐改变了"画面+旁白"的闭合性叙事方式,通过引入第三方专家学者、探险家等人物,丰富叙事主体,强化多元性、开放性,减少说教性,突出故事性,给予观众一定的想象空间和思考空间,在东西方观点的碰撞中强化中国力量。

第三,努力适应国际市场与规则。国际传播是一个双向互动的过程,不仅要有积极的姿态和传播的能力,也要遵循国际规则、适应国际市场。只有满足市场需求、按照规则行事,才能更好地借助国际舞台,彰显纪录片形象生动、富有故事张力和人文魅力的天然优势,进而引起国际重视、产生国际影响。

---

① 王雁.智慧融媒体系列研讨活动之纪录片发展创新研讨会发言[R].北京,2018.

了解国际市场的兴趣与需求。做好纪录片的国际传播,先要详细了解国际市场的甲方需求。这一需求从具有国际代表性的国家地理频道可见一斑。2017年,国家地理亚洲频道首播纪录片366.5个小时,占比最高的是文化类纪录片(占比约20%),其次是科学类和太空、宇宙类纪录片,再次是野生动物类纪录片,此外还有探秘类、美食类纪录片。① 可见,在未来,传播中国文化、展现科技实力、倡导环保理念的中国纪录片将更加适应国际传播的实际需求,应该得到纪录片创作者的重视。

探索国际传播的规则与机制。国际纪录片市场的运作规则与中国本土的纪录片策划、生产和营销区别较大。中国纪录片要想走向国际,必须适应国际市场的运作习惯。需找准平台定位,作品本身的主题内容、风格手法要与对象平台的品牌诉求保持一致。另外,在拍摄渠道上注重独家拍摄许可和渠道,也有助于提升纪录片在国际市场的竞争力。

三、转变观念、丰富手段,探索传统视听的创新路径

近几年间,推动传统媒体和新兴媒体融合发展,是党中央为巩固宣传思想文化阵地、壮大主流思想舆论作出的重大战略部署。党的十九大报告八次提及互联网,习总书记特别强调,要高度重视传播手段的建设和创新。② 对于以传统视听手段见长的纪录片而言,观念转型和技术创新为行业发展带来了机遇。如何主动适应智慧融媒体的新环境,处理好技术和艺术的关系,通过拓展终端、扩大平台,提升传统视听的传播力、影响力和公信力,成为当下纪录片发展的重要议题。

第一,活用技术手段,创新视听形态。视听艺术是依靠技术进步、凭借技术创新的艺术领域,技术手段的升级换代将直接推动视听艺术的创新发展。身居智慧融媒体时代,纪录片要以先进技术为支撑,以内容建设为根本,用新手段、新方法激发传统视听艺术的活力与魅力,传播好中国声音、阐释好中国特色。

学习新技术、运用新方法。近几年来,在对外传播的纪录片中,对于新技术的尝试不胜枚举。以技术创新为突破,传统纪录片得以焕然一新,已经逐渐成为中国纪录片走向国际的着力方向。例如,五洲传播中心与国际媒体合拍有关故宫的纪录片,创作者加大技术投入,设计了一个故宫斗拱的建筑模型,将其置于地震实验环境,记录科学

---

① 王雁.智慧融媒体系列研讨活动之纪录片发展创新研讨会发言[R].北京,2018.
② 习近平十九大报告 八次提到互联网[EB/OL].(2017-10-18)[2017-10-20].http://www.china.com.cn/19da/2017-10/18/content_41753464.htm.

实验的全过程,用以说明中国古代建筑如何巧夺天工、抵御自然灾害。① 尽管只是一个小小的技术细节,却使传统题材焕发了新的生机。

适应新环境、创造新样态。习总书记曾言:宣传思想工作是做人的工作,人在哪儿,重点就应该在哪儿。② 在移动互联网时代,手机端变成了受众的主要聚集地,移动化、碎片化成为视听传播的主要特征,以往30—60分钟的大体量纪录片开始思考如何改变作品样态、重塑叙事逻辑。近期,央视纪录频道推出了短视频平台——V9视频,以《如果国宝会说话》作为尝试,每天推出5分钟短视频,旨在以短小精悍的视听模式,建构中华文明简介和文化瑰宝索引。

第二,开发多元终端,实现跨屏融合。如今,跨屏播出、多屏融合已经成为行业发展的必然趋势。所谓"跨屏",既包括国内外的跨地域播出,也包括电视频道、大银幕、互联网的跨平台播出,同时,更意味着要从纪录片的策划、内容、推广等各个环节入手,深度注入跨屏思维。

拓展纪录片的播出平台。中国纪录片"走出去",一方面要走出中国、走向国际,将优秀纪录片通过Discovery、国家地理频道等全球平台直接输出海外;另一方面,也要走出传统局限,在电视频道之外,寻找通往国际的多元平台。比如,借助院线大银幕进军国际;利用互联网,尤其是社交媒体的彼此分享功能,使中国纪录片在"外国人的朋友圈"保持活跃。今天,纪录片再也不是电视频道的单一产物,应该成为适应不同终端、跨越不同屏幕的国际传播产品。

强化纪录片的跨屏思维。在媒体融合的实施过程中,传统媒体与新兴媒体从"简单相加"走向"深度相融"。当下,纪录片的跨屏思维已经深入到策划创意、创作生产等各个环节,从根本上彰显了融合传播之意。以五洲传播中心与法国制作机构合作制作的环保短片为例,创作者将动画元素与传统视听元素有机结合,轻松幽默地阐释中国与世界其他国家如何共同解决环保问题,以适应电视端、网络端、手机端的收视习惯,以及当代受众移动化、片断式的观看习惯。③

第三,更新传统观念,推动市场运作。随着中国纪录片国际化的逐步推进,所谓纪录片"走出去",除了要在主题创意、内容创作等方面走向国际,也要增强市场观念、适应市场规则、参与市场运作、加强市场建设,进而完成中国纪录片从"作品"向"产品"的

---

① 井水清.智慧融媒体系列研讨活动之纪录片发展创新研讨会发言[R].北京,2017.
② 习近平的六大新闻理念 六亿网民是重点[EB/OL].(2015-01-08)[2017-10-08].http://www.xinhuanet.com/politics/2015-01/08/c_127373817.htm.
③ 井水清.智慧融媒体系列研讨活动之纪录片发展创新研讨会发言[R].北京,2017.

转变,实现"叫好又叫座"的国际传播效果。

强化受众意识,实现精准传播。在新媒体环境中,传受地位反转,受众变成用户,拥有了更多的选择权、决定权。经营纪录片市场,必须建立以受众为中心的理念,使纪录片成为受众愿意选择的媒介产品。对于发行人、创作者而言,在最初的策划和创意阶段,便要开始考虑作品的发行国家、播出平台以及受众特征,不仅要对目标区域、目标对象进行前期调研,也要在后期营销中,根据传播对象的兴趣变化,随时调整推广策略,达到"量体裁衣"的传播效果。

开发衍生产品,形成"产业链"。近几年来,中国纪录片逐渐强化 IP 概念,即立足一部优秀作品,衍生诸如动漫、综艺、文化产业、生活消费等多项内容。纵观纪录片市场,大 IP 不胜枚举,如《舌尖上的中国》成功带动美食产业链,使中国美食成为中外观众津津乐道的文化议题。再如纪录片《辉煌中国》,将作品推广与共享单车、城市大屏有机结合,通过精心设计衍生品,增强作品与受众的互动性,实现了主题性纪录片与现实生活的无缝连接。

四、内外兼修、拓展平台,扩大中国作品的国际影响

随着中国纪录片在国际传播中的地位和作用日益增强,加快与之相对应的平台建设成为当务之急。具体而言,一方面,中外合作搭建创作平台,让西方团队重新认识了中国故事,较好地实现了中国题材的国际表达;另一方面,近几年来,中国纪录片主动发力,不仅国家媒体着力开展纪录片国际推广工作,而且以政府为主导的纪录片国际传播工程不断涌现,在国际市场引发了"中国热"。总之,不同国别、不同类别的传播平台如雨后春笋,助力中国纪录片的国际化发展。

第一,依托国际合作,进军国际市场。长久以来,国际合作一直都是中国纪录片"走出去"的主要路径之一。通过合作拍片等方式,既可以让西方团队了解中国、认识中国,也可以促使我们的团队深入国际传播环境、融入国际创作体系,逐渐形成双方并跑的竞争态势,为中国纪录片领跑全球市场做好准备。

了解国际纪录片传播平台。深入认识国际纪录片播出平台,是中国纪录片开展国际合作、引领国际市场的必要基础。以国家地理频道、Discovery 等国际主流纪录片平台为例,其共性特征在于:其一,专业性强,除了制片、编剧、导演、摄像等传统工种,还会配备专门的市场小组、法律小组、专业顾问。其二,善于长时间、大制作,如法国导演雅克·贝汉及其团队走遍 50 多个国家,拍摄了《迁徙的鸟》;BBC 酝酿 16 年,拍摄历时5年,最终制作完成了《蓝色星球2》。

深入开展广泛的国际合作。今天,中国纪录片的国际合作已经从针对某一作品的表层合作,发展为涉及战略层面、队伍层面的深层合作。以央视纪录频道为例,自成立以来,频道积极搭建国际化团队,聘请世界知名纪录片管理者、制作人加盟其中,吸纳中西方人才精英。五洲传播中心与迪士尼展开合作,将着手建设"环幕中国"工程,把360度大银幕置于迪士尼乐园中国馆,专门用于播放中国影像,让中国故事永远留存,成为世界经典。①

第二,提升中国平台的国际传播能力。扩大中国纪录片的国际影响,既要借助外力,更要苦练内功。在国际纪录片市场,若要超越中西方"并跑"、实现"中国领跑",必须立足我国国际传播战略,将国际经验为我所用,做强做大自身国际传播平台,吸引国际力量在中国纪录片的引领之下开展合作、共享共赢。

加强传统电视频道的国际化发展。尽管纪录片传播已经逐渐走入互联网时代,但是,传统电视频道依然是中国纪录片"走出去"的主要渠道之一,也是纪录片国际传播能力建设的重要阵地。作为国家媒体,央视已经拥有纪录片专业频道。2016年12月31日,中国国际电视台(CGTN)开播,其频道之一即为纪录频道(CGTN Documentary)。二者发挥各自长处,不仅储备了大量优秀的作品资源,而且着力打通国际化渠道,成为中国纪录片立足国家平台、走向国际市场的两大重要支柱。

构建基于纪录片的国际传播联盟。以中国为主要发起者,联合国际纪录片主流力量,共同推动行业发展,是中国纪录片引领国际的重要标志。近几年来,依托我国政府、媒体、行业组织所建立的国际纪录片联盟越来越多。比如,为了响应"一带一路"国家倡议,五洲传播中心发起了"一带一路"媒体传播联盟,现有52个国家和机构参与其中,与中国团队一起,通过纪录片阐释"人类命运共同体"的中国主张,在纪录片领域实现了"中国引领"。②

第三,解决纪录片国际传播的实际问题。置身日趋激烈的竞争环境中,中国纪录片既面临机遇,也必须应对挑战,相关问题亟待解决。因此,新时代的纪录片人必须立足国际舞台,从题材、创作、渠道、营销等多方面入手,寻找中国与国际的差距,提出解决问题的策略建议,以期实现中国纪录片国际传播质的飞跃。

加强产能建设、强化头部资源。拥有源源不断的、质量上乘的作品资源,是吸引国

---

① 井水清.智慧融媒体系列研讨活动之纪录片发展创新研讨会发言[R].北京,2017.
② "一带一路"媒体传播联盟在京启动[EB/OL].(2016-04-18)[2016-06-20].http://news.cyol.com/content/2016-04/18/content_12436147.htm.

际关注、赢得传播力和影响力的重要基础。如今,在央视纪录频道晚上5点半至11点半的时间段中,以节目个数来算,纪录片首播节目占到54%;按节目时长来算,首播纪录片只占26%。而在首播的纪录片中,收视率不到1%的纪录片占比高于0.3%,自然地理类的纪录片收视率较高。[①] 可见,提高产量、提升质量,应该成为纪录片行业的永恒话题,也是中国纪录片的努力方向。

重视队伍投入、扶植优秀人才。近几年来,中国纪录片领域人才辈出,以中国传媒大学新闻传播学部的"光影纪年——中国纪录片学院奖"等专业竞赛为代表,政府、学界、业界高度重视纪录片的传承与发展,推荐、选拔了一大批优秀纪录片人,成为新时代纪录片领域的中坚力量,为中国纪录片走向国际舞台、引领国际发展奠定了基础。

综上所述,走向国际、走向融合是当下纪录片发展的大势所趋。对于中国纪录片而言,立足国际舞台,重点在于讲好中国故事、传播中国文化,向世界各国的观众朋友展示中国文化软实力;前提在于突破传统思维、寻找创新路径,主动适应媒体融合发展的新态势、新环境。未来,只有坚守国家战略、国际发展的总体目标,坚持内容为本、品质优先的根本原则,坚定行业理念、实施路径的创新发展,才能推动中国纪录片国际传播走向新时代,承担新使命,取得新成果。

〔李艾珂,中国传媒大学新闻传播学部讲师〕

〔特约编辑:顾 洁〕

---

① 姜涛.智慧融媒体系列研讨活动之纪录片发展创新研讨会发言[R].北京,2017.

融媒体实验室:新闻传播实践教学的创新与进路

Media Integration Lab:The Innovation and Access of Journalism and Communication Teaching Practice

◎ 郑志亮 吴 昊

Zheng Zhiliang Wu Hao

摘要:融媒体实验室是高校为应对传媒业界的媒介融合趋势而搭建的一种新闻传播实践教学模式。这一模式是中外新闻传播融合实践的产物,经过不断的探索与创新,丰富了高校人才培养、科研和社会服务的功能,也在新闻传播学科领域的前沿热点研究中具有一定的引领性。中国传媒大学的"'产学研'智慧融媒体创新实践传播平台"搭建两年来取得了一定的成果,是我国高校融媒体实验室搭建的有益尝试,但在核心技术、内容建设等方面仍需继续探索。

关键词:融媒体实验室,教学,创新,进路

Abstract:The Media Integration Lab is a teaching model of Journalism and Communication set up by universities in response to the media convergence trend of the media industry. This model is the product of the practice of the international media integration. After continuous exploration and innovation, it has enriched the functions of cultivation of talents, scientific research and social services of university. It also has been a leading in the research of Journalism and Communication. The Communication University of China's "Industry—University—Research" Smart Media Innovation Practice Platform has achieved certain results in the past two years. Although it is a useful attempt to build a media integration lab in China, it still need to continue to explore something such as the core technology and content construction.

Keywords:The Media Integration Lab,teaching,innovation,access

近年来,媒介融合已成为国内外新闻传播业界和学界的热点。一般认为,媒介融合这一概念最早萌芽于美国未来学家尼葛洛庞帝在20世纪70年代的预言,他认为

"广播电视业、电脑业和印刷出版业将在数字化浪潮下呈现交替重合的发展趋势"。① 而这一概念最早是由美国马萨诸塞州理工大学教授伊契尔·普尔提出的。他认为,媒介融合就是"各种媒介呈现多功能一体化的趋势"。② 我国著名学者陈力丹认为,媒介融合"必须借助最新的传播科技,打通资本市场,应该理解为'内容生产＋产品形态＋渠道占有'的一体"。③

一、中外媒介融合的新闻实践

媒介融合概念提出后,国内外新闻传播学界和业界都开启了融媒体的实践创新和人才培养的大幕。在业界,美国《坦帕论坛报》新闻中心原先的出版、广播与网络三个部门依旧保持编辑职能上的独立性,但三部门在新闻采集上展开全面合作,并自由共享信息资源。④ 1999年,纽约时报公司将旗下的互联网部门合并成"数字纽约时报公司",并利用其旗舰网站向世界范围的读者提供报纸内容以及来自美联社、CBS等合作伙伴的新闻。⑤

在学界,美国堪萨斯大学新闻与大众传播学院走在融合教育的前端,于1999年便启动了媒体融合教育计划。此后,从1998年到2002年,美国大约有60%开办新闻专业的学校开发了新课程或修订了教学计划,以培养学生为跨媒体平台工作的能力。世界上第一所新闻学院,1908年创办的密苏里大学新闻学院也在2005年秋季学期开设了媒体融合课程,并同时创建了媒体融合专业。

媒介融合概念的大热在我国同样引起了各界的重视。在国家政策层面,2007年,原新闻出版总署启动了"全媒体数字采编发布系统工程"的建设,并确定了南方报业传媒集团、烟台日报传媒集团等进行数字复合出版的研发和试点。

2014年8月18日,中央全面深化改革领导小组第四次会议召开。会议审议通过了《关于推动传统媒体和新兴媒体融合发展的指导意见》。习近平总书记强调,推动传统媒体和新兴媒体发展,要强化互联网思维,坚持传统媒体和新兴媒体优势互补、一体发展,坚持先进技术为支撑、内容建设为根本;推动传统媒体和新兴媒体在内容、渠道、平台、经营、管理等方面的深度融合,着力打造一批形态多样、手段先进、具有竞争力的

---

① 弓慧敏.媒介融合·视野中电视媒体的未来发展[J].中国广播电视学刊,2010(5).
② 张乔吉.新媒体背景下的媒介融合走向[J].传媒观察,2010(3).
③ 陈力丹.认识融合传媒的力量[J].新闻春秋,2018(4).
④ 曲茹.新媒体时代国际新闻传播人才培养的三点思考[M]//王晓红.媒介融合语境下的新闻传播教育改革.北京:中国传媒大学出版社,2016:36-42.
⑤ 杨晓丽.媒介融合的先行者——《纽约时报》[J].东南传播,2008(9).

新型主流媒体;建成几家拥有强大实力和传播力、公信力、影响力的新型媒体集团,形成立体多样、融合发展的现代传播体系。要一手抓融合,一手抓管理,确保融合发展沿着正确方向推进。

在国家政策的大力支持下,2008年,烟台日报传媒集团成功研发出全媒体数字复合出版系统,"全媒体新闻中心"于7月1日正式上线使用,成为国内第一家建成"全媒体新闻中心"的媒体。此后我国传媒业界对媒体融合的探索不断深化。其中,人民日报"中央厨房"被认为是推进媒体融合的"标配"和"龙头工程"。这套工作机制在"两会"等大型主题报道中大放异彩,其随后创新的融媒体工作室更是激发了编辑记者们的内容创作热情,生产出了许多优秀的融媒体新闻产品,与传统报纸内容产生了良性共振。

二、中外高校的融媒体实验室建设及启示

为适应业界媒介融合的发展,高校针对传媒教育也进行了不断的调整。从开设媒介融合课程到创建新闻学专业实验室再到探索搭建融媒体实验室,高校试图在这一轮媒介变革中顺势而为,保持自身的竞争力。

(一)中外高校融媒体实验室的建设

关于"媒介融合实验室"的概念,中国人民大学新闻学院高钢教授认为,媒介融合实验室应具备多功能、可扩展、融合性的特点。多功能是指该实验室能承担过去多个类型实验室才能承担的教学工作;可扩展是指该实验室能根据未来的需求进行修改、更新,增加新的功能;融合性指的是该实验室不仅是一个小型的媒体信息的采集中心,还是各类信息的加工中心和发布中心。[①]

世界上最早设立融媒体实验室的是美国密苏里大学新闻学院。密苏里大学新闻学院一直走在世界新闻教育的前列,其新闻教育的精髓和核心是"密苏里方法"。"密苏里方法"是一种将课堂教学与专业实践结合起来的方法,该方法的要旨是"学习新闻和广告的最好方法是实践"。在操作中,该方法一直保持着新闻教育要与媒体发展同步甚至超前于新闻事务的发展的理念。

该学院2005年便设立媒介融合专业和若干媒介融合实验室,学院在融媒体实验室配备了职业型和理论型两类教职员工,学生面对由四五台公共计算机组成的屏幕来

---

① 黄龙.面向媒介融合的新闻专业实践教学体系研究[J].新闻天地,2010(10).

对一个新闻报道进行多媒体信息合成,教职员工对学生进行指导。在密苏里大学新闻学院的融媒体实验室中,密苏里数字新闻是学院的第一个融合编辑部。报纸、广播和新闻媒体专业的学生在州议会大厦办公室一起工作。另外,该编辑部在线服务于公众,将新闻报道分发到全州的各种报纸和广播媒体终端。密苏里新闻协会、密苏里广播协会等为该编辑部提供支持服务。[①]

密苏里大学新闻学院除了数字新闻这一融合实验室外,还设有KUMO电视台编辑部学生工作实验室、MOJO广告实验室以及一些报纸杂志的实验室,为学生的新闻传播实践创造了完备的平台。

在国内,武汉大学于2000年底成立"新闻传播学实验教学示范中心",这是我国高校成立的第一个新闻学专业实验室,也是我国传媒类第一家国家级实验教学示范中心。[②] 该实验室每年承担新闻传播学类81门课程的教学任务,还注重研究式的实验教学模式,鼓励学生和吸引业界人士参与科研课题研究,在实验室里进行数据处理和实验分析。这种教学模式让学生更熟练地掌握了实验方法和技巧,培养了学生的创新性思维和能力,在业界也获得了较高的声誉和好评。武汉大学的新闻学专业实验室成立多年来学术硕果累累,也为我国高校的融媒体实验室建设打下了良好的基础。

在我国国内高校中,汕头大学和南京大学金陵学院最早开始创建融媒体实验室。2007年,汕头大学长江新闻与传播学院与美国密苏里大学合作,创办了媒介融合专业和融合媒体实验室。该实验室服务于汕头大学新闻学院在媒介融合领域的教学研究,在国内新闻教育界首开先河。同年,南京大学金陵学院开设了国内首个媒介融合专业(方向)。2008年11月,金陵学院建成媒体融合实验室并投入日常教学。该实验室是一个开放性的教学实践操作平台,教师和学生模拟全真环境下的多媒体运营流程,学生以记者的身份采制节目,由教师模拟主编,进行批改和发布。在模拟教学中,文字、图片、音视频等文件都是学生的实践素材,可以进行多种媒体的融合实践。

(二)高校融媒体实验室的功能定位

从中外高校融媒体实验室的建设中,我们可以窥探出高校融媒体实验室的基本功能定位。大学作为传统教育系统中的终端,对其功能定位一直有着不断的探讨。大学的功能不是固化的,而是随着社会的发展不断更替演进的。总体来看,大学的功能定位主要由三部分组成:人才培养、科学研究、社会服务。而作为大学机构之一的融媒体

---

① 李建新,郭立群.当代密苏里新闻传播教育的实证研究[M].北京:中国书籍出版社,2015.
② 武汉大学.武汉大学新闻传播学实验教学中心[J].实验室研究与探索,2013(10).

实验室,其功能定位也在以上三大范畴之内,但内涵更为具体也更有针对性。

传媒业界的融媒体平台主要是为了满足新的媒介环境下新闻策、采、编、发的需要,而高校的融媒体实验室有其特殊性:既要服务于新形势下传媒人才教育模式的转变,还应保证日常校园内乃至对外信息的宣发;既要满足科研人员进行学术研究的需要,还应发挥优势,生产出优秀的新闻产品。

1.融合新闻人才培养

推进媒介融合教育改革,以应对业界媒介融合的发展是高校融媒体实验室的首要功能。高校融媒体实验室应解放实践教学思维,突破传统的新闻类、纪录片类、DV创作类课堂教学的模式,跟踪并引入行业及市场适用的新媒体互动技术,通过技术实践,提高学生编创的融媒体作品的整体质量,提升作品视听呈现效果。教师应以新媒体的时代发展为指导,拓展学生创意策划的新方向,尝试融媒体内容创作的新模式;培养学生的匠人精神和讲好中国故事的创意立场,提升学生观察入微、策划入微、艺术设计入微、展示推介入微的创作意识。

此外,最早启动媒介融合教育计划的堪萨斯大学曾出现一个问题:其培养的媒介融合毕业生因学习的媒介融合知识过于宽泛而未能满足业界的人才需要。所以在融媒体实验室的人才培养过程中,实验室应在全面帮助学生了解媒介融合知识的前提下,要求学生明确特定的发展方向,以保证人才培养具有针对性。

2.科学研究

大学教学具有流动性和变异性强的特点,这要求大学教师必须立足科学发展的前沿,积累扎实而又宽厚的知识,对所教学科有深度的理解,并能够博采相关知识。大学教师还应强化创新意识,自身具有创新能力才更加有可能培养学生的创造精神。

高校融媒体实验室是高校师生从事日常教学和科学研究的创新孵化基地。具备学校新闻传播学科前沿优势、大数据优势以及高校师生的学术研究优势。因此,高校融媒体实验室更应在我国各级融媒体中心的建设,媒介融合的理论研究,媒介融合的技术、人才、内容等微观研究方面进行探索,为我国的融媒体建设出谋划策。

3.社会服务

融媒体实验室应把握时代脉搏,以服务社会为己任,以新锐理论与业界生态最新技术为驱动,以互联网思维、融媒体视野、跨媒体样态和研究能力提升为主旨,在日常教学和校内外交流中生产优秀的新闻产品,并利用融媒体中心的技术优势,在舆情监测、追踪上发力,分析社会舆情热点,发布舆情报告,从而帮助政府部门更好地引导舆论。

此外,融媒体实验室应不断拓展自身内涵,保持先进性,增强开放性,承接媒介融合培训,为社会提供回归教育的机会,提升从业人员的业务水平。

三、融媒体实验室与新闻传播前沿热点的呼应

融媒体实验室是高校针对新闻传播业的变化而做的有益探索,其与当前新闻传播领域的许多前沿热点都有很强的关联。数据可视化的深度探索与融媒体实验室有着很强的内在联系,而对当下县级融媒体中心搭建的探索和研究则是融媒体实验室立足自身定位、践行社会责任的体现。此外,针对新闻传播领域不断涌现出来的新技术,几大高校在融媒体的基础上进行的创新也不断丰富着高校媒体实验室的内涵。

(一)数据可视化的深度探索

由于融媒体实验室指挥中心的大屏是由各个数据展示模块组成的,而这些模块中很多都是经过了数据可视化的处理,如词云、热力图等。所以,数据可视化与融媒体实验室有着十分重要的内在联系。探索数据可视化的深度挖掘,让数据发挥更大的价值是融媒体实验室可以发力的方向。经过多年的实践,我国的数据可视化发展已经取得了不俗的成绩,展望未来,数据可视化的发展应该继续在深度化、简便化和形象化上继续做文章。

融媒体实验室可以尝试为企业或者机构打造定制化数据集。当前数据集泛滥,许多数据集都不是根据客户的需求定制的,而是定制完再进行招标。这种方式有可能使客户得不到需要的数据集,也造成了数据团队的资源浪费。高校可以利用融媒体实验室的技术优势和智力优势,收集特定问题的定制化数据,进行深加工,形成独特的定制化数据集产品。

在冰冷的数据中讲述温情的故事也是融媒体实验室可以发力的方向。新闻其实是对真实故事的诉说,可视化是一种有助于让读者产生共鸣的科学技术,数据具有的真实性和客观性让人信服。将可视化的真实数据用来讲述真实的感性故事,具有更强的吸引力和感染力。高校融媒体实验室可以借力其技术优势挖掘出某个事件的完整数据,并将其与编辑能力相结合,从而完成有温度的数据新闻产品。此外,如若能挖掘具有连续性的数据,可探索定期专栏更新的方式,让读者阅读起来就像是在观赏一部

连续剧。

进行动图等形象化探索。融媒体实验室还可以继续探索更为新颖的可视化呈现形式,比如对动图或者动态地图的灵活运用。将动图运用于反映某一事物的变迁比静态的趋势图更为形象。人民日报社在2017年建军节之际推出的H5产品《快看呐!这是我的军装照》一经上线便迅速刷屏网络,网友纷纷上传自己的照片,生成自己的"军装照"。该产品在建军节这个特殊的日子里传达了对军人的崇敬之情,又圆了普通民众的军人梦,由此引发了全民参与,形成刷爆朋友圈之势。

(二)全国各级融媒体中心的搭建

2012年2月19日,习近平总书记在党的新闻舆论工作座谈会上指出,推动传统媒体和新兴媒体融合发展,要遵循新闻传播规律和新兴媒体发展规律,强化互联网思维,坚持传统媒体和新兴媒体优势互补、一体发展,坚持先进技术为支撑、内容建设为根本,推动传统媒体和新兴媒体在内容、渠道、平台、经营、管理等方面的深度融合,着力打造一批形态多样、手段先进、具有竞争力的新型主流媒体,建成几家拥有强大实力和传播力、公信力、影响力的新型媒体集团,形成立体多样、融合发展的现代传播体系。要一手抓融合,一手抓管理,确保融合发展沿着正确方向推进。

此后,我国的媒体融合进程加快推进,各地融媒体中心店小二制度建设逐步完善,并实现了常态化运营。但在融合过程中也出现了一些问题,比如,融媒体平台功能使用不充分、影响力未达到预期、复合型人才缺乏、媒体资源系统不完善等。

高校融媒体实验室的建设与探索应为我国各级融媒体中心的建设起到智力支持的作用。首先,作为教学平台,高校融媒体实验室的教育立足融媒体人才的培养,能够与各级融媒体中心的人才需求对接。其次,在内容建设上,高校融媒体实验室拥有敏锐的互联网思维,能够在贴近性、本土化、特色化、互动化上发力,为受众提供个性化服务。最后,在具体的融媒体搭建上,高校融媒体实验室拥有的科研优势,能在实地调研的基础上,为县级融媒体中心的体量、大屏模块的配置、人员配置等方面提供更为合理的建议,甚至通过不断的经验积累,在我国各级融媒体平台的规则制定中掌握一定的话语权,为我国各级融媒体中心的建设贡献力量。

(三)区块链与融媒体实验室的"联姻"

根据《中国区块链技术和应用发展白皮书2016》的定义,区块链(Block Chain)是集分布式数据存储、点对点传输、共识机制、加密算法等计算机技术为一体的新型应用技术。其本质是一个"去中心化"的分布式账本数据库,具有三个显著特点:一是去中心化。区块链技术采取分布式计算与数据储存方式,整个系统的运行和维护是通过所有节点共同完成的,没有一个强制控制中心。二是可追溯性。区块链能够完整记录并追溯交易过程,区块链中的所有记录都将永久存储。三是不可篡改。运用密码学原理加密数据,采用时间戳进行时间标记,采用共识机制,区块链中的数据不可篡改。因此,区块链技术具有三个主要优势:无需中介参与、过程高效透明且成本很低、数据高度安全。

区块链技术自问世以来已在金融、科技等领域发挥了重要作用。而作为对前沿科技同样敏感的传媒业,也对这一技术在传媒领域的运用进行了探索。2017年3月19日,人民日报社"中央厨房"与中国通信工业协会区块链专业委员会联合举办了区块链技术融媒体应用合作交流会,倡导在版权保护、企业管理、信息安全技术等领域开展紧密合作。这是中央媒体第一次对媒体区块链项目进行探索。

高校或可与技术公司进行合作,成立区块链媒体实验室。高校区块链媒体实验室可以基于技术公司的区块链技术,研究内容版权保护、证据聚合和真相还原,通过区块链与人工智能技术进行新闻内容生产,从而为我国的媒介前沿探索贡献智慧与力量。

四、发展进路:我国高校融媒体实验室在摸索中前进

我国高校融媒体实验室的建设虽然与国外高校相比还存在一定差距,但一直在摸索中前进。以中国传媒大学电视学院为例。电视学院深入探索,融入日常教学实践,整合学院平台资源,提出在智慧融媒体联合实验室基础上创建"产学研"智慧融媒体创新实践传播平台。该平台是一个产学研融合的实践教学平台,经过近两年的建设和发展,目前已形成较为完整的实践教育教学体系。

"产学研"智慧融媒体创新实践传播平台由5个创作实践教学模块和2个子平台构成。5个创作实践教学模块分别是新媒体线上作品创作实践教学模块、跨媒体作品创作实践教学模块、交互作品编创实践教学模块、视听作品创作实践教学模块、融媒体传播研究实践教学模块;2个子平台分别是融媒体技术实践及传播研究子平台、融媒体作品实践传播子平台。

该平台在实践中探索出"新媒体策划+视觉艺术设计+新闻传播"的教学生态。结合传统新闻传播学的学理逻辑和知识结构,融合艺术设计、视觉传播、跨媒介叙事等多种实践教学框架,充分利用"跨媒体实践创作模块"和"视听作品创作模块",强化新

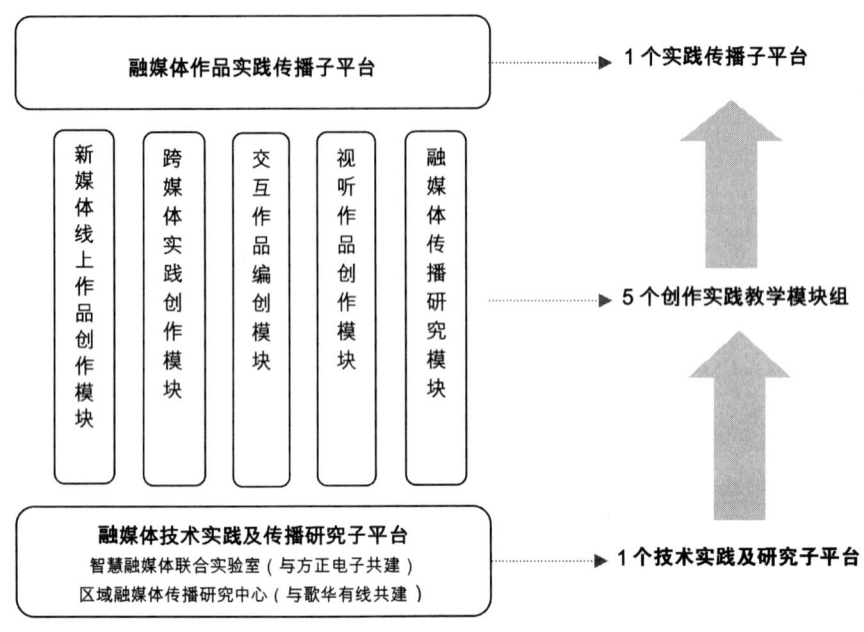

图1 "产学研"智慧融媒体创新实践传播平台结构图

媒体策划能力,为许多重大课题创作出独特的跨媒体产品,丰富了课题内涵,提升了学生的跨媒体策划能力。比如电视学院学生为第27届中国新闻奖制作的《第27届中国新闻奖获奖作品新媒体展示手册》以及专题片《中国新闻传播教育人物志》等都体现出电视学院学生新媒体策划能力的提升。

该平台承载了学院针对媒介融合的深入研究。依托"融媒体传播模块",电视学院师生通过深入调研、走访与观察,为湖北广电、陕西富县、河北长城新媒体集团等单位撰写了融媒体发展报告、问诊报告等,积累了丰富的媒介融合的经验。

电视学院"产学研"智慧融媒体创新实践传播平台在全国高校融媒体实验室中具有一定的代表性和引领性,但仍存在一些不足。首先是与企业的合作仍处于初级阶段。该平台以北大方正的技术为依托,师生还未完全掌握该系统的数据抓取手段,在日常科研实践中仍需要技术人员的指导。这在一定程度上限制了师生日常的科研与教学活动。

其次,由于人力物力的限制,该平台还未形成常态化的运营模式。大数据时代,高校师生的日常生活已与网络生态环境息息相关。舆情监测与追踪是为高校师生创造良好校园环境的必备条件。利用"融媒体传播模块"以及国家突发舆情应急指挥中心的舆情监测平台以及方正的舆情追踪数据,通过对校内以及国内外重大舆情事件的追踪与分析,形成深度报告对外发布有助于树立电视学院作为第三方平台权威、专业的形象,也有助于舆情研究的成果转化,真正提升"产学研"智慧融媒体创新实践传播平台的科研能力。

结　论

在全国深入推进融媒体建设的当下,全国高校应把握大势,在自身能力范围内为国家的融媒体发展建言献策。从设立媒介融合课程到设立媒介融合专业,从新闻学专业实验室到融媒体实验室,多年来国内外高校的新闻传播教育不断改进教育方式,以适应新闻传播环境的变迁与更迭。"产学研"智慧融媒体创新实践传播平台是中国传媒大学在新形势下针对高校融媒体实验室发展的新的实践。该平台丰富了高校融媒体实验室的内涵与外延,涵盖了新闻产品生产、人才培养教学、科学技术研究三大功能,在我国高校中有较高的引领性。但该平台在许多方面仍待提升,我国的融媒体实践教学改革之路任重道远。

〔郑志亮,中国传媒大学新闻传播学部电视学院教师;吴昊,中国传媒大学新闻传播学部电视学院硕士研究生〕

行政发布中的框架建构：北京大兴"11·18"火灾事故舆情视角演变引发的思考*

Frame Contruction in Government Information Disclosure: A Study on the Public Opinion Evolution of Beijing Daxing "11.18" Fire Accident

◎ 郑丹琪

Zheng Danqi

摘要：北京大兴"11·18"火灾事故舆情视角的演变为政府公共行为中的话语建构研究提供了典型的案例，从事件的缘起到舆情的转向，再到政府为平息舆情所作出的努力，政府发布行为在整个事件的演变过程中发挥了关键性的作用。透过对事件的回溯不难发现，作为政治传播的核心环节，在关于政府行政行为的信息传播中，内容框架的选择与建构直接关系到政府主体的形象塑造。我国行政主体的行政发布行为具有较大的提升空间，本文聚焦行政发布行为，从行政受众的选择性心理、噪音的管控、亲同性战略、话语建构策略及修辞等方面展开论述，希望以此抛砖引玉，为我国行政主体的发布行为带来一些新的思路。

关键词："11·18"火灾，行政发布，框架建构，受众，传播

Abstract: The public opinion evolution of Beijing Daxing "11·18" fire accident provides a typical case for the study of discourse construction in public behavior. From the origin of the event to the change of public opinion, and then to the efforts made by the government to quell the public opinion, the government release behavior plays a key role in the process of the whole event. Through the backtracking of the events, as the core link of political communication, the selection and construction of the content frame is directly related to the image molding of the government subject in the information dissemination of government administrative behavior.

The administrative communication behavior of the administration of China

---

* 本文系2017年教育部人文社科青年基金项目课题"2022冬奥会重污染天气下媒体应对策略研究"支持研究（课题编号17YJC890035）。

including universities, enterprises, institutions or governments has great space for improvement. This article focuses on the behavior of administrative communication with respect to the selective psychology of the administrative audience, administrative noise control, strategy of identification, the discourse construction strategy and the rhetoric, hope to be able to bring some new ideas to the release behavior of the administrative subjects.

Keywords："11.18" fire accident, administrative communication, frame contruction, audience, communication

一、北京大兴"11·18"火灾事故舆情视角演变

(一)事件缘起："大兴火灾"引发关注

2017年11月18日傍晚，北京市大兴区西红门镇一城中村发生火灾，造成19人死亡，8人受伤，这一重大火灾事故立即引起了众多媒体的关注。次日，新华社以《北京大兴西红门镇新建村发生火灾 已造成19人死亡》为题，报道了火灾的情况，由此引发了网民和社会公众对"大兴火灾"的关注。

11月20日至23日，北京市政府两次召开大兴"11·18"火灾事故情况通报会，正式公布了伤亡人数及事故调查的布置进展，同时，本着"坚持问题导向，找出思想盲区、管理盲区"①的原则，通报会上还表示，即日起全市各区、各部门、各单位将集中开展为期40天的安全隐患大排查、大清理、大整治专项行动，市领导将分头下到各区督导安全生产隐患排查。此外，媒体还报道了北京市领导连夜赶赴现场指挥抢救处置、就地召开现场会、向火灾遇难者默哀等工作细节。

至此，从媒体报道到官方通报，关于整个事件信息的对外发布是积极、高效和有序的，社会舆情的焦点仍集中在火灾事件本身，在这样一起危机事件面前，我们看到了北京市政府以自身行动积极地化解危机，将一起重大事故所带来的负面社会影响降到最低而付出的努力。

---

① 北京全市开展安全隐患大排查大清理大整治[EB/OL].(2017-11-20)[2017-11-25].http://news.163.com/17/1120/02/D3LBHDEU000187VI.html.

(二)舆论转向:从"安全整顿"到"一刀切"清理人口

然而,在大众传播的拟态环境(Pseudo-environment)中,媒体不经意的一次"选择"却带来了制约公众认知和行为的"灾难性"后果,舆论焦点的转变打破了此前的众多努力,使政府在此次火灾事件中的公众形象出现戏剧化转向。11月23日,财新网刊发了一篇题为《北京加速清退违章出租公寓》的报道,文中指出,大兴"11·18"火灾后,自11月20日起的安全隐患整治专项行动的内容之一就是加速严查、清退违章出租公寓,政府"限期要求租户搬出腾退,搬迁时限短则一两日,长则三日至一周不等。北京市内即将迎来一场搬迁大潮"①。

移动互联时代的网络效应加速了问题的发酵,强制限期搬迁的图文在网上大肆传播,一些网络大V通过微博、微信等自媒体声援被限期搬迁的外地务工人员,更有甚者,网上出现了一些虚假图片,声讨政府的清理整治行动。

公众视点由最初的火灾转向即将面临搬迁的违建出租房中的"北漂"群体,一时间,人们对政府在开展安全隐患整治行动中"一刀切"行为的质疑之声不绝于耳。据中正舆情统计,截至2017年11月30日10时,新闻网站刊发相关新闻消息1 708篇,其中以"北京火灾清理人口"为主题的有667篇,以"11·18大兴火灾"为主题的有1 041篇,社交媒体因受舆情阻断影响信息占比较少,尽管如此,几天之内,微博关于"北京火灾清理人口"话题的关注度仍为17万。

(三)舆论修复:民生视角的重建与强化

11月24日,《北京日报》头版头条发表署名文章《守住城市安全红线才有一切》,对舆论场上的负面声音进行澄清,指出"有些借排查清理安全隐患质疑疏解整治促提升工作,有些把相关行动措施曲解为排斥所谓'低端人口'……而我们以3年为期,开展疏解整治促提升专项行动,是要坚定不移抓住疏解非首都功能这个'牛鼻子'……看不到这样的深层意义,将疏解工作这一系统工程与为期40天的安全隐患排查整治专项行动混为一谈,显然是一种误解"②。此后,《北京市安委会:在拆除清理隐患前必须先发通告》(新华网)、《大兴西红门镇制定"拆除腾退临时救助政策" 困难群众可获过渡性食宿车票》(《北京青年报》)等文章相继刊出,随后,国内各主要媒体陆续发文,修

---

① 北京加速清退违章出租公寓[EB/OL].(2017-11-23)[2017-11-25].http://china.caixin.com/2017-11-23/101175222.html.
② 京平.守住城市安全红线才有一切[N].北京日报,2017-11-24(1).

复和平息由火灾事件后续处置引发的舆论风波。

二、"11·18"事件引发的思考:聚焦行政发布中的传播学问题

(一)问题的症结与谣言的元凶:一种传播学视角

作为政治传播的核心环节,在关于政府行政行为的信息传播中,内容框架的选择与建构直接关系到政府主体的形象塑造。通过对事件的回溯不难发现,北京大兴"11·18"火灾事故舆情视角的演变为政府公共行为中的话语建构研究提供了典型的案例,从事件的缘起到舆情的转向,再到政府为平息舆情所作出的努力,政府发布行为中的框架的选择与话语的建构成为事关全局的重要节点,在整个事件的演变过程中发挥了关键性的作用。我们通常将话语的言说方式称为建构,这种本身带有强烈主观性的传播实践会对传播效果产生巨大的影响。出于不同的主体意愿,对同一件事,可以有不同的言说方式,表达很多种不同的意涵,而这其中诸多的建构与修辞,将对受众的认知、态度和选择带来纷繁复杂的影响。激进的社会建构主义学者甚至认为,"世界或它的某些重要部分在某种程度上是理论、实践和制度的建构"[①]。20世纪50年代,尼克松在竞选美国副总统时曾被民主党人指出存在经济问题,他在迫于压力所发表的电视演讲中,巧妙地将自己包装成一个诚信、爱国、苦干、独立、专一的形象,以传统的美国价值观成功赢得了民众的好感,从而击溃了对手的政治攻击。海湾战争中,美国媒体几乎不约而同地充当了官方的传声筒,他们站在多国部队的立场上进行报道,将一场因资源与利益格局而起的不义之战建构为对独裁与专制的征讨,利用舆论导向和文化规劝压制了不同见解,使美国民众一度十分排斥那些对战争的批评与质疑之声。凡此种种,古今中外不胜枚举。

在当前的媒体环境下,面对日益纷乱、复杂的舆论场域,传统的行政发布行为面临着前所未有的挑战。在北京大兴"11·18"火灾事故处理中,政府或被动或主动地数次"发声",但大体可分为两段,一是在火灾发生的最初几天围绕火灾救援的行政信息发布,一是灾后关于安全隐患整治专项行动的内容发布。单就每一次内容发布本身而言,皆无大碍,尤其是关于前者的内容发布,甚至在政府应急处理中堪称典范。然而,当这两段行政发布发生在前后相继的事件的间隙,经过不可预知而又无比强大的网络效应的持续发酵,最初的善意瞬间改变了原来的模样。由于发生在一场特大火灾之

---

① 刘保,肖峰.社会建构主义:一种新的哲学范式[M].北京:中国社会科学出版社,2011:1.

后,政府的安全整治行动被公众不假思索地定义为基于灾难的矫枉过正,从官方的"三年期"长效行动迅速蜕变为公众眼中"一刀切"般的急不可耐,而这一切的始作俑者,与其说是网络、是公众、是别有用心的造谣者和无聊的看客,毋宁说是发布主体本身,是主体对自身定位的偏差,对行政信息传播过程中的框架选择与话语建构的忽视。

(二)并非个案:我国行政发布行为中存在的问题

"11·18"事件中存在的问题并非个案,在我国,行政主体的行政发布行为还面临着很多局限与挑战,具有较大的提升空间。普通民众对于以高校、企事业单位或政府等构成的行政主体的传播行为大多持有负面的刻板印象,形成某些"定型的和比较难以变化的看法与观念"[①]。很多情况下,信息一经发布,质疑之声便随之而来。面对这种情形,我们不能将其简单地归罪为民众对行政主体的不信任,相反地,只要稍作分析,便可发现,很多情况下,我们做了很多,说的却很少,或者做得很好,说得却不巧。因此,这种刻板印象的形成,是我们无视传播规律,导致信息发布行为本身无序和失范造成的。另外,在传统媒体环境中,信息传播即使规范有序,也存在诸多问题。例如,行政发布行为主要为线性传播,民众接收行政信息的端口有限,信息交互形式少。这样的媒体环境容易滋生谣言,而谣言又没有相应的澄清机制,更易加深这样的刻板印象。

当前,在媒介融合的背景下,行政发布有了更多交互的机会与可能,信息有机会得到更加广泛、深入的传播,信息本身也更加透明化。但新的媒体环境也带来更多的挑战,活跃融合的环境给行政主体提出了更高的要求,要求行政主体有更高的信息操控能力。

(三)聚焦行政发布:概念、研究现状及本文视角

行政发布行为是行政主体的信息传播行为,是政治传播的重要组成,作为一种主动性的话语建构,如果将其置于整个传播过程中去考量,其成败关乎行政主体自身的形象建构。从传播学的角度看,行政发布行为依照信息传播的不同效果,可分为说明性传播和说服性传播两大类。前者更加客观,注重信息的清晰可靠;后者目的性更强,重视受众态度的转变,对于行政主体的传播话术有着更有针对性的要求。行政发布依照不同的表现形式,又呈现出各具特色的内涵和外延。它既可以是一种单一的公关行

---

① 张咏华.大众传播社会学[M].上海:上海外语教育出版社,1998:280.

为,以独立的形式实现,也可以是一系列的公关活动,由新闻发布会、网站、官方微博及微信公众号的消息推送中的一种或多种组成。例如,原国家新闻出版广电总局以网站公告的形式发布了关于调整《互联网视听节目服务业务分类目录(试行)》的解释性信息,具有澄清、公布等作用;而2017年8月15日,上海市政府则以新闻发布会的形式,向公众介绍了即将施行的《上海市住宅物业消防安全管理办法》的主要内容,并借助巧妙的内容设计,达到了行政信息发布以及政府与媒体、市民互动的双重效果。目前,国内对于行政发布行为的研究论文逾百篇,内容和着眼点大致分为两类:第一类研究从行政学及行政管理的角度入手,主要聚焦于特定的政治事件或现象,如《基于熵值法的公共危机事件政府行政发布管理评价》《西部地区地方政府公共关系问题研究——基于新媒介时代的行政发布视角》《服务型政府的知识传播路径分析》等,结合时政问题,探讨改善行政发布方式的途径。第二类则以新闻和传播研究为视角,从行政机构个案入手,分析特定种类的行政机构在传播行为中所遇到的问题,并提出相应的建议,如《广东省科技行政机构科技公共传播效果研究》《网络环境下高校行政管理机构组织传播新探》《试论高等学校行政管理的组织传播》等。其中,以《大众传播行政研究的兴起及其典范化的思想史考察》为代表的一些文章,从大众传播研究的思想史的角度分析机构建立和话语建构的历史细节,颇具新意。本文就是从上述第二类研究中得到启发,将行政发布行为纳入整个传播过程进行系统化的考察,试图从受众的角度、接受的层面,对行政主体的发布行为进行研究,以此抛砖引玉,希望为我国行政主体的发布行为带来一些新的思路。

三、行政发布中的话语建构策略举隅

通过"11·18"事件的处理不难看出,在新的融媒体环境下,行政发布应特别重视信息传播中的话语建构策略。具体而言,在行政话语的选择与建构上,应立足于行政受众的选择性心理,时刻注意对噪音的管控,在形式设计上尽可能地缔造某种亲同性,讲求话语建构的策略及修辞。

(一)立足于行政受众的选择心理

信息传播的过程是一种对象性输入和能动性选择的结合。"不同的信息源提供不同的事实,不同的事实被相互关联安排进一条报道中,人们阅读这样的报道并由此认

可事实,理解其意义。"①如约瑟夫·克拉珀(Joseph Klapper)提出的选择性注意、选择性理解、选择性记忆理论所言,受众的经验、认知、文化背景、学识以及当下的需求、态度、心境等因素均对信息的反馈和接受产生影响,克拉珀通过心理防卫圈形象地描述了受众的选择性心理(见图1)。从整个信息传播的过程来看,接受的起点源于选择性注意,即"认识结构、社会类型和有意义的社会联系所产生的、与这些因素有关的媒介内容注意力的方式"②。唯有进入受众"注意"的范围内,才有可能产生选择性理解与记忆。而在受到注意的信息中,只有很少的一部分能够得到受众的深层次认知和处理。对于影响选择性理解的因素,段鹏在《传播学基础:历史、框架与外延》一书中做了如下归纳:"一方面,由于受众个人生活环境、经历等的不同,使得信息的外在刺激在人的头脑中产生的反应不同;另一方面,当所传播信息与人们的需要、经验和倾诉等相结合时,受众就会对信息产生较为深层次的理解。"③在选择性地理解和接受某些信息后,一些同自身心理需求和情绪态度更为接近的信息,在某种传播环境和传播形式的强烈刺激下,才有可能产生选择性记忆。

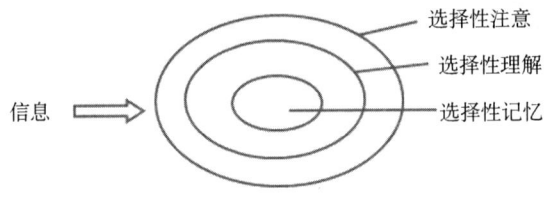

图1 受众的选择性心理

上述接受层面的防卫圈同样适用于受众对行政信息的接受层次。无论是选择性注意、选择性理解还是选择性记忆,促成这种选择性防卫的重要心理机制是受众的心理需求,即"有意义的社会联系""人们的需要"或"自身心理需求"。也就是说,行政信息需要将信息与受众的心理需求产生关联,在传播的过程中才能更容易突破受众的选择性心理防卫,从而达到行政信息被关注、理解甚至记忆的效果。如在发布受灾情况或新出台政策时,由于很多信息是受众较为陌生的概念和领域,因此,行政主体需要更多地站在受众的角度,以受众的理解力为出发点和落脚点,在内容上力求深入浅出、化繁为简,在形式和渠道上做到生动活泼、不拘一格,从以人为本的施政理念出发,真正关注受众的选择和需求。

---

① 塔奇曼.做新闻[M].麻争旗,刘笑盈,徐扬,译.北京:华夏出版社,2008:5.
② 段鹏.传播学基础:历史、框架与外延[M].北京:中国传媒大学出版社,2007:208.
③ 段鹏.传播学基础:历史、框架与外延[M].北京:中国传媒大学出版社,2007:210.

(二)管控噪音,降低信息熵

在控制论中,信息的传递被描述成一种线性的过程,整个过程由五个环节和"噪音"构成。1948年,香农提出了"信息熵"的概念,以此来描述信息的不确定程度。以香农为先驱的信息控制论学派,将传播视为降低信息不确定性程度的过程。在传播过程中,信息熵越高则代表信息的确定性越低,因此,在传播过程中,应注重把控噪音环节,有意识地降低信息熵所带来的信息的不确定性。

一直以来,我国很多行政主体对于负面信息"如临大敌",很多情况下以置之不理作为解决方式。这不仅对于问题的解决并无助益,反而易引发受众的不满和对行政主体的猜疑,不利于行政主体的后续传播。

例如,在某些自然灾害事件发生后,行政机构对于真实的伤亡情况与次生灾害情况秘而不发,反而造成了民间自发性的信息传播。这些信息的真实性更难于把控。因为真实的官方信息熵高,所以民间信息传播更让信息鱼目混杂,从而导致虚假信息更加猖獗,反而使官方信息的传播受到阻碍。所以,为了不带来信息传播的"次生灾害",行政主体应从一开始就把握住信息导向,以真实可靠的信息打消受众的猜疑。官方提供的信息越多,谣言就越难有立锥之地。因此,为防止传播中的恶性循环,控制信息熵的增长是行政主体应该重视的。

(三)行政发布中的正反两面都说

由美国学者、传播学奠基人霍夫兰发起的说服研究表明,对于态度改变而言,只说一面(即只说明事件的某一方面,通常是正面)的效果远不如两面都说(通常是正反两方面的消息)。

受以往国内传统宣传观的影响,行政发布行为往往被认为是一种对正面信息的积极宣传,很多行政主体对于那些负面的消息往往避之不及。"但网络时代的信息传递迅速而庞杂,民众了解行政信息的渠道灵活多元,这其中既包含着正面的信息,当然也有负面的信息,如果在传播行政信息时只是一味地强化那些正面的、积极的信息,忽视现实中客观存在的问题和短板,信息的客观性就易受到质疑,从而对其传播效果产生不利的影响。"[1]长此以往,将损害行政主体在受众中树立的良好形象。例如,某地区发生城市管理危机或者官员不作为等负面事件,政府在进行相应的信息发布时,第一

---

[1] 郑丹琪.融通中外 不拘一格:关于我国国家形象片视听框架建构的思考[J].中国电视,2018(2):55.

反应便是将自身应急处置的各项工作公之于众,而对于民众真正关心的造成危机的原因、损失情况等要么含糊其辞,要么避而不谈。而一旦相关的信息从非官方渠道曝光,就会立即产生井喷式的负面影响。这种过时的信息发布策略,与其说是在维护,毋宁说是在诋毁一个地区的政府形象,其效果无疑是雪上加霜。被动曝光后的补偿性发布,不仅很难起到扭转乾坤的作用,其反复无常的做法更无益于一个严谨负责的行政主体的形象塑造。

(四)日常发布行为中的亲同感塑造

肯尼斯·伯克(Kenneth Burke)的认同战略(Strategy of Identification)认为,传播者通过使受众感到他们和受众是一样的人而提升说服的效果,这一点已通过各种传播学实验或实地交流获得证实。"在一个非专业知识的信息传递过程中,如果传播者得到受众的认可或喜爱,或者受传一方觉得传播者与自己具有亲同性(homophily),那么受众就会更容易地被说服。"①

行政主体应重视日常发布行为中的亲同感塑造。"立党为公,执政为民"是中国共产党的执政理念,作为党领导下的政府、高校及国有企事业单位,行政主体理应注重通过日常的行政发布工作维护其亲民形象。除却突发事件的应急发布,行政主体更应通过常规性的信息发布构建自身良好的形象,搭建有效的上传下达机制应当成为行政主体的长期追求。一方面,在日常发布中,不生硬,不刻板,注重细节,令行政对象充分地体会到行政主体的良苦用心,增加民众对行政主体的亲同感,从而树立其良好的公众形象。另一方面,目前的全媒体环境给予受众更多的互动机会,行政主体应及时把握时代潮流,利用多样化的传播渠道和手段,把握多样化的触媒节点,达到全网域的信息传播。例如,某单位因办公地址搬迁发布公告,行政部门经与业务部门沟通,充分考虑到行政对象的办事便利,通过官方网站、微博、微信公众号连续发送公告,说明搬迁的进度,让民众心知肚明。同时,在工作流程的设计中,尽可能地简化办事流程,在保证工作正常运转的情况下,最大限度地提高行政效能,在较短的时间内,公布了相关业务办理工作分批恢复的时间,获得了行政对象的好评。此外,受众的亲同感一方面来源于行政主体通过良好的互动塑造出的亲民形象;另一方面,也来自于其本身的权威性所带来的认同感。所以,行政主体在信息传播中要保证信息准确、言出必行,在日常的行政实践中务求塑造严谨负责的形象。

---

① 施拉姆,波特.传播学概论:第二版[M].何道宽,译.北京:中国人民大学出版社,2010:213.

(五)行政发布文本中的修辞话术

任何单一的语言传播都无法表达事件的全部信息,因此语言的选择机制在信息发布中就显得格外重要。当前,社会事件纷繁复杂,单一事件具有通过多重方式表达的可能。一方面,语言的选取具有多样性。在真实事件中,产生影响力的可能因素是多样的,因此,在进行语言选择时,主体可配合情景选取诸多因素中的一到两点来论述整个事件信息。另一方面,语言的排列以及情感配合也具有多样性。在我国汉语言表达的环境下,语义表达的不确定性远高于西方的拉丁语系,不同的文字搭配以及不同的情感配合,在排列组合之下可以形成复杂多样的表达效果。所以,在表达与传播中,同一事件并不一定意味着具有单一明确的含义,"不同字与片语的组合排列,会引申出写作者不同的世界观(或框架)"①。在行政发布中,语言的选择机制将发挥特殊的功能,以"幼儿园教师体罚学生"为例:

例1:某甲 + 动词甲 + 甲事 = 言说论述甲
(幼儿园教师)(体罚) (学生)

例2:某乙 + 动词乙 + 乙事 = 言说论述乙
(学生) (被体罚) (无)

例3:某丙 + 动词丙 + 丙事 = 言说论述丙
(幼儿园) (发生) (体罚学生事件)

在上面的例子中,不同的主语、谓语、宾语的选择演变成了不同的语言,论述出了不同的意义。例1中,"幼儿园教师体罚学生"是主要的传播焦点。例2中,幼儿园教师的角色被故意遗漏,使得"学生遭到体罚"成为语言的论述内容。而在例3中,仅有幼儿园发生体罚的事件,实施及被体罚的人并未标明,使得语言论述的意义再度改变。

但是,在整个例子中,无论信息如何选择和省略,受众对于完整的信息传递意义还是有一定的预测与感知的。所以行政主体在进行信息传递时,语言的选择只是其传播的手段之一,并不能奢望依靠语言的选择而做到"偷梁换柱"。

另外,在舆论监督机制愈加完善的现实环境中,每一个危机事件的传播都会得到相应的新闻报道,也很容易出现对同一事件的不同报道版本。所以,这就要求主体在进行行政发布时,对不同的版本做好预设,合理适度地运用选择机制,对社会新闻和受众反馈做出灵活的反应。

---

① 臧国仁.新闻媒体与消息来源:媒介框架与真实建构之论述[M].台北:三民书局,2000:41.

四、小结

综上所述,笔者认为行政发布并不是简单的行政信息的上传下达,在发布过程中,需要立足于行政受众的选择能力与需求,从形象建构的视角进行整体把握与考量,并尽可能客观地传递信息。此外,在信息建构的过程中,应以事实为基础,遵循传播伦理。著名的耶鲁项目的休眠效果理论指出,在发布信息时,信源(发布主体)的可信度(包括权威性和可信赖性)也许能一时奏效,但这并不是最终的决定性因素,从长期来看,起作用的还是内容本身,以及由此带来的公众长久的信任。因此,无论行政发布过程中有多少技巧可循,以事实为核心应是行政主体在发布过程中遵循的原则。

参考书目

段鹏.传播学基础:历史、框架与外延[M].北京:中国传媒大学出版社,2007.

臧国仁.新闻媒体与消息来源:媒介框架与真实建构之论述[M].台北:三民书局,2000.

刘保,肖峰.社会建构主义:一种新的哲学范式[M].北京:中国社会科学出版社,2011.

张咏华.大众传播社会学[M].上海:上海外语教育出版社,1998.

甘斯.什么在决定新闻[M].石琳,李红涛,译.北京:北京大学出版社,2009.

迪克.作为话语的新闻[M].曾庆香,译.北京:华夏出版社,2003.

小约翰.传播理论[M].陈德民,等译.北京:中国社会科学出版社,1999.

赛佛林,坦卡德.传播理论:起源、方法与应用[M].郭镇之,等译.北京:华夏出版社,1999.

〔郑丹琪,中国传媒大学研究生院教师〕

〔特约编辑:崔　林〕

盘点与综述

人工智能对中国新闻传播业的重构
　　——2017年中国媒介盘点　　　　　　　　　　　栾轶玫　刘　宏

新媒体转型与广播电视发展
　　——新媒体转型发展高峰论坛暨中国广播电视学
　　与新媒体研究分会2017年会议综述　　　　　　秦瑜明　周晓萌

人工智能对中国新闻传播业的重构*
——2017年中国媒介盘点
AI Reshaping Chinese Media Industry: A Summary of Chinese Media in 2017

◎ 栾轶玫　刘　宏

Luan Yimei　Liu Hong

摘要：本文用盘点的形式梳理了2017年中国媒介的发展情况，重点放在两个方面：一个是中国话语方式的变化，另一个是人工智能的影响。中国话语方式的改变可以说是中国这五年社会发展的一个缩影，它在国际和国内两个舆论场都产生了很大的影响，媒体身在其中，也深受影响。人工智能可以说全方位地改变着中国，新媒体首当其冲，技术和商业携手改变了中国的媒介生态。

关键词：话语，人工智能，新闻

Abstract: This article summaries and reviews China's media development in 2017. It focuses on two aspects. One is the change of discourse style in China and the other is the influence of artificial intelligence (AI). The change of China's discourse can be described as a microcosm of China's social development over the past five years. It has had a great influence on both the international and domestic public opinion forums. The media, as part of the forum, is also among the most affected. AI is believed to have changed China in an all-round way. New media bear the brunt. Technology and commerce have jointly changed the media ecology in China.

Keywords: discourse, artificial intelligence, news

2017年对于中国来说是特别重要的一年，党的十九大在这一年召开，这一年成为最近五年的一个节点。这五年里，我们看到了一个非常突出的变化，就是中国话语的变化，从政治话语到新闻话语，都发生了很大的变化，变得越来越接地气，越来越为老

---

* 本文系中国人民大学马克思主义新闻观研究中心科研项目"人工智能时代融媒体新闻实务"的成果之一，项目编号：RMXY2016C016。

百姓喜闻乐见。中国话语方式的改变,包括国家领导人话语方式的改变,这体现了中国的话语自信。话语自信反映了政治自信、文化自信和道路自信。

人工智能在2017年有了长足的发展,这是世界性的发展,可喜的是,中国在这方面走在世界的前列,虽然还不能说是一次弯道超车,但至少给中国的老百姓带来了实实在在的变化。在全球化的环境中,互联网扮演着重要的角色,人工智能在相当程度上使得网络如虎添翼,直接或者间接重构了中国的新闻传播业。

一、新闻和纪录片:展示中国的话语自信

之所以把新闻和纪录片放在一起进行考察,是因为在2017年,中国的新闻和纪录片体现出一个共同的特质,就是中国话语的自信已经成为一种渗透在节目中的品质。当然,这种话语自信也并非一蹴而就,而是中国这五年的一个重要变化。正因为如此,我们才可以把2017年看成是中国这五年变化的一个节点。

一个社会的政治自信、道路自信、理论自信和文化自信或多或少地都会表现为话语自信。西方曾说中国是沉睡的雄狮,今天可以从两个角度来理解这个比喻:一是说中国非常庞大,有实力,一旦醒过来就会影响世界。这也是我们过去习惯解读的角度。另一个角度是,沉睡在某种意义上代表着沉默,当我们醒过来开始说话时,我们也会让世界惊讶。

话语本身就是一种政治,或者说是政治的一部分。话语可以成为一种权力。虽然话语研究是从西方引入中国的,但是中国的话语实践一直离不开中国的土地,离不开中国的历史,离不开中国的现实。毫不夸张地说,中国的话语改变是近五年来中国社会变革的一个突出表现。作为社会话语体系中敏感的一环,中国的新闻话语必然会受到政治话语的强烈影响,政治话语的自信会带动新闻话语的自信。

在党的十九大召开之前,央视播出了一系列政论专题片,如《辉煌中国》《法治中国》《大国外交》《将改革进行到底》《强军》等,这些专题片可以视为电视社论。和报纸社论不同的是,这些专题片采用了纪录片的形式。虽然我们过去也曾经将纪录片作为一种宣言,但是,《辉煌中国》把宣言和成就报道结合起来,并且引入众筹的方式,这是一种传播的创新。在这些专题片中,我们看到了纪录片和政论片的另一种有机衔接。

这些纪录片有一个共同特点,就是它们的解说词在一定程度上都体现了今天的中国话语方式,就是要讲接地气的话,要讲让老百姓听得懂的话,要讲让人民相信的话。我们在将理论文献转化为视觉语言的过程中,往往追求声画对位。但是,今天看来,这种想法未免太纠结于专业了,实际上,我们更应该关注的是纪录片的政论功能。从表面上看,这些政论片并不像专业的纪录片,然而,当政论片可以发挥纪录片的长处时,我们就不必再纠缠于纪录片和专题片的区别了。

2017年,央视的"新春走基层"系列报道有了更大的进步,从传统的海采国问到春运回家,新闻的基层报道有了更成熟的视点。在全球化的时代,我们可以通过比较更清楚地看到基层报道的重要性,同时,这也符合新时代以人民为中心的报道理念。

"两会"报道一直是每年中国政治传播的重头戏,《人民日报》的中央厨房在2017年"两会"期间推出了有游戏色彩的H5入场券,在微信朋友圈中快速传播。新闻和游戏在传统观念中似乎水火不容,但是,现在经常会听到"玩新闻"和"新闻游戏"的说法,说明新闻已发生了微妙的变化。新闻是严肃的,但新闻也有轻松的一面。同时,新闻媒体也想吸引年轻人,如果说政治新闻都可以用游戏的方式来增加亲和力,那么,其他新闻就更可以运用社交思维来覆盖新媒体受众。新闻和游戏的结合在某种程度上可以视为用虚拟的方式做真实的内容。

2017年国庆节期间,央视二套的大型直播节目《厉害了,我的国》使用了弹幕的形式,给人很新鲜的感觉,毕竟央视的新闻一向严肃,而弹幕的形式则比较前卫。弹幕通常出现在屏幕上部,央视则在荧屏下半区走弹幕,速度适当,不同于新闻节目常见的底部飞字幕,带给人耳目一新的感觉。

二、人工智能:重构新闻传播

2017年人工智能依然延续上一年的热度。人工智能的大幕已开启,新闻传播业也不例外。新闻传播学界对于人工智能的研究已提上日程,首先,人工智能是当下影响媒介生态与媒介变革的重要技术因素,其对传播全过程的影响意义重大。探索人工智能技术对新闻传播业的影响,从理论上厘清相关问题,对于当下的新闻业而言意义重大。这在一定程度上让我们的新闻传播学研究呈现出前沿化和向前看的倾向。

其次,人工智能近期的发展显示出它对传播全过程都有着深刻的影响。人作为传播的主体,其主体性在不断经历着考问,而新技术对于人的主体性产生何种影响,对于如何理性地应用新技术颇为重要。这在某种程度上超越了传播学技术流派的讨论范围。

最后,人工智能时代,舆论更为复杂,如何利用好新技术,更好地实现舆论引导,建构符合社会主义核心价值观的正确舆论场意义重大。换句话说,传播的全过程也包括了政府的媒体监管和信息调控。

以上三个方面正在成为新闻传播学界的研究关切。

人工智能不是一个行业,而是一个无处不在的产业。人工智能包含三个层面,分别是智能识别、智能交流与智能模拟。

智能识别包含语言识别、指纹识别、人脸识别、视网膜识别、虹膜识别、掌纹识别等。目前智能识别基本不成问题,是人工智能发展与应用最为充分的部分。比如语言的识别应用非常广泛,众所周知,苹果手机的语音识别录入准确率很高;而2016年年末发布的Adobe VoCo在语言识别能力方面又上了一个新台阶,能够"生成人声",听20分钟人声录音就能分析出人声中的基本元素,在诵读另外一篇稿件时,可以模拟出此前听到的人声;而2017年Adobe发布的视频剪辑软件借助机器深度学习,可以让画面中任意人物、物品消失而不落痕迹,机器可以迅速填充那些被删除的地方。此外,图像识别也有很多实际应用,比如,通过一幅图像的阴影、形状、颜色、边界和纹理等就可以推断出图像是什么。

虽然人机互动是人工智能领域研究的热点,但是智能交流依然不能到达智慧层面。人类语言有其复杂性,人类尚未明了大脑是如何进行语言的模糊识别和逻辑判断的,人与人交流中经常有沟通不畅的问题,与机器的交流更难达到心领神会的地步,交流的准确性、语境识别等都还需假以时日。人工智能的进入给新闻传播学研究添加了一些哲学色彩。

智能模拟包含逻辑推理、信息感应、辩证思考、心理博弈等一系列思维过程及思维能力,这些代表了人类思维的高阶,无论通过人工智能的哪种路径,是通过机器深度学习提升思维功能抑或是通过神经网络实现人脑模拟,无疑都还有很长的路要走。

目前看来,人工智能与媒体的结合方式有两种趋势:其一是人工智能辅助媒介生产;其二是新闻自动化。

人工智能辅助媒介生产,已经在线索发掘、选题策划、写作编辑、后期把关等媒介生产的众多环节产生影响。

机器人写作在某种程度上正在重构着新闻传播业,这种重构首先表现为它对内容生产与消费的重新定义;其次,它对传统媒介机构的传者的定位与使命也有了新的外延与要求;最后,机器人写作还涉及技术伦理、当事人隐私、数据管理等新闻伦理方面的问题,这些都将影响未来的新闻传播业。

把关人是媒介机构的重要角色,传统媒体中把关人的个人背景、选择偏好在某种程度上决定着大众的聚焦点。在机器时代,机器通过深度学习、语音识别、语义分析、动作识别、图像识别等也能够从事内容审核工作,充当把关人的角色。特别是在新媒体时代,UGC使得大量内容涌现,媒介审核工作量突增,机器把关人成为媒介把关的好帮手,能够提高效率、节约人力。机器初审＋人工终审将是新媒体时代媒体把关的新特点。特别是当机器人写作的生产模式由基于互联网数据抓取的断点式自助生成模式逐渐转换为基于物联网持续性数据抓取的自动模式之后,机器人不但可以写作,还可以评论与编辑,把关人功能的实现将会越来越精准。目前看来,机器人编辑要比机器人记者更有影响。

人工智能可以有效收集、储存用户数据,为用户精准画像,从而助力媒介内容的精准分发。这种精准分发可以实时调整,在与用户的交互过程中不断收集数据,实时进行内部的调整和调动,比如芒果TV的每一台服务器可在分钟级别内完成整体服务的调整和调动。用户观看视频的每一个动作和每一次观看行为,包括电视端、PC端、移动端上用户的每一个操作与页面的每一次交互行为都能被实时捕捉,用来实时调整内容分发,从而提高内容分发的即时精准度。

未来新闻编辑流程将发生很大变化,一个主编可以负责编辑多个频道。虚拟编辑通过机器学习后可独立制作标题、摘要文案、配图,挑选出适合推送的文章和内容,实现个性化编辑。主编要做的就是在后台为每一条内容打分,高分置顶,低分出局。虚拟编辑的存在,可以大大提升主编的工作效率。

伴随着2016年奥运史上首个人工智能解说员——百度智能机器人度秘的诞生,机器人主播开始在现场直播领域大显身手。度秘是对话式人工智能系统,通过语音识别、自然语言处理和机器学习,它可以从对话中清晰理解用户的多种需求,并在广泛搜索真实世界信息的基础上,通过机器深度学习、自我成长,不断为用户提供各种优质服务。

机器人主播能进行高度拟人的直播解说,同时还能很好地克服传统主播的个人偏好与语言偏好,能更客观地描述直播现场。此外,机器人主播通过人工智能的深度学习,可以迅速地对多个平台的历史数据、技术资料、参赛选手的数据进行有效分类与整合,从而增加直播解说的丰富性、生动性与画面感。

聊天机器人可以提升用户黏性,将其应用到新闻推广中,可帮助媒介产品进行有效传播。此外,人工智能还能做舆论的助推器,通过分析文章的传播趋势,帮助编辑判断哪些新闻已进入尾声,不用再投入关注;哪些事件有可能引爆社交媒体,将这些事件选出并进行舆论助推。

人工智能的另一个方向是新闻自动化,目前人工智能介入较多的是事实核查领域,事实核查机器人可以在新闻核查的四个阶段——信源辨识、媒体报道、检验真假和核实结果阶段实现自动化。与此同时,机器人写作自动化也已经超越了模式化的初级阶段,进入通过人工智能提升机器人的语境理解与逻辑判断能力,让其写作能力更接近媒体记者水平的新阶段。

当然,人工智能在媒体应用方面依然面临着框架偏差、机器认知偏差、机器交流歧义等多方面的问题。然而,最核心的问题是:我们应该以何种状态去面对人工智能的到来?是面对入侵者的抵抗姿态,还是面对解救者的热烈欢呼?此外,人工智能带来的新型人机、人与信息、机与信息、机与机的关系都将深刻影响未来的新闻传播业。当我们通过人工智能面向未来时,我们也要不忘初心,保持历史和未来的平衡。

三、电视剧:在批评中成长

2017年最火的电视剧无疑是《人民的名义》。此剧可以当成法律职场剧来看,虽然更多的人喜欢把它看作反腐剧。毕竟,我们的职场剧概念是很宽泛的,以至于好多人喜欢把《甄嬛传》和《潜伏》视为职场的"葵花宝典"。而一些刻意为之的职场剧反倒更像时尚剧,光鲜亮丽,如同"帅哥美女上班记"。《人民的名义》从演员到故事,看上去都很真实,可以说它是一部不是职场剧的职场剧。

电视剧《那年花开月正圆》是2017年年度大戏,有点女权主义色彩的大女主戏在一定程度上表现了当时的生意场和朝廷的关系,生意人就像风筝在前面飞,放风筝的人躲在朝廷里。这位陕西女首富在一定程度上成了历史舞台的边缘人。从这个意义上说,此剧更像是一部历史皮影戏。

电视剧《情满四合院》具有北京人艺的风格,本地化特征鲜明,更像是北京人艺话剧的扩展版。

《白鹿原》是一部有沧桑历史感的电视剧,但从《白鹿原》的观众反应来看,大多数观众似乎更熟悉帝王将相的宫廷生活,而不是老百姓的基层生活。这反映了一个现象,就是越激烈动荡的历史时期,后面的历史越容易否定前面的历史,结果造成一种历史性遗忘。这种集体失忆无疑会在一定程度上中断历史的传承。

电视剧《我的体育老师》用喜剧的方式把一段忘年恋演绎得恰到好处,可以说是去观念化和去争论化。

电视剧《我的前半生》给人印象最深的是职业师傅的角色,从这一点上说,该剧有职业剧的特征,而陈道明饰演的日本料理店老板则扮演了人生导师的角色。

四、电视节目：回归文化

当中国社会开始强调回归传统文化时，电视文化节目也出现了一些形态上的复兴，央视的《朗读者》就是一个比较典型的例子。主持人董卿在节目中的表现可圈可点。朗读可以说是中国传统文化的一部分，从朗读入手也就是将节目定位在弘扬传统文化上。虽然听上去这是一个比较纯粹的朗读节目，但事实上并不完全是。它的采访环节让整个节目显得有点拖沓，这也是如今大型节目的一个通病。类似的情况在黑龙江卫视的《见字如面》节目中也有所表现。读信是一件很温馨的事情，但是，信件是非常个人化的媒介，其中包括了很多个人的隐私。另外，书面语和口语之间需要语气转换，节目中有很多信件都是历史信件，有一定的文言色彩，这给朗读翻译带来了一定的难度。

2016年很多人还沉迷于江苏卫视的《最强大脑》节目，2017年的智力比拼就已经从人与人的较量变成了人机对抗，央视《机智过人》节目带头变阵。阿法狗战胜围棋大师时，计算机已经显露出一点点人性的光辉，突出表现在智能学习上。有一期《机智过人》节目是识别机器人小冰写的诗歌。让人和机器人比赛写诗是对人类情感的一种挑战，在人类的思维逻辑中，即便是人类写的最差的诗歌也比机器人写的最好的诗歌强很多。

浙江卫视的节目《演员的诞生》引起了较大的反响。专门探讨演技的节目通常是属于小众的，但是，这个节目在热门的卫视黄金时间播出，可以看出演员这个职业目前在中国观众中的影响力之大。中国现在无疑是影视剧大国，每年各种各样的艺术类考试吸引了很多的年轻人，明星参与的真人秀在电视上大行其道，这让表演变成了一门显学。问题是，尽管演员和明星不缺乏话题，但是，围绕演技展开的话题毕竟是小范围的，这就容易产生话题选择面狭窄的问题，影响节目的收视率。

《非诚勿扰》节目的改版并不成功，舞台更大了，舞美更华丽了，嘉宾更漂亮了，但是这个节目看上去更像是一场时装秀，从主持人到嘉宾都表现出心不在焉的状态。

《总裁读书会》邀请一些商界精英推销书籍，明显是醉翁之意不在酒，因为节目组认为嘉宾是成功人士，他们会带动观众读书。这就好像是把机场的书店搬到了演播室，阅读变成了一种商业快餐。央视的《百家讲坛》节目也已经失去了往日的风光。

五、新媒体：激活舆论场

今日头条的年度广告总额已经超过了央视，令人惊讶，因为它出现的时间并不长。腾讯的广告年度总额超过央视时，震惊的是新闻界的人，而现在今日头条的广告数额超过央视时，震惊的是整个媒介领域。毕竟腾讯是一个庞然大物，业务众多；而今日头条只是一个信息平台。

今日头条号称可以通过算法向受众推送感兴趣的信息，相当于私人订制，但是，我们更愿意把它称为信息平台，而不是新闻媒体。因为它没有自己的记者，它的计算机软件也已经部分地取代了编辑的工作。

今日头条刚刚出现时，曾经有人指责它侵权，因为它很像一张文摘报，只不过还增加了"影摘"。依靠智能系统，它肆无忌惮地在各种媒体上抓取新闻信息。从新浪到今日头条，从人工到机器，传统媒体对新媒体的信息转载已经有了180°的态度转变，传统媒体的信息能够被新媒体疯狂转载已经不再是坏事了，更可能被鼓励。

我们读《人民日报》时，会觉得自己是在和一个独特的机构打交道，即便它的发行量有所下降，我们也仍然会觉得它很重要，因为它是独一无二的。但是，我们看今日头条时，不会有和机构打交道的感觉，更像是在和机器沟通。如果说传统媒体是信息生产商，那么，新媒体就是信息供应商。新媒体提供信息，但是并不生产信息。这从某种角度说明了人类社会的信息生产方式已经发生了巨大的变化，信息消费的重要性在历史上第一次超过了信息生产。信息消费促进了信息生产，或者说信息消费就是信息的二次生产。从信息的意义上说，消费就是生产，并且是更大规模的再生产。信息大爆炸的产生原理可能就在于此。信息不再像知识那样可以被图书馆收藏，而更像是一种即时的存在，"我看故我在"。

在这种情况下，在哪里看新闻变得越来越不重要了，越来越少的人关心独家新闻，跨屏行为越来越多，一家三代人接力式看《参考消息》的时代已经一去不复返了。于是，我们看今日头条并非因为它重要，而是因为它方便，如果有更方便的信息平台，我们就会毫不犹豫地切换到那里。

今天的信息平台都不重要了。平台已经不是一种渠道了，它更像是零库存的仓库，信息流俨然变成了一种物流。在信息领域，未来我们可能更多的是和机器打交道，我们和机器会建立感情吗？我们会忠诚于机器主导的信息平台吗？假如今后机器可以像写诗一样大批量生产出很多的信息，我们怎么看呢？今日头条的信息推送是比较肤浅的。首先，它只关注人的狭窄的兴趣，人对信息的兴趣和他自身的方向性兴趣并不吻合。其次，今日头条容易让人变成信息的奴隶，而非信息的主人，就是说人一味地被动接收信息，会失去主动寻找信息的能力。最后，今日头条的推送往往是在同一层次的重复，难以有知识收获。

我们姑且把今日头条看成用户导向的信息流，也就是说，我们能够在这里看到我们想要看到的信息，结果号称由读者主导的信息屏显得很庸俗，充斥着娱乐和八卦新闻。我们在一定程度上摆脱了媒体编辑部的限制，但是，我们仍然难以回避自己对低俗信息的放任。今日头条会根据用户的兴趣推送新闻，这会使得用户的兴趣变得越来越窄。

2017年新媒体出现了一些新的特征，我们可以从某些典型事件中看出端倪。江歌案充分体现了自媒体的影响力，网上对刘鑫的道德谴责就是典型的自媒体行为。这个时候主流媒体插不上手，也不能陷进去。不论是从媒体的专业角度来看，还是从社会责任的角度去分析，我们都能发现，在这个案件的范围内，自媒体大有可为。我们可以把它也看成是一个舆论场，只不过传统媒体在这里的跟进和介入都有风险。这个案例给我们带来了一点启发：也许我们应该把新媒体事件分门别类，因为并非所有的新媒体事件都适合主流媒体的介入。换句话说，一些区域可能更适合自媒体来耕耘。这不是否认主流媒体的定义功能，而是要有所为有所不为，属于法律的事情就让法律来说话。还可以考虑让主流媒体的新媒体部门多参与这样的事件解读，也算是传统媒体的新媒体前移。这种做法在某种意义上更符合新媒体受众的需要。江歌案发生在一年前，并且出事地点是日本，即便如此，中国的一些自媒体还是找到了人性的切入点。

在红黄蓝幼儿园事件后，公众又开始呼唤主流媒体的出现，他们希望主流媒体做出有权威性的新闻调查。这说明主流媒体仍然有定义事件的能力。新媒体的扩散能力非常强，但它的辟谣能力比较弱，或者说它的纠偏纠错能力比较弱，这就使得它在事件定性期间常常会跑偏。而在新闻事件的评论时期，新媒体往往又夹杂过多的情感因素。红黄蓝幼儿园事件虽然发生在北京，但是当新媒体开始介入有关讨论时，很少有人再关注这个事件的地方性了，媒体的角度仍然指向了人性。

北京大兴火灾发生后，"低端人口"成为社会讨论的热词，但这个讨论反而有强烈的地方性。这给我们带来一个启示，就是我们耳熟能详的议程设置理论在这个事件中好像失灵了，出现了一定程度的反议程设置。究其原因，可能它反映了新媒体和传统媒体的不同之处，就是传统媒体善于在新闻报道中设置议题，但是，当一个事件性报道很快变成一个非事件性报道时,传统媒体有些不适应。换句话说,新媒体在这种时候反而可以充分发挥它的议程设置能力,并且,这种议程设置更多地体现在讨论阶段。这是我们始料未及的。或者说,议程设置理论更适合于传统媒体的事实性报道,当观点讨论变得越来越重要时,新媒体就可以"乘虚而入"了。

〔栾轶玫,中国人民大学新闻学院教授;刘宏,中国传媒大学新闻传播学部教授〕

〔特约编辑:崔　林〕

新媒体转型与广播电视发展
——新媒体转型发展高峰论坛暨中国广播电视学与新媒体研究分会 2017 年会议综述

New Media Transformation and Broadcasting Development: A Summary of New Media Transformation Development Summit

◎ 秦瑜明　周晓萌

Qin Yuming　Zhou Xiaomeng

摘要：在新媒体迅速崛起、广播电视业群雄逐鹿的大发展时代，转变思维，推动广播电视与新媒体融合发展，提升新闻教学单位、媒体机构在新媒体时代的竞争力，成为学界和业界共同面临的课题。中国高等教育学会新闻学与传播学专业委员会广播电视学与新媒体研究分会 2017 年学术年会以"广播电视与新媒体转型发展"为主题，汇集学界、业界专家学者，深入探讨中国广播电视与新媒体转型发展的相关问题，对新形势下广播电视转型发展与广播电视学与新媒体的学科建设各抒所见。

关键词：媒体转型，媒介融合，广播电视，传媒教育

Abstract: Nowadays the mobile Internet and the broadcast television industry developed instantly in China, and it has been a new era of new media. Transform the way of thinking, promote the development of radio and television and enhance the teaching ability of journalism education had been key issues and hot-spots in academia. Academic conference of radio and television professional commitee organized by China's higher education institute of journalism and communication and new media research branch was held in Hangzhou on October 14, 2017. The theme of the academic conference is "The transformation of traditional radio and television". Researchers proposed many constructive suggestions to the development of media transformation and discipline construction of journalism education in the conference.

Keywords: media transformation, media convergence, radio and television, journalism education

在新媒体迅速崛起,广播电视业群雄逐鹿的大发展时代,如何改变思维,推动广播电视与新媒体融合发展,提升新闻教学单位、媒体机构在新媒体时代的竞争力,是学界和业界共同面对的大课题。

在中国高等教育学会新闻学与传播学专业委员会广播电视学与新媒体研究分会2017年10月14日于浙江传媒学院举办学术年会之际,国内外新闻与传播学领域的专家、学者和业界人士在"广播电视与新媒体转型发展"的年会主题之下,深入探讨了中国广播电视与新媒体转型发展的相关问题,对新形势下广播电视转型发展与广播电视学与新媒体的学科建设各抒所见。

一、传统广电融合发展的困境与出路

媒体融合发展是传媒领域一场旷日持久的变革,传统媒体与新媒体之间的关系也绝不是简单的此消彼长,二者相互依存,全方位、大规模、深层次的媒介融合是媒体发展的必然选择,广电行业、新媒体行业等如何通过结构优化,转型升级实现深度融合,通过供给侧结构性调整促进自身发展,是学者聚焦的重要议题。目前传统广电广告份额下降,人才大量流失转向新媒体,以互联网视频为代表的新势力大大地冲击着传统广电的生存空间,收视率下滑、观众老龄化、开机率越来越低,不少广播电视台都遇到了发展瓶颈。传统的管理方式、体制机制与结构都已与全媒体时代的管理需求不相匹配。中国广播电视学与新媒体研究会会长、长江学者高晓虹教授在会上分析了当前媒体的发展现状,她指出,对于广播电视而言,无论是"转型"也好,"融合"也好,都应该是传统媒体实现自身发展的一种形式需要,变的是方式,不变的是内容。传统广电虽然面临危机与挑战,但也在不断地寻求破茧重生的机会。高晓虹教授以湖北广电的"垄上频道"、湖南卫视的"芒果TV"为例,指出在融合发展中担负主导作用的传统媒体在不同程度上存在着安于自给自足、官媒垄断独大、系统分块切割、播出内容平移等惯性思维,提出传统广电若要找到切实可行的改革路径,必须充分利用自身优势,转变观念创新体制和机制。

当前现实困境使得传媒界不得不进行改革探索,但在改革的过程中也面临思维与路径的阻碍。首先创新不足。往往某个节目大热之后,其他电视台纷纷复制,这种盲目克隆既造成了节目内容同质化严重,又造成人力、物力与财力的极大浪费,最终导致收视率的集体下滑。其次人才断层严重。大部分广电媒体人才流动不畅,关键岗位的主要人员青黄不接,再加上当下的传统院校培养体系与用人单位的岗位需求差距明显,因而创新型的精英人才难以涌现。人民日报社数据新闻与可视化实验室副主任沈小根指出,传统媒体的最大问题是没有跟用户进行连接,新媒体时代面临的最大的危机是传统议程设置话语权的旁落,自媒体控制舆论场,"怎么激发体制内媒体人的活力,如何在传播过程中加入互联网思维是值得每个媒体人思考探索的问题"。中国广播电视学与新媒体研究会副会长、北京大学新闻与传播学院教授陆地从传统媒介、传统媒体、媒体人以及广播电视学四方面分析传统媒介面临不断加深的危机的根本原因,指出危机主要源于观念陈旧、技术老化、知识更新不能与时俱进以及教学手段与媒介发展脱节等方面,并着重分析了传统媒体的单向传播向互动式体验转化的可能性。浙江在线新闻网站副总编辑、浙报集团全媒体编辑中心副主任吴小龙则从"真融、全融、深融"三个角度全方位介绍浙报集团的媒体融合,他认为浙报集团新一轮媒体融合总体方向分为三个"三":纸媒《浙江日报》、PC端"浙江在线"以及移动客户端三圈环流形成新媒体矩形工程;三大舆论场全方位、全天候、全覆盖报道形成三增融合;快速派出记者奔赴现场及时发回全媒体报道、以新闻评论表达立场观点/体现思想深度/有效引导舆论、以深度报道了解事情的来龙去脉提高综合研判能力,这三个落点形成三点发力,依靠品质内容生产提升媒体核心竞争力,推动媒体融合进程。

与会的专家学者针对广播电视业发展前景进行了深入交流,普遍认为在社会经济增速换档期,在社会发展模式整体转型、经济形势结构性变化的形势之下,传统广电行业进一步出现多种困难碰头与多样经营风险凸显等问题,转变思维、释放用户存量、提升内容品质成为行业转型的关键。转变思维重点应该在于从注重渠道到注重平台的思路转变,比如芒果台的"版权不分销"战略,短期来看虽然会失去部分版权收入,但长期来看必定在平台塑造与忠实用户培养上具有重大意义。同时,应注意在媒介竞争中进一步明确定位,以差异化求突围,提升节目品质;还要健全考核与人员评价制度,不拘一格用人才,这样才能保证传统广电保持活力与生机。

二、新技术语境下的媒体转型路径的探讨

在新媒体技术日新月异的背景下,如何利用新媒体技术实现传统广电的深度融合与一体化发展,成为学者的讨论焦点。

浙江传媒学院党委书记杨立平指出,当前技术的发展给传媒领域带来了巨大的变革,媒体行业的生态环境和形态介质不断呈现新的样态,媒体深度融合成为传媒行业发展的主要潮流与趋势。浙江传媒学院新闻与传播学院院长李文冰教授指出,利用新

技术要以"增强用户体验"为核心,让技术服务于人,转变传统电视产品内容的服务功能,将"受众"转变为"用户"是整个行业的大趋势,传统的"受众观"不适应社交媒体繁荣的移动互联网时代的发展。高晓虹教授也指出应转变传统电视产品内容的服务功能,以用户为中心设立节目,将单向传播转变为双向互动,打造最佳用户体验。同时,媒体从业人员也必须转变思路,学界要紧跟行业动态,充分适应技术变革带来的改变。

在此背景下,就从业者而言,媒体从业者需要探究掌握运用多种传播技术的能力,包括在纷繁复杂的社会现实中整合信息的能力以及跨媒体行业运营策划能力;在科学研究层面,学者需要加强新闻传播学与其他学科的相互借鉴与融合,增强广播电视学与媒介技术学、媒介社会学等其他学科之间的关联度和依存度,进而拓宽学术的深度和广度;就教育改革层面而言,则需要深化人才培养的机制创新,找准学校与专业媒体的对接点,进而推动广播电视学与新媒体教育、推动新闻传播教育的纵深发展。中国广播电视学与新媒体研究会副会长、中国人民大学教授周小普提出,技术拓宽了内容传播的渠道和方式,但技术不能决定内容,内容品质的提升才是根本。为受众提供高品质、高质量的内容仍然是媒体制胜的利器,也是媒体一直追求的目标。所谓媒介融合并非简单的加减法,而是通过对各种资源的整合,实现"1+1>2"的传播效果。

与会专家学者普遍认为:以技术为先导的互联网思维已经初步改变了传统电视的传播面貌,打破了传统电视传播内容追逐产品的思路,延长了产业链,成为新的发展趋势;移动互联网时代的到来,将用户由单屏时代带入由PC端、手机端、平板电脑等构成的多屏时代,屏幕数量的变革带来新的场景之争;新技术带来的"大数据""传感器""VR""AR"则改变了用户的受众体验、革新了新闻生产和分发模式。通过技术重构内容成为大数据时代的关键词,而大数据时代的内容绝不是PGC时代所指的内容,现在的内容既不来自专家也不来自记者,而是来自用户,用户观的转变才是问题的核心。

三、广播电视与新媒体教育的思考

新闻传播教育是围绕职业新闻机构的生产实践逻辑展开的,当今媒体环境重新定义了新闻生产,新闻教育转型迫在眉睫,要实现新闻学教育的传承,还要对当前新闻传播学的教育模式进行思考。

中国广播电视学与新媒体研究会、华中科技大学新闻与信息传播学院教授石长顺提出并分析了当前广播电视学科发展和教育的八大问题:现代广电传播体系构建与传统广电专业教育落差如何平衡、"双一流"建设与外一流专业如何互补共进、广电学科如何与广电传媒的社会影响相称相应、高校应用型转型与广电专业如何重塑定位、广电专业培养目标与传媒社会急需人才如何对接、实践教学与广电教育手段如何实现现代化、广电专业毕业要求达成度与普通高校本科专业认证标准如何接轨以及媒介技术的进步如何影响广电专业教育未来走向。相应地,李文冰教授也指出当前新闻内容生产实践上的五大趋向:泛在化与分布式的新闻生产,移动场景与移动新闻生产,大数据与新闻报道,融合媒体与融合报道,VR/AR新技术、智能化与机器写作。新闻教育的转型关键在于处理好"变与不变"的辩证统一关系。新闻职业素养和新闻采、写、编、评能力培养是新闻学教育要坚持的核心理念。与此同时,要确立三重思维向度:一是互联网思维向度,二是用户思维向度,三是技术思维向度,从"单一化"常规媒体人才培养向全媒体复合型人才培养转型。中国传媒大学新闻传播学部副教授张龙认为,随着信息传播技术的飞速发展,电视新闻的视觉表现力大大增强,相应地,受众对此的期待亦大大提升。电视新闻直播报道的魅力在于演播室的信息整合与直观呈现以及专业记者对新闻现场的描述与解读,而广播电视学和新媒体专业人才培养也要通过不断创新,来适应这样大发展、大变革、大融合的媒体环境。李先国教授等结合航拍技术对广播电视实践教学的拓展进行了探讨,浙江传媒学院师生聚焦大数据新闻,王怀东教授认为在大数据新闻真正到来前学界和业界还需解决数据来源与数据思维等更多问题,也有多位学者指出大数据可能形成的挑战与隐忧,呼吁进一步完善发展大数据新闻。

与会学者多次引用习近平总书记在"2·16"新闻舆论工作座谈会上的讲话,高度认同媒体竞争关键是人才竞争、媒体优势核心是人才优势的论断,认为在媒体融合时代,传媒教育需要打通媒体壁垒、专业教学、产教结合三个边界,适应三网融合、多屏一体、移动革命一种变革,同时一致认为在新媒体崛起的大背景和媒体融合的大环境中,高等教育教学应坚持马克思主义新闻观,确保人才培养与舆论阵地的主流价值底线。

为了更好地推动广播电视与新媒体融合发展,会议设立了三个分论坛,与会专家、学者就媒介融合语境下当前媒体的发展新形态、媒体融合下业界新风向、广播电视与新媒体专业教育的话题进行了深入的探讨。

新闻教育事业是新闻事业发展的根基,老一辈的新闻教育工作者筚路蓝缕、鞠躬尽瘁,为我国新闻事业作出了巨大贡献。本着为历史负责、为专业负责的精神,中国广播电视学与新媒体研究会秘书处在本次年会中倡议各会员单位以人物短纪录片的形式对本专业老教师的专业精神和教学业绩进行记录和表现。倡议认为,记录老一辈新闻教育工作者的人生历程,为后世留存他们数十年积累的教育思想,以此传承他们治学精神和人格魅力,是后来者刻不容缓的社会责任和历史使命,这是新闻教育事业发展的需要,是新的媒体环境中新闻传播事业健康发展的需要,也是整个社会的需要。倡议得到与会单位的积极响应,秘书处向会员单位提交了《中国新闻传播学高等教育人物系列片创作建议》,应与会代表要求播放了中国新闻传播学高等教育人物片样片——《中国电视学教育奠基人矫广礼》,研究会秘书长秦瑜明教授介绍了样片创作情况。研究会近年来积极营造学术氛围,多次组织会员参加国外高质量学术活动,研究会副秘书长赵希婧介绍了研究会组织清华大学、华南理工大学、中国青年政治学院等会员赴美参加美国广播电视教育学会(Broadcast Education Association,简称BEA)2017年年会并举办专场论坛的情况,以及组织会员参加2018年BEA年会的计划。美国广播电视教育学会是美国最权威的广播电视教育及专业研究协会,2017年是中国高校第一次组团参加BEA会议。中国广播电视学与新媒体研究分会2018年年会由浙江工业大学承办。

〔秦瑜明,中国传媒大学新闻传播学部电视学院教授,博士生导师;周晓萌,中国传媒大学新闻传播学部电视学院博士研究生〕

〔特约编辑:叶明睿〕

书 评

新媒体"新"在何处
——评泰瑞·弗卢(Terry Flew)的《新媒体导论》第四版

吴明华

新媒体"新"在何处*
——评泰瑞·弗卢(Terry Flew)的《新媒体导论》(第四版)
Book Review of *New Media: An Introduction* (4th Edition)

◎ 吴明华

Wu Minghua

摘要：《新媒体导论》主要探索新媒体理论、新媒体在网络社会中的地位和作用。作者分析了由于新媒体技术的网络化和参与媒介文化的兴起而引发的社会化生产对创意经济、在线新闻和网络治理等的影响。作者认为不能对新媒体对社会的构建作用进行善或恶的二元分法。这本书始终贯穿着新媒体发展过程中人们竞相争论的焦点问题。为了辅助新媒体教学，本书提供了丰富的案例。

关键词：新媒体，参与媒介文化，网络化社会

Abstract: In *New Media: An Introduction*, Flew explored the theories of new media, its development and the role of new media in networked society. The book examines how new media is socially, economically and politically influencing creative industries and Internet governance. He argues that new media is unable to be categorized as dualistic, good or bad for the society. In this book, Flew also explores some of the key elements of new media and its usage in globalization, such as participatory media culture, gamification, digital news and its future. In order to assistant the new media teaching, Flew provides a wealth of cases analysis.

Keywords: new media, participatory media culture, network society

什么是新的？什么是真正新颖的？什么不熟悉？有什么危险？这里有什么变化？这些网络技术和媒体实践如何重构我们对文化和媒体研究的概念理解？互联网拥有的能够在整个社会范围内产生变革性影响的核心技术要素是什么？植根于社会环境

---

* 本文系重庆市社科规划资助项目"一带一路背景下与西方媒介中的中国议题的对话机制研究"（批准号2017YBCB060）的阶段性成果。

之内的技术在广泛的社会变迁中究竟扮演着什么重要角色,以及他们如何影响着社会变迁?对于想全面深入了解新媒体专业的学生、研究者和政策制定者来说,澳大利亚昆士兰科技大学的泰瑞·弗卢教授撰写的《新媒体导论》绝对是一个美好的开始。由于该书深受欢迎,2014年已经是第四次再版。第四版在前三版的基础上做了全面的修订,加入了三个新的章节,包括第七章关于在线新闻和未来新闻业,第十章新媒体与高等教育的变革以及第十二章的线上行动主义与网络化政治。

为了辅助新媒体教学,弗卢提供了丰富的案例。这些案例覆盖了媒介融合叙事、游戏产业开发、视频游戏与暴力、网络公开课程与高等教育变革以及网络政治等方方面面。本书另外一大特色就是对以上相关问题的讨论都基于历史的回顾,提供关于新媒体的机制平衡和丰富多元的理论和观点概述,对持积极乐观和批判态度的相关学术文献分别进行梳理,并论证其各自研究范式的局限。比如,在第六章讲解游戏文化的时候,针对长期围绕媒介暴力和社会暴力之间可能有所关联的担忧,他指出,所有这些相关研究都存在着仅仅基于所谓的媒介效果研究范式的局限性。

尽管由于媒介环境的差异,弗卢的作品中还有很多需要解决的问题,比如他对有争议的创意产业概念以及新经济地位的描述,但他对新媒体的相关学者思想的梳理过程呈现发人深省的流畅紧密的衔接,他成功地推动了对相关问题的进一步辩论和理论建设。例如,在综述了诸多学者对参与媒介文化的各种考量之后,弗卢还是对其是否给更大范围的人群带来更多的参与社会的影响持继续观望的态度。

在第一章导论部分,泰瑞·弗卢直言新媒体的"新"在于对社会而言,"在过去20年里新媒介生产、传播和消费领域发生了多少改变",而且这些改变又在多大程度上"与工作、生活方式、身份和文化,以及与经济、全球事务和社交形态等方面发生的变化相关"(2014:2)。事实上,新媒体技术正在改变着从商业到社区,从创意经济到网络政治的一切。融合是理解新媒体数字转型的一种途径,他认同詹金斯(Jenkins)的观点,认为媒介融合代表一种文化转变,是一种文化现象而非技术现象,它鼓励消费者主动获取新信息,并且把分散的媒介内容联系起来。

本书的最大贡献之一是在第二章中概述了与新媒体相关的20个关键概念,而第三章主要讲述了新媒体的研究方法及路径。随着Web 2.0的崛起,在理解技术与社会之间的关系上,学者持有不同的理论框架和媒介研究方法。由于理论方法与技术之间存在重要差异,学者对于技术在社会、商业和文化转型过程中所扮演的角色也存在诸多不同的观点,比如,形成有趣对比的技术的社会决定论和技术决定论,当然目前是前者超越了后者。在综述了麦克卢汉的技术文化理论、信息社会理论,卡斯特的认为网络构建起我们这个社会新的社会形态的理论即网络社会理论、长波理论和新媒介政治经济学理论的基础上,弗卢还着重论述了布鲁诺·拉图尔(Bruno Latour)提出的行动者网络理论,围绕技术与社会之间的关系提出了新的问题,主张我们需要思考"在社会现实形成和被改造的复杂过程中,由相互作用的人类和非人类施动者所构成的复杂网络"(2014:56)。为了回应和强调新媒介和互联网相关的技术变革与社会和组织产生影响之间的复杂性,在本章的引言和结语当中,弗卢都强调最重要的是在理解技术变革的过程中,跳出似乎一直伴随媒介新技术的出现而存在的炒作循环:由最初出现,到批判,继而夸张炒作。

第四章与第五章主要围绕网络信息经济和参与媒介文化之中兴起的社会化生产展开讨论。互联网技术与网络化形态组织结构的普及与结合,为 21 世纪社会经济秩序带来一场颠覆性的变革。人的创造性和信息经济已经成为新型网络信息经济的核心构建要素。由网络基础设施所构成的社交网络平台,和一个有着独特参与形式架构的社会技术性网络,创造出维基百科和维基解密等参与性媒介或虚拟社区,但是要回答它们能否被看作是一个网络化的公共领域的问题,我们需要超越哈贝马斯提出的"公共领域"这一概念的本源并对它进行重新思考。参与性媒介曾经被冠以各种称谓:激进媒体、社区媒体、替代性媒体和融合社交媒体等。融合社交媒体与更具参与性和潜在民主性特征的媒介文化相伴而生。

理解参与性媒介的另外一种方法来自于对参与性媒介文化的考量。基恩·伯吉斯(Jean Burgess)将这一跨越专业和业余之间鸿沟的大众文化参与的扩张,与新媒介技术借由民间的创造性(vernacular creativity)或用户主导的创新所形成的大众文化参与潜能联系在一起。她将"民间创造力"这一概念定义为一种"具有启发性质的理想工具,用以描绘和说明在非精英化的具体社会环境和交流对话中诞生的那些创造性实践"(Burgess 2006:206,Flew,2014)。约翰·哈特利认为媒介与文化研究的数字未来需要转变方式,由对传播的新型理解转变为用对话的方式来看待传播,这一方式"意味着话语角色的转换、内容上的共同生产、特定情景化的使用,而'内容消费者'则在其中彻底消失。取而代之的是'意义的丰富性','社交网络'和'关系'则作为这些过程中的关键要素浮现出来"(Hartley 2012:2,Terry 2014:88)。由此可以看出,发展新媒体技术与文化及内容的创新密不可分。

第六章和第七章围绕媒介参与文化带来的社会化生产对游戏产业和新闻行业产生的影响而展开。第六章指出游戏化(gamification)的概念已经被用来描述在教育、公司培训和金融管理这类非游戏情景下对游戏机制和游戏开发技术的使用行为

(Escribano 2012；Flew，2014：91)。游戏产业与新媒体发展之间的关系实际上已经超越了它们在经济层面上所扮演的角色。"玩家自身作为非物质性劳动力加以调动"和依靠"关键时刻"来剥削压榨员工劳动的情况引发了大量的批评(Flew，2014：99)。

第七章主要讨论了在线新闻与未来的新闻业。在新媒体兴起、公众参与、传统新闻从业常态变迁等情景之下,新闻业面临着各种挑战、机遇、创新,同时也出现了与新闻媒介的新环境相伴而来的新任务,比如,如何在不同媒介中讲好故事。同时,新闻记者的职业形态和身份也是一次大的转型,比如,新的新闻职业文化中截稿时限不复存在,以及在这其中新闻从业者们新的角色和新的自我认知方式。面对参与媒介文化的演变,新闻业出现了新闻商业模式的危机。

在"作为讲授的新闻"到"作为对话的新闻"的转变过程中,一种吸引公众参与,并利用计算技术来呈现信息的新的结合途径出现了,并为各种替代性新闻的样态,比如公民新闻、网络化新闻、计算新闻、创业新闻和后工业时代新闻等(Gillmor ，2006；Flew，2014)。谷歌新闻是一个很好的例证,它在没有雇佣一名记者、编辑、设计与平面团队的情况下,通过将各种相关新闻与评论聚合在一起,提供实际意义上的新闻服务。以前只能依靠媒体的调查记者"报道那些某些地方的某些人不想被报道的事情,并且他的报道还不仅仅是公开这些信息,而且还要把这些信息组织起来影响受众"(Anderson, Bell & Shirky 2013：4；Flew，2014：116),现在利用公众参与和计算机工具就可以完成,比如英国《卫报》对于议会会员经费报销的调查就是通过大众外包的形式进行的。《卫报》公开了英国国会议员数年间的经费报销的详细数据,方便读者根据不同议员选区或选民或开支项目进行搜索,并将自己关于这些数据的评论和疑问发给《卫报》的记者,记者围绕这些内容进行报道后,发现许多议员都存在报销不当的行为。这种成本较低可被复制的方法后来被用于其他调查研究项目。

在第七章,作者将维基解密,这个被看作在21世纪第一个十年中最具影响也最富争议的互联网媒体,作为分析的案例。维基解密的创始人和领导者——朱利安·阿桑奇(Julian Assange)认为他们在做一种新的"科学性新闻",具体指"维基解密在和其他媒介机构一起合作为人们提供新闻的同时,也会证明其真实性。科学性新闻允许你在读完一个新闻故事之后,再上网点击查看那些构建起这些新闻故事基础的原始文件。通过这种方式你可以做出自己的判断:这个故事是真的吗,记者又是否准确地对其进行了报道?"(Flew 2014：120)这似乎为新闻业的第五权力(fifth estate)提供了模板,能够直接诠释、讲述事实。但另一方面也说明互联网和社交媒体的黑暗面就是线上监控行为,作者在第十二章网络政治里面进行了详细的讨论。

泰瑞·弗卢教授作为国际创意产业学术界的权威,在第八章和第九章中讨论了社会经济的转型,创意产业、创意经济和知识经济的兴起以及艺术、媒体、设计、创意事件和文化遗产的新融合,并且讨论与这些部门相关的产业和职位(Flew,2014:153)。以一系列经济、社会和文化因素的创造性作为一种理念和驱动力的创意产业的兴起,还需要公共政策的支持,这就是我们所说的政策驱动。他认同在创意经济的框架下讨论创意产业和部门。创意经济是计算机产业朝着以互联网为平台的发展方向转型过程中的一次商业革命,是网络效应与经济效应的融合。若将创意产业、社会网络以及全球性的数字普及三者结合起来,创意产业和创意经济的前景将会很乐观。创意产业和创意经济与知识经济三者比肩依存,密不可分。第九章重在论述全球知识经济。知识型经济的属性决定了成功的关键在于是否有驾驭并利用集体智慧的能力,例如维基经济学就是一个很好的例子。

第十章聚焦于新媒体与高等教育的转型。人们对于大学消亡的预测一直都与新媒体兴起共同存在,慕课的兴起使得这方面的讨论更加激烈。作者在本章着重讨论数字化转变对高等教育带来的真正的挑战。尽管大学将会继续在经济、社会与文化中扮演重要或日益重要的角色,但是"颠覆性大学"的相关问题是紧迫的,尤其是在成本与政策压力下,有可能引发全球高等教育重大制度转型。作者在本章讨论了高等教育转变的几大驱动原因:以学生的国际流动为表现之一的高等教育全球化;技能偏向的知识经济对创意阶层的需求;数字网络使大学与学者学术团体享有特权的知识创造、传播及使用的场所更加分散;全球高等教育正在发生从精英到大众再到普及的转型;政府政策与高等教育的转型;学生整体构成与特征的转变;来自行业对学生的新的诉求;高等教育成本逐渐增大的压力;盈利性高等教育机构的崛起;以及全球大学排名系统的影响等。传统教育更加注重对行业所需的通用技能的培养,例如项目管理、团队合作以及沟通技巧等。另外也要协调高等教育发展过程中的实际问题、个人问题、教育学问题、政策问题以及哲学问题。更重要的是,大家要思考在新兴媒介和全球知识经济的背景下如何重构大学那些传统的角色、职能和贡献,比如公益性角色。大学需要更为明确地评价自身在公共讨论和政策形成中的贡献。

第十一章关注互联网法律、政策与治理。互联网及网络基础设施的全球化性质以及在数字网络环境中进行的活动的不透明性和匿名性使国家的法律、政策和治理体系变得更为复杂。另外,互联网法律和大众媒体政策之间的联系也在发生变化。政府和政策的决策者正在适应由媒介环境的转变而带来的一系列改革与创新,尤其是关于版权和知识产权的新变化。因为数字信息很容易被复制和传播,消除所有非法复制的内容的可能性几乎为零,所以版权产业需要探索在数字时代保持产业可持续发展的商业模式(Flew,2014:192)。本章中,作者介绍了从自发秩序、跨国机构和跨国管理、编码和网络架构、国家政府和法律以及市场管理和经济学等不同的互联网管理方法。作者以知识共享运动为一个研究案例,指出了开发替代传统法律来管理数字资产方法的必要性和紧迫性。

第十二章探讨了网络激进主义与网络政治,分析了社交媒体正在如何改变政治和政治运动。围绕新媒体与政治的关系问题的讨论,大多聚焦于互联网的结构特征能否使更大的民主参与成为可能。即便能够实现,互联网与新媒体是否具有改变政治的本质属性的潜力。通过对奥巴马总统选举的分析来看,他的在线战略只不过是一种政治营销形式,与公司使用的营销策略相似。另外,互联网公司与政府机构串通使用私人数据也较为常见,谁来监管看门人的问题可能要求助于法律与政策改革的跟进和其他替代方案。

参考文献

FLEW T.New media[M].Oxford:Oxford University Press,2014.

〔吴明华,重庆大学新闻学院副教授〕

〔特约编辑:叶明睿〕

图书在版编目(CIP)数据

中国新闻传播研究.2017.下 / 高晓虹主编.--北京:中国传媒大学出版社,2019.4
ISBN 978-7-5657-2467-1

Ⅰ.①中… Ⅱ.①高… Ⅲ.①新闻学－传播学－研究－中国－2017 Ⅳ.①G219.2

中国版本图书馆 CIP 数据核字(2019)第 053514 号

中国新闻传播研究 2017(下)
ZHONGGUO XINWEN CHUANBO YANJIU 2017(XIA)

主　　编	高晓虹
副 主 编	刘　宏　　赵淑萍　　曾祥敏
策划编辑	王雁来
责任编辑	王雁来
封面设计	拓美设计
责任印制	阳金洲
出版发行	中国传媒大学出版社
社　　址	北京市朝阳区定福庄东街 1 号　邮编:100024
电　　话	010-65450532 或 65450528　传真:010-65779405
网　　址	http://www.cucp.com.cn
经　　销	全国新华书店
印　　刷	北京玺诚印务有限公司
开　　本	798mm×1092mm　1/16
印　　张	14.75
字　　数	280 千字
版　　次	2019 年 4 月第 1 版
印　　次	2019 年 4 月第 1 次印刷
书　　号	ISBN 978-7-5657-2467-1/G・2467　定　价　65.00 元

版权所有　　翻印必究　　印装错误　　负责调换